地域福祉の
オルタナティブ

〈いのちの尊厳〉と
〈草の根民主主義〉からの
再構築

井岡　勉
賀戸一郎

監修

加藤博史
岡野英一
竹之下典祥
竹川俊夫

編

法律文化社

まえがき

　本書は、地域の福祉活動にかかわる人たちが、現状を把握し、方向性を見出し、活動の評価をしていくうえで、足がかりにしてもらえることを意図して編集した。

　本書の表題にある「オルタナティブ」には、「もうひとつの」とか「自律した」の意味がある。管理・分断・欲望追及に偏った現代社会において、自律した地域福祉とは、自治・共生・尊厳重視の地域福祉であり、〈草の根民主主義〉と〈いのちの尊厳〉が開花する《共同生活の場作り》を意味する。

　今日、エンパワメント（力の発揮）とインクルージョン（包摂）が福祉の方法理念とされている。エンパワメントとは、その人の内にある主権者、主体者としてのパワーを発揮すること、発揮の条件を整えることをいう。インクルージョンとは、かけがえのないたった一人の個人を活かしあうこと、一人の人間も排除しないことをいう。つまり、両理念とも基本的人権の実現であるといえる。この基本的人権を守り抜くことに地域福祉論の基点と目的があることを確認しておきたい。

　一方、私たちの周囲には、乳幼児や高齢者への虐待、学校でのいじめ、社会的排除などがある。この人々の苦しみに応える地域福祉論でなければならない。

　かつて、人々の共感と交流、老いの円熟、病む人の癒し、死にゆく人の看取りと鎮魂、それが共同で営まれる場所こそ、共同体（コミュニティ）であった。そこでは、遊びも労働も共同的であり、その中で子どもが育ち、親が育った。地域は、そのような共同世界（生活世界）であり、意味的な時間と空間の物語が織り成された場所であった。生命の尊厳を大切にする精神風土を、私たちは豊かに培ってきたのである。

　しかし、'60年代に高度経済成長の本格化により、自然生態系からの乖離が進み、都市化と過疎化が進行し、地域共同体の解体が始まる。'70年代に人々は社会的関心を低下させ、ひたすら興味を「マイホーム」へと閉塞していく。

そして、'80年代に共同体は、巨大機構の肥大化により猛烈に浸潤され始める。巨大機構とは、グローバル化する経済機構、マスメディア化する情報機構、官僚化する政治機構、知識偏重化する学校機構、市場化する福祉・医療機構等である。痩せ細った共同世界の中にある〈家庭〉は、緩衝帯を失い、「甲羅のない蟹」のように直接巨大機構にさらされることになる。こうして、'80年代に、子どもによる親への激しい暴力や家庭内離婚など家庭の崩壊が始まる。「家庭のない家族の時代」（小此木啓吾）の幕開けである。'90年代に、コンビニエンス・ストアと郊外型量販店が席巻し、商店街はシャッター街となり、街は個性を喪失していく。中流家庭が上下に分解し、低所得と不安定就労に苦しむ人々が固定化して分厚い層を形成するようになった。

そして今日、私たちの心までが内部から貧困化し、モノの消費と感覚刺激のための欲望機械化（ドゥルーズの用語）しているといえないだろうか。この状況に立ち向かい、基本的人権と生命の尊厳の実現に向けて《考える主体》、《共同する主体》、《自治に取り組む主体》になっていこうとすることが、エンパワメントであり真の自立であろう。

そして、「草の根民主主義」の実現とは、社会で最も弱い立場に追い込まれている人と同じ目線で、あらゆる機関と個人が協働することであり、基本的人権のコアにある"人ひとりの尊厳をとことん重視する福祉的価値"を志向することである。そのために考え、参画する主体になる不断の営為だといえよう。

地域福祉の目的理念は、「自治の制度的保障」と、住民の意志力としての「自治力の向上」にあるが、その自治は、"草の根民主主義による自治"でなければならない。それゆえ、"この街は私たちの街だから、私たちで生命の尊厳と人権を守り抜いていきたい"という住民一人ひとりの気概が自治のいのちである。

加えて、"草の根民主主義による自治"とは、民（ピープル）が官（国、官僚）に要求の圧力をかけるだけではなく、民の連帯である「公（パブリック）」の機能を拡充していくこと、つまり、NPO, NGO, アソシエーション、ボランティア活動を活性化していくこと、ソーシャル・キャピタルを創出し、独自のライフ・スタイルを形成し、社会的課題解決のためのソーシャル・アクションを興

まえがき

し、体温が伝わるコミュニケーションを深め、官を活用・統御していくことをいう。

　ここであらためて、今日における地域福祉の定義を試みる。地域福祉とは、①コミュニティ（生活世界）を構成する人たちが、②生命の尊厳と基本的人権という価値に立脚し、③"草の根の住民の主体的参画とその主体相互の連帯"を推進し、コミュニティにおけるその実現を目的とし、④主権者としての立場性を発現し、⑤排除されがちな人たちを価値ある個人として全人的に復権し、⑥持続可能社会の生活様式を創出し、⑦安全・安心な生活基盤の確保と生活の質の向上に共に取り組み、⑧自治の意志力・実行力の発揮を促進していく活動、施策、運動、政策、理念をいう。本書は、ここを基点とし、ここに収斂することを求める研究者・実践者によって執筆されている。

　本書が、以上のような地域共同体の再構築の途筋づくりに、いくばくかの貢献を果たすことができれば幸いである。

加藤　博史

目　次

まえがき

序　章　地域福祉のあゆみと到達点 ───── 井岡　勉　1
　　1　基本視点　1
　　2　地域福祉の前史（戦前）　1
　　3　地域福祉の形成・展開　4
　　4　到達点と問題傾向　18

第 1 部　理論編
地域福祉の視角を問う

第1章　人権志向の自治力の向上指標 ───── 加藤　博史　25
　　──地域福祉の方法理念と"健全"度および取り組みへの提言
　　1　全体世界の中でのコミュニティの位置取りと機能　25
　　2　地域福祉は何を方法理念とするのか　26
　　3　地域福祉の取り組み方略　34

第2章　住民主体に求められる要件 ───── 竹之下典祥　37
　　──草の根地域福祉モデルを岩手県旧沢内村から
　　1　住民主体要件の概観　37
　　2　住民主体を阻害するもの　38
　　3　自然環境と寄り添ってきた日本人の暮らし　40
　　4　草の根地域福祉モデル岩手県旧沢内村　42
　　5　草の根地域福祉──内発的発展による自律の生起と運動　45

第3章　"住民主体"の視点からみた社会福祉協議会
　　　　　　　　　　　　　　　　　　　　　　　　　岡野　英一　50
　　　——"当事者性""直接参加性""協働性"の地域実践

　1　社会福祉実践と「住民主体」志向の誕生　50
　2　「専門職化」の進展と「住民主体」との拮抗　51
　3　「住民主体」言説に秘められた二面性　53
　4　住民の主体的活動が生み出すものは何か　56
　5　住民主体の地域福祉レジリエンス（復元する力）　57
　6　福祉が主流の民主主義社会（市民社会）を創る　59

第2部　政策編
地域福祉の諸相と政策を問う

第1章　あらためて"地域福祉"を問いなおす —— 竹川　俊夫　65
　　　——草の根からの再構築の道

　1　今なぜ地域福祉の「再構築」が必要なのか　65
　2　1990年代以降の地域福祉理論の変化　66
　3　地方分権改革と地域福祉の現状　71
　4　地域福祉の隘路を問う　78
　5　草の根からの地域福祉再構築の道　81

第2章　地域福祉の問題情況　　　　　　　　　　　　　木下　武徳　94
　　　——貧困を基底として

　1　貧困対策における地域福祉への期待　94
　2　近年の貧困問題の拡大と福祉問題　95
　3　貧困対策と地域福祉　97
　4　貧困対策における地域福祉のあり方　99
　5　貧困対策における地域福祉と住民自治　102
　6　住民自治を基盤とした地域福祉へ　104

第3章 基礎自治体における地域福祉政策と地域福祉計画の可能性 ———— 松木　宏史　107
　——誰のための、何のための「地域福祉計画」策定か

1　地域福祉の「主流化」と「地域福祉計画」　107
2　誰のための、何のため「地域福祉計画」か　110
3　「くらしの声に耳を傾ける」地域福祉計画策定　111
4　行政が後押しする地域福祉活動　114
5　地域福祉計画を「空洞化」させないために　117

第4章 地域包括ケアの課題 ———— 田中希世子　120
　——ソーシャルワークからみた協働のネットワーク

1　地域の暮らしを支える専門職＝ソーシャルワーカー　120
2　地域包括ケアシステム——ますます求められる住民のチカラ　121
3　ソーシャルワーカーが認識すべき課題　123
4　ソーシャルワークの底ヂカラ　125
5　ソーシャルワーカーとして必要な視点とは　129

第3部　実践編
実践からみえてくる地域福祉の新しい力

第1章 住民主導型ボランティアセンター運営から考える「住民主体」———— 土田恭仁子　135

1　住民主導型ボランティアセンターとは何か　135
2　地域福祉における「ボランティアセンター」の役割　135
3　市社協における住民主導型ボランティアセンターのあゆみ　136
4　住民主導型ボランティアセンターを支える社協の役割　141
5　住民主導型ボランティアセンター運営から考える住民主体の一つの形　145

第2章　大都市の中での地域福祉の推進────── 寺田　　玲　147
　　　　──京都市における小地域福祉活動の支援を軸に
　　1　京都市内の小地域福祉活動支援のあゆみ　147
　　2　市・区社協の業務拡大　151
　　3　地域福祉の新段階下における展開　154

第3章　相談からはじまる地域福祉活動────── 山口　浩次　161
　　　　──「聴く」が「効く」
　　1　大津市社会福祉協議会の相談活動　161
　　2　相談現場から生まれた実践　162
　　3　「プロジェクト」をどう位置づけるのか　167
　　4　市社協職員のモチベーションを高めるには　169
　　5　市社協の新たな課題と使命　170

第4章　生活支援と福祉コミュニティの形成 ── 加納　光子　173
　　　　──改正精神衛生法の時代の大阪府保健所の実践
　　1　福祉コミュニティ　173
　　2　保健所地域精神保健医療福祉実践と生活支援　176
　　3　福祉コミュニティを形成・推進するもの　182

第5章　若年貧困層を地域の一員に────── 小田川華子　185
　　　　──漂流と定住を超えて
　　1　住まいと地域福祉　185
　　2　定住と漂流　187
　　3　草の根セーフティネットへの期待　192

第6章　地域福祉拠点としての福祉施設────── 片岡　哲司　196
　　　　──孤立や制度の間に対峙する実践からその可能性を探る
　　1　福祉施設への批判と新たな動き　196
　　2　実践①──福祉施設の共同事業で制度の狭間に挑む　198
　　3　実践②──地域と施設が連携して「孤立」を防ぐ見守りの仕組みづくり　202

4　福祉施設の地域福祉拠点としての可能性と限界　206

第7章　ひとと自然、歴史と文化が育つ地域社会 ── 大友　信勝　209
　　　　　──岐阜県美濃白川共生センターの取り組み
　　　1　地域創生へのオルタナティブ　209
　　　2　社会福祉法人と地域貢献　210
　　　3　島地区利活用プロポーザルにおけるまちづくりの視点　213
　　　4　美濃白川共生センター設置の視点と「元・スパランド」　214
　　　5　美濃白川共生センターの主な事業と特徴　215
　　　6　飛騨川あいらんど公園と飛騨川自然農園　219
　　　7　プロポーザルで実現したい福祉のまちづくり　220

終　章　地域福祉の展望 ──────────── 井岡　勉　224
　　　　　──地域福祉の草の根からの創造に向けて
　　　1　基本視点　224
　　　2　地域福祉推進の方向性と課題　227

あとがき

序　章

地域福祉のあゆみと到達点

　　　　　　　　　　　　　　　　　　　　　　　　　　　井　岡　　　勉

1　基本視点

　地域福祉の草の根からの創造を基本視点として、戦前・戦後（第二次大戦前・後）における民間および自治体の地域福祉諸形態のあゆみについて、時代背景を視野に入れ、政策動向との関係性に注目しつつ、その展開状況を概観し、到達点と問題傾向に言及する。時期区分については、地域福祉諸形態の特徴と社会経済的背景および政策動向に着目して、まず戦前（地域福祉前史）と戦後（地域福祉の形成・展開）に大別し、後者を5期に区分して論述する[1]。

2　地域福祉の前史（戦前）

　戦前日本における地域福祉の源流を形成する前史的諸形態としては、主要には①隣保相扶、②セツルメント、③慈善組織化、④済世顧問・方面委員制度、⑤農村社会事業、⑥融和事業を指摘しえよう。以下6形態について概観する。
　(1)　**隣保相扶**　隣保相扶は地域共同体による相互扶助をいう。日本の隣保制度は律令体制下、唐の五保制度を模倣して、郷里制（50戸を1里として構成する地方行政組織）の下級単位、5戸を単位とする行政末端組織で、相互扶助機能をも担う五保制度が設置されたことに始まる（吉田 1960：49）。時代の推移とともに隣保制度も変化し、中世以降、郷村、町・町組、五人組等々の隣保組織が形成・展開していく。それらは自治・互助および治安機能、行政の末端機能を担う。

明治維新期の1874年恤救規則の前書きに「人民相互の情誼」を救済の前提とする旨が謳われているが、それは親族相扶と共に隣保相扶を前提とする厳しい制限主義的救済を意味する。隣保相扶の理念は戦前日本社会事業の基本前提となる。1899年市町村制の施行以降、旧来の隣保組織は再編成を迫られ、町内会・部落会等として展開していく。1940年、町内会・部落会は官制化され、地域末端から戦争遂行へ国民総動員の一翼を担う。

　(2)　**セツルメント・隣保館**　　1884年英国トインビーホール設立以降、本格化するセツルメント運動は、大学人や教会関係者が都市スラム街に拠点を設けて移住し（＝セツルメント）、下層労働者家族の生活と自立に必要な知識・サービスを提供し、居住環境や社会制度の整備を働きかける社会改良運動として、国内外に広がった。日本では日清、日露戦争前後の産業革命下、都市下層社会の形成を背景に、91年岡山博愛会、97年神田・キングスレー館が設置された。明治末期には1908年救世軍大学殖民館、11年浄土宗労働共済会等の設置をみた。大正年間から昭和初期にかけて、宗教者、大学人などのセツルメント運動、公立の社会館・隣保館の設置などの展開を示すが、戦時体制とともに進歩的運動は弾圧され、隣保事業の隣保共助・相扶の側面が強まった（永岡 2006a：93）。

　(3)　**慈善組織化**　　1900年東京で貧民研究会、01年大阪で慈善団体懇話会が発足（02年慈善同盟会）、03年全国慈善同盟大会を大阪で開催し、日本慈善同盟会の創立を決議した（全社協[2] 2010：17-19）。08年内務省・感化救済講習会に合わせて中央慈善協会の発足式を行った（全社協 2010：23）。慈善協会（後に社会事業協会）は、独占資本主義の形成を背景に窮乏化が進み、慈善救済事業の組織化の必要に対応し一定の役割を担ったが、行政翼賛を謳い、外郭団体として中央から地方へ組織されていった。英国の慈善組織協会 COS（Charity Organisation Society）が行政批判の立場で、民間優位の実践モデルを提起し、各地に水平的に広がったのと対照的である。

　(4)　**済世顧問・方面委員制度**　　済世顧問制度は1917年岡山県知事笠井信一により、県下各市町村に少数の有力者・名望家を済世顧問として配置し、防貧活動として貧民の精神的感化、物的斡旋等に当たらせた（全社協 1964：16-29）。方面委員制度は、18年大阪府知事林市蔵と同顧問小河滋次郎により創設され、

小学校区に公私地域指導者層を方面委員として組織的に配置し、校区細民の状況調査、相談・救済を担わせた（全社協 1964：44-62）。済世顧問・方面委員制度はドイツ・エルバーフェルト制度（1852）などに学び、日本的隣保相扶の地域基盤に適合する制度として創設された。

　制度創設の背景・契機として、日本資本主義の構造矛盾、失業と貧困の拡大、1917年米騒動など社会不安の増大があった。以降、方面委員制度は全国各府県に普及する。29年全国方面委員代表は20数万細民の窮状を見かねて救護法実施促進運動を展開、天皇への直訴「上奏」を決行した（全社協 1964：142-146）。方面委員は32年救護法実施で救護委員となり、36年方面委員令で法制化された。戦時中、方面委員は困窮者救護と地域統制を担い、陸海軍に航空機を寄贈するなどの戦争協力を行った。

(5)　**農村社会事業**　　第一次世界大戦後、農村では農産物の商品化が進むが、1927年金融恐慌、29年世界恐慌に続き30年以降、農村不況が長期化する。33年三陸地方大震災、34年東北地方大凶作が重なり下層農民の窮乏化は深刻化、負債、娘の身売り、欠食児童、農村結核、乳幼児死亡等々貧困・疾病問題が顕在化した。32年時局匡救事業の一翼として、農村社会事業の推進が始まる。以降、社会事業各分野と農村隣保事業（農村共同施設）合わせて推進され、農繁季節託児所などが急増、農村隣保施設は戦時体制下に急増する（永岡 2006：96-97）。

(6)　**部落改善事業・融和事業と水平社**　　近世幕藩体制の身分支配構造の底辺に抑圧された被差別部落は、1871年太政官布告で賤称廃止となるが、天皇制国家の富国強兵政策下で部落住民は差別と窮乏に苦しんでいく。1907年内務省は全国部落現況調査を実施、以降部落改善事業（後に融和事業）が開始される（全社協 2010：50）。18年全国各地に広がった米騒動には被差別部落住民も参加し、検挙者は総検挙者数の1割以上に達した（吉田 1960：244-245）。22年京都市で創立の全国水平社は、同情融和の運動を乗越え、部落住民自身の権利要求に基づく差別撤廃・部落完全解放への運動を開始する（吉田 1994：133）。

3 地域福祉の形成・展開

1 第1期（1945～59） 社会福祉の成立と地域福祉の形成過程

(1) **社会的混乱・窮乏、復興、経済成長**　1945年敗戦後、物資の欠乏、食糧難、インフレ、失業、浮浪児、戦災孤児の増大等々の社会的混乱と戦災者、復員軍人、引揚者、一般民衆含め膨大な生活困窮層が形成された。50年朝鮮戦争を契機に日本経済は戦前水準に回復し復興に向かうが、53、54年不況に陥る。55年経済成長期に入るが、経済の二重構造の顕在化、失業の増大、1000万人超の低所得層の存在が問題化した。

(2) **戦後社会福祉体制のスタート**　占領当局（GHQ）の「民主化政策」のもと、戦後の社会福祉は日本国憲法（46年公布・47年施行）25条の生存権保障・国家責任規定を原則として、福祉3法（46年旧・50年新生活保護法、47年児童福祉法、49年身体障害者福祉法）が整備され、51年社会福祉事業法の制定で都道府県・市に福祉事務所と社会福祉主事の設置が規定された。

(3) **隣保相扶の後退、町内会の廃止・復活**　敗戦後、伝統的な隣保相扶は後退し、その基盤の町内会・部落会・隣組は47年占領当局より廃止が指令された。しかし、52年講和発効により解除され、復活していく。

(4) **社協組織の整備**　地域福祉への形成は民間部門が担い、社会福祉協議会（社協）がその中核組織となった。敗戦後、社会事業団体の統合志向を底流に、とくに49年GHQ「6原則」の中で社協創設が指示されたことにより、米国より社会福祉の市民参加組織＝社協とその地域組織化方法（コミュニティ・オーガニゼーション＝CO）を移植し、51年中央社協（55年全社協）が発足、同年中に都道府県社協が結成された（社会福祉事業法に規定）（全社協 1961：3-12、19-20）。実質は旧社会事業団体の再編統合の側面が濃厚であった。49年社協先駆の一つ京都社会福祉審議会が発足し、各界各層の幅広い組織体で調査広報、社会行動、連絡調整などを展開したが、51年団体統合で府社協に合流した（京都府社協 1985：20-30）。52年厚生省の社協組織整備通達もあって、郡市区町村社協の結成が急がれ、56年頃には基本的に全国整備をみる（全社協 1961：21-22）。概

して社協は行政依存が強く、事業活動も行事社協の域に留まる傾向が強かった。社協発足当初から「地域社会の福祉」や「地域社会福祉」等の用語は散見されるが、それは理念・目的概念に留まっていた（全社協 1982：499、507）。

しかし農村部ではすぐれた実践活動もみられ、たとえば山形県下では県社協の働きかけで季節保育所や児童遊園づくり、青年団、婦人会の福祉活動、保健衛生活動などが展開された（山形県社協 2002：6-16）。都市部では概して社協活動が立遅れ気味であったが、大阪市社協では設立当初から校区社協設置・育成、福祉問題地図の作成・実践活動化が取組まれ（大阪市社協 1977：66-74）、京都市でも各区社協の発足と同時に学区社協の設置も広がった（京都市社協 2013：2）。

57年全社協から「社協当面の活動方針」が提起され、「福祉に欠ける状態」克服への組織体制・活動を方向づけ、また59年保健福祉地区組織育成中央・地方協議会（育成協）が設置され、CO技法の展開につながった（全社協 1961：23-24）。

(5) **民生委員制度への改組**　社協活動の中核的担い手となったのは民生委員である。方面委員制度は占領当局から戦争協力組織として目され、廃止の危機もあったが、敗戦後の生活困窮者対策に不可欠の存在として存続し、46年民生委員令、48年民生委員法の制定をみた。敗戦後も方面委員・民生委員が膨大な要援護者の生活支援に尽力した実績は看過できない（全社協 1964：290-292）。47年児童福祉法で児童委員を兼ね、46年旧生活保護法で末端実施機関を担ったが、50年新生活保護法による福祉事務所・社会福祉主事の実施責任にともない、民生委員は行政協力機関となった。折からの社協結成の動きは民生委員に格好の活動舞台を提供した。民生委員の自主活動として、51年岡山県で「民生委員一人一世帯自立更生運動」が開始され、52年全国民生委員大会で全国的実践を決議、55年世帯更生資金貸付制度（現生活福祉資金貸付制度）に結びついた（全社協 1964：606-607、636-642）。

(6) **共同募金運動**　共同募金は戦前、21年長崎市で試みられるが（全社協 2010：250）、戦後は46年大阪市市民援護会の活動がある（大阪市社協 1977：11-13）。47年赤い羽根国民たすけあい共同募金運動は、米国コミュニティ・チェ

ストに倣って開始され、戦争で荒廃し公費補助が禁止された民間施設の振興方策となった（黒木 1958：547-555）。後に措置費制度により民間施設に措置委託費が交付されるに至り、社協活動配分の比重が高まっていった。共同募金は地域福祉形成へ民間財源の面から支えていく。

⑺ **セツルメント・隣保事業**　戦後は47年横須賀基督教社会館の設立などをみるが、社会福祉事業法にも規定されず、同和地区の隣保館を除き概して不振気味であった。56年隣保事業関係者会議開催、58年漸く第二種社会福祉事業となった。55年全国学生セツルメント連盟結成、59名古屋キリスト教社会館設立、伊勢湾台風被害地域への救援活動などの展開をみる。

⑻ **施設の社会化**　49年全国社会事業大会で社会事業の社会化問題等（住民の社会事業への参加、施設の地域センター機能等）の論議が開始される（全社協 2010：195）。

⑼ **戦後ボランティア活動の先駆**　47年京都で大学生による BBS 運動の開始、48年大阪社会事業ボランティア協会の設立（大阪市社協 1977：14）、50年代には53年神戸、55年京都、58年東京各 YMCA による障害児療育キャンプ開始などがみられる。

⑽ **ホームヘルプ事業の先駆**　56年長野県上田市・諏訪市など6市5町12村で県委託「家庭養護婦派遣事業」の開始、58年大阪市、59年名古屋市、神戸市、布施市（現東大阪市）で同様の事業実施をみた（小川 1990：35-36）。

⑾ **部落解放運動の展開**　46年水平社を継承して部落解放全国委員会が結成され、55年部落解放同盟と改称した。6000部落・300万人の部落差別撤廃・完全解放をめざし、劣悪な生活環境・条件整備への行政闘争を展開する。

2　第2期（1960～74）　住民主体志向と地域福祉の成立

⑴ **高度経済成長と地域矛盾の激化**　60年代から70年代前半にかけて高度経済成長の展開過程で都市化・工業化、核家族化が進み、過密・過疎、公害など地域矛盾が激化した。この状況に対して住民運動が発展するとともに、生活・福祉優先志向の革新自治体が全国各地に広がる。73年秋の石油ショックを契機に高度経済成長は終焉し、不況・物価高の同時進行となる。

(2) **福祉6法体制、在宅福祉**　60年精神薄弱者福祉法、63年老人福祉法、64年母子及び寡婦福祉法が制定され、福祉6法体制となった。在宅福祉施策として61年東京都で家庭奉仕員事業の制度化、63年老人福祉法で法制化され、65年対象拡大（要保護→低所得）、67年身体障害者対象の制度化など進み始めた。69年東京都社会福祉審議会「東京都におけるコミュニティ・ケアの進展について」が答申され、72年「厚生白書」は施設対策から在宅福祉対策への重点移行を提示した。73年「福祉元年」が宣言され、5万円年金（厚生年金）、国の老人医療無料化が実現するが、「福祉2年」は続かなかった。73年「経済社会基本計画」の中で、在宅福祉の充実方針が示された。

(3) **コミュニティ政策と地域福祉政策**　69年国民生活審議会コミュニティ問題小委員会報告「コミュニティ―生活の場における人間性の回復」が提示され、これを契機に70年代初期に自治省、文部省、厚生省、国土庁、農林省等各省庁からコミュニテイ政策が相次ぎ打ち出され、自民党、経済同友会からもコミュニティ対策が提起された。コミュニティ政策・対策は、住民の要求や運動理念を先取りする面もあるが、核心には地域矛盾の激化、住民運動の発展と地域支配秩序の弱体化へのテコ入れ、地域再編成の論理が貫徹している（井岡 1984：20-21）。

地域福祉形成への施策・活動による地域福祉領域の成立をコミュニティ政策と結びつけて総括化し、地域福祉政策として方向づけたものは、71年中央社会福祉審議会答申「コミュニティ形成と社会福祉」である。答申はコミュニテイ形成における社会福祉として、①地域組織化事業（社協、民生委員、ボランティア活動含む）、②地域福祉施設、③コミュニティ・ケア＝在宅福祉の整備・発展を提起し、地域福祉の枠組みを提示した（井岡 1984：23-24）。なお70年代前半には70年岡村重夫が機能論的視点から初めて地域福祉の理論化を提起し（岡村 1970：9-15、1974：62-63）、73年右田紀久恵、真田是は社会科学的視点から各々地域福祉を規定した（右田 1973：1；真田 1973：36）。

(4) **同和対策、過疎対策**　60年同和対策審議会が設置され、65年審議会答申として国民的課題としての同和問題解決の方向・方策を提示した。69年同和対策特別措置法が成立し、同和対策長期計画が策定された。

一方、過疎対策として70年過疎地域対策緊急特別措置法が成立し、過疎地域振興計画が策定された。
　⑸　**自治体福祉施策・総合計画**　62年岩手県沢内村で全国初の老人医療無料化、68年「東京都中期計画」シビルミニマム提示、69年自治体総合計画義務化、71年「武蔵野市長期計画」などがある。また73年身体障害者福祉モデル都市、実験福祉事務所の指定をみた。
　⑹　**社協活動の発展**　60以降、上から組織された社協を下から再形成しようとする気運が高まり、地域福祉という用語も実践用語として普及していく。60年都道府県社協組織担当者「山形会議」の検討結果などを踏まえ、62年全社協は「住民主体の原則」を示す「社協基本要項」を策定した（全社協 1982：75-78）。全国各地で社協再建と地域組織化手法の地域福祉活動が進められた。63～66年全国・地方各レベルの社協に企画指導員・福祉活動指導員・専門員が国庫補助で配置され、市町村社協の法人化も進んだ。子どもの遊び場づくり運動なども全国展開をみた。65年以降、都市部において住民運動型の地域福祉活動が発展する。先進事例として神戸市苅藻地区の公害追放運動・地域福祉活動（井岡 1971：42-78）などがある。69年「運動体社協」も提起された。反面、67年行政管理庁再勧告（共同募金の社協人件費配分批判）、人件費補助、行政委託事業の増大を背景に社協の行政依存・「事業体化」が強まる。
　⑺　**民生委員活動の組織的展開**　60年以降、民生委員は社協の心配ごと相談所の相談員を担う。62年全国民生委員代表者会議で民生委員の近代化を申し合わせたが、64年民生委員批判が顕在化した（全社協 1968：369-371）。67年「制度50周年活動強化要綱」に民生委員の基本性格の明確化（自主性、奉仕性、地域性）、「活動の基本」体得、活動の基盤強化および重点活動が提示された（全社協 1968：427-434）。68年モニター活動「ねたきり老人実態調査」で全国20万人ねたきり老人の実態を初めて明らかにし、以降69年「父子世帯調査」、73年「孤独死老人ゼロ運動」等々、社協との連携で民生委員の全国ネットワークによる取り組みが発展する（全社協 1982：119、127-128、612）。
　⑻　**ボランティア活動**　62年徳島県・大分県で社協の善意銀行が発足、全国的に普及する（全社協 2003：327）。66年市民型「大阪ボランティア協会」発足、

73年国のボランティア政策で都道府県・指定都市社協に「奉仕銀行」設置をみる。

(9) **セツルメント・地域福祉施設**　62年「横浜愛泉ホーム」、65年「川崎ホーム」設立、71年日本地域福祉施設協議会結成を経て、セツルメント・隣保事業は地域福祉を追求するに至る。

(10) **施設の社会化**　60年、62年「家庭養護寮」神戸市、大阪市で各実施、65年糸賀一雄『この子らを世の光に』刊行、信楽青年寮退寮者「民間ホーム」、69年「ゆたか共同作業所」、70年「やどかりの里」各開設。70年以降、コミュニティ・ケアの視点から隔離収容方式の批判、施設の社会化が進む。

3　第3期（1975～89）　在宅福祉と地域福祉の展開

(1) **低成長、福祉見直し、バブル景気、生活の歪み**　70年代後半は経済低成長下で国・地方の財政危機、労働運動・住民運動の停滞を背景に福祉見直し路線が追求されていく。80年以降の戦後最長不況は83年に脱し、86年以降バブル景気となる。消費生活の高度化志向も現れ、生活は一見豊かになったかにみえたが、欧州からは"ウサギ小屋に住む働き蜂の日本人"と揶揄されるなど、生活のアンバランス、歪みが顕在化した。

(2) **地域福祉・在宅福祉関連政策**　75年社会保障長期計画懇談会「今後の社会保障のあり方について」は、「在宅福祉サービス等、地域福祉中心の視点から見直し」を提示し（全社協 1976：46）、以降地域福祉・在宅福祉は福祉見直し・削減方向と結びつけて推進される。76年老人・身体障害者在宅福祉事業の統合、79年「新経済社会7か年計画」は自助・共助を強調する「日本型福祉社会」を提起した（経済企画庁 1979：10-11、150-151）。81年第2次臨時行政調査会設置以降、「小さな政府」志向での国・地方財政再建を追求する「臨調・行革」路線のもとで、社会保障費の各年伸び率は防衛費のそれよりも低く抑制された。80年代前半に老人医療やホームヘルプの有料化、老人福祉施設の入所費用徴取が開始され、生活保護の「適正化」＝適用抑制政策が強化された。他方81年「国際障害者年」を契機にノーマライゼーションの理念が普及し、地域福祉としても不可欠の理念となる。

86年以降「福祉関係三審議会合同企画分科会」は社会福祉制度改革方向を次々に提示し、施設入所措置の団体委任化、社会福祉士・介護福祉士法制定、シルバー産業育成などにつながった。89年厚生・大蔵・自治大臣合意「高齢者保健福祉推進十か年戦略」（ゴールドプラン）が消費税３％導入とセットで開始された。ヘルパー10万人配置などを示す「戦略」は、高齢化と要介護高齢者の増大、核家族化、女性の就労化などにより家族介護が限界を来し、女性の介護力を「含み資産」などという「日本型福祉社会」論は現実の前に破綻、介護の社会化を急がざるを得なくなったことの現れである（井岡 2003：24）。

⑶　**同和対策、過疎対策**　　79年同和対策特別措置法３か年延長、82年地域改善事業特別措置法、87年「地域改善対策特定事業に係る国の財政上の特別措置法」（「地対財特法」）となった。過疎対策では80年過疎地域振興特別措置法となった。

⑷　**自治体福祉施策・計画**　　76年神奈川県「ともしび」運動の開始、「神戸市民の福祉を守る条例」制定、80年「武蔵野市福祉公社」有償サービス実施、81年「マイタウン東京'81」（市民の連帯とコミュニティ形成を盛り込む）、大阪府社会福祉審議会「地域福祉の推進方策について」第１次答申、「滋賀県社会福祉計画」の「福祉圏構想」、中野区「地域センター・住区協議会」整備等の動きがみられる。89年東京都地域福祉推進計画等検討委員会答申「東京都における地域福祉推進計画の基本的なあり方について（中間まとめ）」は、「三相」（都、市区町村、社協等民間）の地域福祉計画を方向づけた。

⑸　**社協活動の地域福祉展開**　　75年全社協「中央ボランティア・センター」設置、市区町村（社協）奉仕活動センター（ボランティア・センター）設置、福岡県春日市社協で老人世帯毎日給食を開始、76年「全国地域福祉研究会議」開催、77年「福祉協力校」指定が始まる。70年代後半、京都・大阪府下で「一人暮らし老人の会」が組織化された。79年全社協『在宅福祉サービスの戦略』を刊行。80年代前半、大阪府枚方市で介護家族の会や父子福祉会が組織化された。80年以降「住民参加型在宅福祉サービス」が生成発展する（全社協 2010：336-337）。82年全社協は「社協基盤強化の指針」を提示した。同年市町村社協法制化運動が展開され、83年社会福祉事業法に規定された（全社協 2010：322）。

80年代後半、社協発展強化計画、高齢者地域福祉推進計画が広がり始める。85年市町村社協「ボラントピア事業」開始、87年枚方市社協は「枚方市地域福祉計画」（第１次）を策定した。同年在宅福祉団体121か所（全社協調査）となった。

⑹ **民生委員活動**　77年制度60周年「活動強化方策」で住民性など「３つの原則」、社会調査、意見具申など「５つのはたらき」を提示、87年制度70周年「活動強化方策」では支援態勢づくりなど加え「７つのはたらき」とした（全民児協 1988：519-520, 832-834）。モニター活動では77年「老人介護実態調査」、85年「在宅痴呆性老人の介護者実態調査」を実施した。

⑺ **民間非営利団体**　83年生協「くらしの助け合いの会」はじめ、80年代以降、農業協同組合、福祉協同組合、ワーカーズコレクティブ、当事者・ボランティアグループ等による会員制・有償サービスが進展する。

⑻ **共同募金運動**　77年中央共募は運動30周年「在宅サービス、ボランティア活動重点配分方針」および「10年間１千億円募金目標」を決定した。

⑼ **施設の社会化・地域福祉施設**　78年施設の社会化論議が高まり、施設の地域開放などが進む。79年中央共募、82年東京都社協で施設の社会化実態調査報告が示された。70年代後半、開拓的な地域福祉施設として75年東京「緑寿園」老人デイケア・ショートステイ開始、77年共同作業所全国連絡会結成、以降共同作業所の急増、79年大阪「聖家族の家」グループホーム開設、障害児者地域利用施設・小規模居住施設の増加等をみる。80年代前半、80年京都「呆け老人をかかえる家族の会」（現認知症の人と家族の会）宅老所開設、82年東京都ファミリーグループホーム制度化、83年群馬「デイセンターみさと」開設、京都「健光園」ケアつき共同住宅開設、84年春日市社協「老人下宿」開設等が進む。80年代後半、86年地域共生ホームとして埼玉「元気な亀さん」開設、87年宅老所・小規模多機能として島根「ことぶき園」開設等が展開した（平野ほか 2007：29-31）。

⑽ **地域福祉研究運動、地域福祉学会**　81年自主的研究運動として第１回「地域福祉問題研究全国交流集会」が小田原市で開催され、以降25回まで毎年東京、関西交互に開催した。81年永田幹夫は在宅福祉志向の地域福祉論を提起した（永田 1981）。87年日本地域福祉学会が全社協ホールで設立され、地域福祉

の学問的論議の展開を担うこととなる（初代会長岡村重夫）。

4　第4期（1990〜99）　地域福祉の再編

(1) **「失われた10年」**　90年代初期にバブル景気は崩壊し、以降長期不況、金融不安、IT革命とグローバリゼーション下の産業再編成、企業経営合理化、リストラ、非正規雇用、失業増等々、90年代は「失われた10年」といわれた。この間95年阪神淡路大震災が発災し、甚大な被害をもたらした（後述）。

(2) **地域福祉関連政策**　前記福祉関係三審議会合同企画委員会の89年意見具申「今後の社会福祉の在り方について」を踏まえ、90年福祉関係八法改正が行われ、市町村への施設入所措置権限の委譲、在宅福祉サービスの法定化など、市町村福祉行政の総合的・計画的実施への法的規定が整備された。また社会福祉事業法改正で「事業型社協」への事業企画・実施規定が加わった。同年在宅介護支援センター、地域福祉センターが制度化された。93年厚生省「人材確保指針・国民の福祉活動への参加促進指針」の中で有償ボランティア活動が推奨され、中央社会福祉審議会答申「ボランティア活動の中長期的な振興方策」は20世紀中に国民の4分の1、21世紀には過半数のボランティア確保を提起した（全社協　1993：191-192、196-197）。

少子高齢化を背景に、国レベルで94年「新ゴールドプラン」、子育て支援の「エンゼルプラン」、95年「障害者プラン」、99年「新エンゼルプラン」、「ゴールドプラン21」が各々策定された。同年地方分権推進一括法制定をみた。

95年社会保障審議会「社会保障体制の再構築」（勧告）は、「21世紀社会連帯のあかし」として社会保障の方向を提起した。地域福祉もその位置づけとなる。97年介護保険法制定（00年施行）、精神保健福祉士法制定（98年施行）をみた。同年以降、社会福祉基礎構造改革への政策論議・検討が重ねられた。99年地域福祉権利擁護事業が制定された。

(3) **同和対策、過疎対策**　同和対策として92年前記「地対財特法」5ヶ年延長、97年同法改正となった。過疎対策として90年「過疎地域活性化特別措置法」が制定された。

(4) **自治体福祉施策・計画**　90年中野区でオンブズマン制度が創設された。

92年秋田県鷹巣町（現・北秋田市）で「住民ワーキンググループ」開始、93年24時間ホームヘルプ実施、99年在宅複合型施設「ケアタウンたかのす」開設（完全個室・ユニット方式）等、福祉のまちづくりが展開された（大友 2008：80-88）。自治体福祉計画として、93年老人保健福祉計画、95年障害者基本計画、児童育成計画が各々策定開始された。90年代後半、滋賀県全市町村で障害者基本計画が策定された。

⑸ **社協活動**　90年指定都市の区社協は法的位置づけを得た。91年「ふれあいのまちづくり事業」（大型国庫補助）が指定開始された。92年全社協は社会福祉法の社協「事業の企画・実施」規定に対応して「新基本要項」を策定（住民主体の原則は理念に後退）、同年『地域福祉活動計画策定の手引き』刊行、94年「事業型社協推進事業」推進指針提示、97年「経営型社協」提起などの方向づけを行った（全社協 2010：326-330）。93年社協職員の自主組織「関西コミュニティワーカー協会」が発足した。90年代には小地域ネットワーク活動やふれあいサロンの普及、高齢者対象の地域福祉活動計画から総合的地域福祉活動計画策定への展開が進んだ。

⑹ **民生委員活動**　94年主任児童委員が配置（予算措置）され、97年制度80周年「地域福祉の時代に求められる民生委員・児童委員活動」―活動強化方策が提示された。

⑺ **阪神淡路大震災と地域福祉活動、ボランティア・NPO**[5]　95年1月17日、阪神淡路大震災は全半壊25万棟、火災の多発発生・7500棟消失、死者6400余名もの激甚災害となった。貧困低所得層・過密狭小住宅居住者に犠牲が大きく、仮設住宅・復興住宅の孤独死頻発など痛ましい事態を引き起こした。発災後130万人のボランティアが駆け付け、救援活動を展開した。自治体関係者、社協関係者等も専門的救援活動に尽力した。被災地自身の救出・救援、復興・まちづくりも取り組まれた。震災は福祉施設・サービスの整備が防災・救援機能をも担うこと、平素の地域福祉活動の蓄積が救助・救援に役立つことなどの教訓を残した。ボランティアグループの強い要請・運動により98年「特定非営利活動促進法」（NPO法）が制定され、以降NPO法人が増大する。99年「協同労働の協同組合」法制化運動が開始された。

⑻ **共同募金**　96年中央共募「二一世紀を迎える共同募金のあり方委員会」は「新しい『寄附文化』の創造をめざして」を答申した（全社協 2010：475）。募金額は1995年度265億余円をピークに以降減少傾向にある（全社協 2010：476）。

⑼ **地域福祉施設**　宅老所・小規模多機能として91年福岡「宅老所よりあい」、93年栃木「のぞみホーム」、富山「このゆびとーまれ」（地域共生ホーム）など開設され、92年Ｅ型デイサービス制度化、97年グループホーム制度化、99年「宅老所・グループホーム全国ネットワーク」結成、「ユニットケア全国セミナー」（福島）開催などの動きがある（平野ほか 2007：27-31）。

⑽ **地域福祉論**　住民自治視点の地域福祉論として92年三塚武男（三塚 1992）、93年右田紀久恵（右田 1993）の提起があり、また現代的・新たな社会福祉としての地域福祉規定が98年三浦文夫（三浦 1998：25、1999：32-33）、同年大橋謙策（大橋 1998：34-35）からなされた。

5　第5期（2000～）　地域福祉の新たな段階

⑴ **市場原理主義の推進、格差・貧困の拡大、東日本大震災**　21世紀に入って新自由主義的な市場原理主義の追求は、構造改革、規制緩和により一層推進され、数年間戦後最長好況（2002～06年）を呈するが、08年米国大手証券会社の経営破綻、リーマンショック以降、世界的金融不安・不況となり、日本も深刻な不況に陥る。以上の過程で格差・貧困の拡大が顕在化し、ワーキングプアー、派遣切り、無縁社会、孤独死、自殺者13年連続3万人台（98～11年）等が問題化する。09年厚労省は日本の貧困率15.7％（先進国最大）を発表した。

　11年3月11日、東日本大震災が発災し、地震・津波により岩手、宮城、福島3県に壊滅的な被害を齎した。16年3月1日現在、死者1万9418人、行方不明者2592人、住家全壊12万1809棟、半壊27万8496棟に上る（総務省消防庁調べ）。発災翌日、東京電力福島第1原発で爆発、多量の放射性物質が拡散し、周辺住民の健康不安を募らせた。被災3県（岩手、宮城、福島）の災害ボランティアセンター等で活動するボランティア数は2011年2月に延べ96万6000人、2014年12月に延べ約141万7000人に上った（佐甲 2015：35）。全国から国・自治体や社

協、各界関係者等が被災地に赴き、地元自治体・社協等と連携しつつ救援・支援に当たった。被災地は仮設住宅居住が長引き、復興住宅建設が遅滞している。福島原発事故の周辺住民の県内外避難も長期化している。

16年4月14日と16日、熊本県熊本地方を震源とする震度7の地震が発生し、以降連日余震が続き、6月12日までで震度5以上の地震回数は熊本県17回、大分県2回に及んだ。6月15日現在、熊本県の被害状況は死者69人、負傷者1596人、住家全壊7652棟、半壊2万2856棟に及ぶ（総務省消防庁調べ）。当初、地元の受け入れ体制を超過する多数のボランティアが駆け付けた。

(2) **地域福祉関連政策**　00年社会福祉事業法改正、社会福祉法が成立し、「第十章　地域福祉の推進」が規定された。同年介護保険がスタートした（介護保険事業に多様な供給主体参入）。02年ホームレス自立支援特別措置法制定、03年市町村地域福祉計画・都道府県地域福祉支援計画規定が施行となった。

04年発達障害者支援法、05年障害者自立支援法（06年施行）、高齢者虐待防止・高齢者擁護者支援法が制定された。同年介護保険法改正で保険料引上げ、施設食費・入居費負担となり、06年地域包括支援センター、地域密着型サービス、地域支援事業が創設された。08年厚労省社会・援護局「これからの地域福祉のあり方に関する研究会」は「地域における『新たな支えあい』を求めて─住民と行政の協働による新しい福祉」を提言した（全社協 2008）。09年「安心生活創造事業」創設、国選定58「地域福祉推進市町村」で実施。同年福祉的支援が必要な矯正施設退所者への「地域定着支援センター」制度化や生活福祉資金の見直し、総合支援資金の創設をみた。

11年障害者虐待防止法制定、障害者基本法改正（地域社会での共生、差別禁止）、12年障害者総合支援法制定、13年障害者差別解消法制定（16年施行）、障害者雇用促進法改正（16年施行）、障害者権利条約締結の国会承認（14年発効）がなされた。12年子ども・子育て支援法（13年施行）、13年子どもの貧困対策推進法が制定された。同年生活保護基準引き下げ（3年間で10%）があり、生活困窮者自立支援法が成立（15年施行）した。14年介護職員処遇改善法が成立した。15年介護保険制度改革が行われた（予防給付の地域支援事業への移行、2割負担、在宅サービス見直し、介護報酬の引き下げ等）。また論議の分かれる「内部留保

問題」等を契機とする「社会福祉法人改革」（経営組織のガバナンス強化、事業運営の透明性向上、財務規律の強化、地域公益事業の責務、行政関与の強化）に向けて、16年社会福祉法が改正された（17年施行、16年一部施行）。同年障害者総合支援法が改正（18年施行）され、自立生活援助サービスなど前進面もあるが、介護保険優先のあり方など課題を残した。さらに同年ヘイトスピーチ対策法が成立した。

　同和対策については、02年3月末を以て国の特別措置は終了した。だが差別は完全に解消したわけではなく、一般対策の中で残された課題と鋭意取り組むことを要する。過疎対策としては、00年過疎地域自立促進特措法制定・過疎地域自立促進計画策定があり、08年国交省の限界集落支援モデル事業が行われた。14年地方創生法が制定された。

　⑶　**自治体福祉施策・計画**　　00年茅野市「福祉21ビーナスプラン」：「保健福祉センター」4ヶ所配置（地域包括支援センターの先行モデル）、阪南市「地域福祉推進計画」（公民協働で策定・推進）、01年高浜市「地域福祉計画策定モデル計画」（全社協委託、住民参加「ひろば委員会」先行）、04年松江市「地域福祉計画・地域福祉活動計画」（公民館拠点「地域福祉ステーション」モデル事業）等の先進的試みが相次いだ。04年大阪府下市町村（社協等）にコミュニティ・ソーシャルワーカー配置（府補助事業）、05年障害者自立支援法で市町村に障害者福祉サービスの一元化、障害者福祉計画の策定義務化。06年都道府県地域福祉支援計画策定状況：47都道府県うち35県策定済み、07年市町村地域福祉計画の策定状況：策定済み割合最高都道府県77.45％（策定予定プラス97.7％）、最低都道府県0.0％（策定予定プラス97.7％）（「地域福祉計画研究会」調査）。

　⑷　**社協活動**　　00年介護保険事業への参入相次ぐ。03年全社協地域福祉推進委員会「市区町村社協経営指針」提示。06年地域福祉計画策定状況：「有効計画あり」29.4％、「なし」63.6％（うち策定中・予定約半数）、地域福祉活動計画策定状況：「策定済み」28.0％（実質37％）、「なし」63.6％（策定中・策定予定約半数）（全社協・平成18年度市区町村社協実態調査結果［速報］）。この時点では両計画ともに策定状況はあまり芳しくない。同年全社協『地域福祉型福祉サービスのすすめ』刊行がある。00年代以降社協の小地域福祉活動が進展し、その意

義の再認識が広がる中で、07年「全国校区地域福祉活動サミット in 豊中」（豊中市）が開催され、以後サミットは毎年各地で盛況裡に開かれていく。同年全社協も「小地域福祉活動の推進に関する検討委員会報告書」を提示した。12年「第1回町内・集落福祉全国サミット」（秋田・湯沢市）が開催された。

(5) **民生委員活動**　00年民生委員法改正で名誉職規定を削除、「社会奉仕の精神をもって、常に住民の立場に立つて」相談援助するものと規定された。01年主任児童委員は民生委員法に位置づけられた。06年「民生委員・児童委員発災害時一人も見逃さない運動」を開始、07年3月能登半島地震、7月新潟県中越地震の際、「要援護者台帳」「福祉マップ」活用による被災地高齢者等の迅速な安否確認活動が全国的に報道・注目された（全民児連 2007b）。同年全民児連は「100周年に向けた民生委員・児童委員行動宣言：広げよう地域に根ざした思いやり」・制度創設90周年活動強化方策を提示した（全民児連 2007a：1-19）。

(6) **ボランティア・非営利団体活動**　11年社協ボランティアセンターのボランティア団体数は19万8796、ボランティア総数は867万人余となった（全国ボランティア市民活動振興センター調べ）。NPO法人は15年3月末現在5万90認証、うち保健・医療・福祉が58.5％占めた（内閣府データ）。

(7) **地域福祉施設**　00年老人福祉施設が介護保険事業に参入開始。02年全室個室・ユニットケア特養（新型特養）の制度化をみる。同年「地域サテライトケア全国サミット」（宮城）、03年「地域共生ホーム全国セミナー」（富山）、「小規模多機能ホーム全国セミナー」（熊本）、「逆デイサービス全国セミナー」（福島）など一連の全国セミナーが展開された（平野ほか 2007：31）。04年大阪府社協老人福祉施設部会は傘下施設から資金を集め、府下老人福祉施設がコミュニティソーシャルワーカーを配置し、地域生活相談・経済的支援を行う社会貢献事業を開始した（大阪府社協 2006：18、186-194）。06年障害者自立支援法により、障害者施設サービスは「日中活動事業」と夜間「居住支援事業」に再編された。同年「認定子ども園」が法制化された。

(8) **共同募金**　07年中央共募企画・推進委員会答申「地域をつくる市民を応援する共同募金への転換」が提示され（全社協 2010：478-479）、以降その方向への試みを開始する。

なお本期の地域福祉研究は多様化の観を示すが、割愛せざるを得ない。

4　到達点と問題傾向

最後に、地域福祉のあゆみをふり返って、到達点と課題を指摘しておきたい。

(1) **到達点**　地域福祉のあゆみ70年の到達点として一定の成果は認められよう。第1に、地域福祉施策・活動の拡大・多様化、量的拡大が顕著で、内容の改善・充実努力の跡も随所にうかがえる。地域福祉発展の動因としては、住民の生活問題の形成・累積とその解決を求める住民・関係者の先駆的・開拓的活動、助け合い連帯活動、福祉のまちづくり、さらに政策要求運動がある。

第2に、地域福祉への住民の理解は前進し、地域住民の共通課題として住民参加の地域福祉活動は草の根から広がりを示し、住民参加を不可欠の要件とする地域福祉の計画的推進も発展しつつある。

第3に、分野別・対象別のタテ割り福祉を地域の視点でヨコ組みにつなぎ、地域福祉として位置づけ、総合的推進していく努力が発展しつつある。地域ケア・ネットワークや小地域ネットワークづくりの展開は注目される。

第4に、地域福祉活動とその計画的展開は住民自治形成につながり、またローカル・ガバナンスやソーシャル・キャピタルの力量形成過程でもある。

第5に、住民主体、コミュニテイ・ケア、ノーマライゼーション、共生など地域福祉理念の形成・導入と理論的、実践的追求努力も評価されてよい。

(2) **問題傾向と課題**　第1に、行政コントロール・民間従属の歴史的体質を今日まで引きずってきており、事業委託・補助金をテコに人事統制など不平等な公民関係がみられる。民主的立場から行政との批判的協力関係、対等平等のパートナーシップ確立が課題である。

第2に、福祉見直し・改革下で公的責任の回避・最小化と自助・自立・共助の一面的強調、住民・利用者負担の増大が追求され、地域福祉がそうした政策目的に組み込まれ、利用されている側面を見落としてはならない。社会福祉・地域福祉の公的責任確立、地方・地域分権・財源保障が課題である。

第3に、政策サイドに「福祉は人なり」の軽視・ネグレクト傾向が強い。福祉現場の人材養成・配置の充実、抜本的待遇改善、市町村行政の福祉専門職必置化などが課題である。

　第4に、地域福祉が取り残してきた問題に格差・貧困問題対策がある。近年この問題は顕在化してきているが、地域福祉問題の基底として認識し、個別・組織的対策を重点展開することが課題である。

　第5に、社会的排除や偏見・差別、社会的孤立に苦しむ人々に追い打ちをかける地域構造の一面があることを否定できない。社会問題の正しい認識、いのちの尊厳と人権尊重、共生、社会的包摂への取組み強化が課題である。

　第6に、地縁組織の弱体化、リーダー・活動者の高齢化・補充困難などの問題がある。地縁組織・活動とNPO・市民活動との交流・連帯、各世代の参加の場づくりなどが課題である。

【注】
1）　本章の時期区分、地域福祉関係の歴史的事象および到達点と問題傾向・課題については、井岡2008bをベースに据え、その上で下記の諸参考文献を参照・引用して記述している。
2）　全国社会福祉協議会の略称。
3）　全国民生委員児童委員協議会の略称。
4）　中央共同募金会の略称。
5）　阪神・淡路大震災にともなう被災住民の生活・福祉上の諸問題と対策をめぐって、地域福祉の視点から状況と課題の分析、教訓、提言をまとめた文献として、日本地域福祉学会「阪神・淡路大震災地域福祉研究委員会」1996を参照。筆者もこれに参加した。
6）　全国民生委員児童委員連合の略称。

〔参考文献〕
井岡勉（1971）「大都市における地域福祉運動（Ⅰ）――京阪神三つのモノグラフによる考察」『研究紀要』（華頂短期大学）15号、1-78頁
井岡勉（1984）「わが国地域福祉政策の登場と展開」右田紀久恵・井岡勉編（1984）『地域福祉――いま問われているもの』ミネルヴァ書房
井岡勉（2003）「地域福祉の現代的展開と基本理念・概念」井岡勉ほか編著（2003）『地域福祉概説』明石書店
井岡勉監修、牧里毎治・山本隆編（2008a）『住民主体の地域福祉論――理論と実践』法律文化社

井岡勉（2008b）「地域福祉のフロンティア（最前線）――その先駆性と開拓性を問う」『2008年・日本地域福祉学会第22回全国大会要旨集』

池田敬正（1986）『日本社会福祉史』法律文化社

岩崎信彦ほか編（1989）『町内会の研究』御茶の水書房

岩波書店編集部編集（1968）『近代日本総合年表』岩波書店

右田紀久恵（1971）「地域福祉の本質」住谷磐・右田紀久恵編『現代の地域福祉』法律文化社

右田紀久恵編著（1993）『自治型地域福祉の展開』法律文化社

大友信勝（2008）「自治体福祉の光と影」上野千鶴子ほか編『ケアを支えるしくみ（ケアその思想と実践5）』岩波書店

大阪市社会福祉協議会編集・発行（1977）『大阪市社会福祉協議会二十五年史』

大阪府社会福祉協議会編集（2006）『社会貢献事業報告書――狭間に挑むソーシャルワーク（平成17年度）』株式会社アステム

大橋謙策（1998）「21世紀ゆとり型社会システムづくりと地域福祉実践」日本地域福祉研究所監修、大橋謙策・宮城孝編『社会福祉基礎構造改革と地域福祉の実践』東洋堂企画出版社

岡村重夫（1970）『地域福祉研究』柴田書店

岡村重夫（1974）『地域福祉論』光生館

小川栄二（1990）「家庭奉仕員派遣事業の実態と課題」河合克義編著『これからの在宅福祉サービス』あけび書房

京都市社会福祉協議会（2013）『京都市社会福祉協議会創立60周年誌』京都市社協

京都府社会福祉協議会30年史編纂委員会編集（1985）『京都府社会福祉協議会三十年史』京都府社協

黒木利克（1958）『日本社会事業現代化論』全社協

経済企画庁編（1979）『新経済社会七カ年計画』大蔵省印刷局、10-11、150-151頁

厚生労働統計協会編集・発行（1996）『国民の福祉の動向』以降各年版（2012年以降『国民の福祉と介護の動向』）

佐甲学（2015）「東日本大震災と社会福祉協議会による支援活動の展開と課題」日本地域福祉学会東日本大震災復興支援・研究委員会編『東日本大震災と地域福祉――次代への継承を探る』中央法規出版

真田是（1973）「地域福祉の当面の諸問題」『地域福祉の諸問題』地域福祉紀要第1集　日本生命済生会社会事業局、21-39頁

志藤修史ほか（2014）『生活問題と社会保障・社会福祉の基本資料集』高菅出版

社会福祉の動向編集委員会編集（2015）『社会福祉の動向2015』中央法規出版

全国社会福祉協議会編集・発行（1961）『全国社会福祉協議会十年小史』

全国社会福祉協議会編集・発行（1964）『民生委員制度四十年史』

全国社会福祉協議会編集・発行（1968）『民生委員制度五十年史』

全国社会福祉協議会・発行（1976）『これからの社会福祉施策』

全国社会福祉協議会三十年史刊行委員会編（1982）『全国社会福祉協議会三十年史』全社協
全国社会福祉協議会編集・発行（1993）『月刊福祉』増刊号『社会福祉関係施策資料集12（『月刊福祉』増刊号・施策資料シリーズ）』
全国社会福祉協議会九十年通史編纂委員会（2003）『全国社会福祉協議会九十年通史』全社協
全国社会福祉協議会編集・発行（2008）『地域における「新たな支え合い」を求めて――住民と行政の協働による新しい福祉』（これからの地域福祉のあり方に関する研究会報告）
全国社会福祉協議会編集・発行（2010）『全国社会福祉協議会百年史』
全国民生委員児童委員協議会編（1988）『民生委員制度七十年史』全社協
全国民生委員児童委員連合会編集・発行（2007a）民生委員制度創設90周年活動強化方策『広げよう地域に根ざした思いやり――100周年に向けた民生委員・児童委員行動宣言』
全国民生委員児童委員連合会編集・発行（2007b）民生委員制度創設90周年記念事業『民生委員・児童委員発　災害時一人も見逃さない運動　推進状況調査報告書』
東京都社会福祉協議会三十年史刊行委員会編集（1983）『東京都社会福祉協議会の三十年』
永岡正巳（2006a）「セツルメント運動・隣保事業」日本地域福祉学会編集・編集代表大橋謙策、編集幹事上野谷加代子ほか『新版　地域福祉事典』中央法規出版
永岡正巳（2006b）「農村社会事業」日本地域福祉学会編集、編集代表大橋謙策、編集幹事上野谷加代子ほか『新版　地域福祉事典』中央法規出版
永田幹夫（1981）『地域福祉組織論』全社協
中村正則・森武麻麿編（2012）『年表　昭和・平成史1926―2011』』岩波書店
日本地域福祉学会地域福祉史研究会編（1993）『地域福祉史研究序説――地域福祉の形成と展開』中央法規出版
日本地域福祉学会「阪神・淡路大震災地域福祉研究委員会」編集・発行（1996）『阪神・淡路大震災と地域福祉――日本地域福祉学会「阪神・淡路大震災学会地域福祉研究委員会」研究報告書』
野崎和義監修、ミネルヴァ書房編集部編集（2015）『ミネルヴァ社会福祉六法』ミネルヴァ書房
平野隆之ほか（2007）『小規模多機能ケア　実践の理論と方法』全国コミュニティライフサポートセンター（CLC）
三浦文夫（1998）「特別寄稿　社会福祉基礎構造改革と地域福祉」日本地域福祉研究所監修、大橋謙策　宮城孝編『社会福祉基礎構造改革と地域福祉の実践』東洋堂企画出版社
三浦文夫ほか編（1999）『社会福祉の新次元』中央法規出版
三塚武男（1992）『住民自治と地域福祉』法律文化社
山形県社会福祉協議会編集・発行（2002）『山形の社会福祉五十年――社協創設50周年記念誌』
吉田久一（1960）『日本社会事業の歴史』勁草書房

吉田久一（1994）『全訂版　日本社会事業の歴史』勁草書房
和田敏明・渋谷篤男編（2015）『概説　社会福祉協議会』全社協

第1部　理論編
地域福祉の視角を問う

第1章

人権志向の自治力の向上指標
—— 地域福祉の方法理念と"健全"度および取り組みへの提言

加藤　博史

1　全体世界の中でのコミュニティの位置取りと機能

　地域は生活の場である。つまり"心身の再生産と共同"の場である。家事・遊び・看病・介護・教育、そしてこれらを近隣と協力して行い、ケアし合い、会話を楽しむ場がコミュニティだといえる。

　では、全体世界の中で、コミュニティがどのような位置取りをし、機能を果たしているのか検討しておきたい。広井良典は、ケアとコミュニティを次のように位置づけている。「ケアということの中心的な意味は、たとえば『ケアする者—ケアされる者』といった"一対一関係"に限定・完結されるものではなく、『個人』という存在を、『コミュニティ』、ひいてはその底にある『自然』さらに『スピリチュアリティ』の次元に"つないで"いき、そのことを通して、個人の存在の中にこれらの諸次元を回復させる、という点にあるのではなかろうか。」(広井 2005：157)。広井は、コミュニティの底に自然があり、永遠性としてのスピリチュアリティがあり、個人と自然や永遠性との媒介項に、コミュニティを位置づけているのである。

　一方、コミュニティや自然から「離陸」する装置として科学技術があり、その目的は、生産力の拡大成長、および、「資源や土地等をめぐって他の社会を支配・収奪するための」軍事力の強化にある、と明言している (広井 2005：227)。広井は、後者の時代は終息し、前者へともう一度つなぎなおしていく必要性を説き、「ケアとしての科学」を提唱している (広井 2005：252)。広井の整理は、目新しいものではないが、わかりやすい。自然性と精神性を志向する

第1部　理論編　地域福祉の視角を問う

コミュニティの再生は、生産性と軍事力を自己目的化した社会を変革していく機能をもっている。

ブータン王国の前国王・ジクメ・センゲ・ワンチュックは、国民総幸福（GNH）という概念を提起した。GNH は、四つの柱と九つの領域で構成されている。それは、①生活水準、健康、教育、②生態系の健全性、③文化的活力、心理的良好性、時間の活用、地域社会の活力、④優れた自治（民主主義、平等、正義）である（ケサン 2012：13-14）。

これを地域福祉の文脈で読み替えると、コミュニティの活性化のためには、自然と文化と精神と時間が活かされねばならず、その必要条件は所得と医療と教育の保障であり、その実現方法には自治活動への参加が求められる、といえるのではなかろうか。

2　地域福祉は何を方法理念とするのか

自治と社会保障の充実を実現する方法理念として、エンパワメントとインクルージョン、およびエコロジカル・ライフの三つの概念を基本的に挙げることができる。

1　エンパワメント

エンパワメントをここでは、主体性、主権性、個人の尊厳、およびその結果としての平和的生存権の継続的発揮過程として位置づける。

(1) **主体性（指標；自由性・主体性・共感性・親密性）**　主体性とは、外界に働きかける自分の自己指南（self-direction）的態度をいう。主体的であるとは、第1に、自分の体験したことを自分で感じ取り、統合化し、自分で意味づけることができる状態である。神経症の人はこれができにくい状況に追い込まれているといわれる。フランクル（Frankl, V. E.）は、強制収用所の中でも'自己の態度を意義付けることができる'とし、それを「態度価値」と概念化している。ソーシャルワーカーは、自己決定の原則と関連させて、態度価値の重要性を自覚しなければならない。

主体的であるとは、第2に、自分の時間、自分の空間を自分でデザインできき、選択的に協働できるグループをもっている状態である。きょう一日の段取り、来月の予定、将来の計画を自分で描くことができ、家具の配置、カーテンの色合い、鉢植えの花の選定が自由にでき、趣味のサークル、気が合う仲間に気が向いた時に加われる状態をいう。施設入所者は、この点で主体性を大きく損なわれている。

　主体的であるとは、第3に、ケアする立場にあることである。家族や他者の世話、こころ配り、道端の花に心を動かされることもケアである。収容所からみえる世界のすべてをいとおしみ、語りかける人は、世界をケアしているといえる。リースマン（Riessman, F.）の「ヘルパー・セラピー原則」は、「深くケアを行うものはそれだけ深くケアを受ける」とするものであるが、これは、主体性を表現した原理であるともいえる。

　主体的であるとは、第4に、商品経済への依存状態からの自律が挙げられる。私たちは日常、大量の商品を購入させられ、消費させられて暮らしている。これほど没主体的な状態はない。筆者の親の世代まで、各家庭で、田畑で作った物を食べ、家を修理し、衣服を繕い、保存食を作るのは当然であった。自作（ヴァナキュラーワーク）が生活の基本にあり、貨幣を使うことが特別のことであった。いまや私たちは、自己も労働力という商品として切り売りし、共同のものであった山川草木も商売のために取引するものとなった。自作の習慣と共有地、社会資本（ソーシャル・キャピタルを含めて）を再構築し、拡大する戦略が必要であろう。

　主体的であるとは、第5に、マスメディアや権威的な人物、権力的な組織に情報操作されることなく、社会的な問題意識をもち、自分の目で確かめ、自分の言葉で考える状態をいう。私たちはテレビが伝えていることが、世界で起こっていることと思い込まされがちである。生身の出会いや、言葉を生み出す苦しみに耐える習慣と文化が醸成されなければならない。

　最後に、葛藤の止揚のプロセスが主体性を高め、エンパワメントを進めることを指摘しておきたい。貧困・生活破壊、差別・抑圧を生み出す社会の仕組みに向かい、分析し、それを乗り越えるための行動を共に進めようとする時、お

のずから、その苦悩の過程が主体性を鍛える。そのためには、葛藤を乗り越えていく過程を見守ってくれる人が要る。社会関係に働きかけていくことの勇気付けをしてくれる人が要る。見守ってくれる存在は、同じ道を歩み途上に斃れた先人である場合もある。

　以上の主体的である状態は、志向性であり、個人の内部の能力としてあるのではなく、関係や環境の選択可能性（capability）としてある、といえる。

　(2) **主権性（指標；自由性・主体性、発展性）**　　主権性は、セルフ・ガバナンス、つまり自治の力の進展度によって測ることができる。一般に、ガバメントは政府による統治システムであるのに対して、ガバナンスは、メンバーによる主体的意思決定と合意形成システムの意味で用いられている。

　具体的には、公共性に関する自前の考え方（own view）の形成機会が基礎教育の中で保障されており、十分な情報提供と判断基準が示され、ワークショップの文化、タウン・ミーティングの習慣があり、その国に住む市民としての資格において参政権・抵抗権が保障されていることが、主権性保障の前提条件である。

　基本的人権の保障である、健康で文化的な生活を営む住宅と収入の権利の保障、教育権、労働権、医療権、環境権などの社会権の保障も、主権性発揮の必要条件といえる。

　住民・市民に以上の基本的人権を行使する'主権者'としての意欲・意志の触発と開発の機会が保障されねばならない。また、権利を行使するだけの準備状態、権利行使の方法の理解力、行使力の容量、さらに、申請手続きをわかりやすく伝えたり、アウトリーチによってニーズを掘り起こすなど、権利行使をする機会が拡大されねばならない。

　(3) **個人の尊厳性（指標；自由性・主体性、多様性・多元性）**　　いま、ここに存在しているすべてのものは、固有であり、いまここにあるということは、かけがえないことである。かつ、私たちは、愛欲に弄ばれ、苦しみにもだえ、悲しみに打ち沈む固有な存在である。しかし、だからこそ、そこに個人の尊厳がある。筆者は、"罪悪や障碍を含め、重荷を負っている人の姿から尊厳が発せられる"と考えている。

リルケ（Rilke, R. M.）は、「ドゥイノの悲歌　第九の悲歌」で、私たちは、「運命を避けながら運命に憧れるという生き方」をせねばならないとし、「あらゆることが一度、ただ一度だけ。一度だけでそれ以上はない。／そしてわれわれも一度だけ。二度とない。／けれどもこの一度存在したということ、たとえ一度だけであっても／現世に存在したということは、取り消し得ないことであるらしい。」（リルケ 1993：120）と詠っている。リルケは、実存の"一回性"に人間の尊厳があることを教えている。

　生命は自分のものではない。生命は、自然のような普遍的なものによって与えられて存在している。であるから、生命は、普遍的なもののために使われる時、意義をもつ。そのことを自覚していく過程こそ、ユング（Jung, C. G.）は個人化（individualization）（ユング 1991：49-50）と呼んだ。個人の尊厳とは、"生命の根源とのつながりを知っていくことをいう"といえよう。

　人間は組織の部品ではない。ところが、国家でも、企業でも、巨大機構が目的化されると、人間は、軍事力や生産力や消費力の部品となり、人間の尊厳は剥奪される。ただし、そこに、たとえ無効だったとしても抵抗を試みる時、尊厳が顕現するのではなかろうか。

　(4) **平和的生存権（指標；自由性・主体性、安定性・統合性）**　　地上に戦争が絶えない。戦争は生命を奪い人権を蹂躙する最大の反福祉である。ところが戦争は、常に大義と平和の名のもとになされる。"平和とは武力行使をしないこと"、を平和論議の出発点にせねばならない。さらに、真の平和への希求の根底に、"支配欲求の克服"という課題がある。"支配欲求"は私たち人間存在の根源に深く結びついている。したがって、何らかの支配を目的とする暴力・強制力・武力の行使を国にさせない法的拘束力が求められる。それが憲法前文の「平和のうちに生存する権利」である。

　加えて、'個人の尊厳が求められ、実現された結果としての平和'を志向する必要がある。国家繁栄の目的のために個人があるのではなく、個々の人々の自由と基本的人権の実現の手段として、国家（commonwealth、語源的には"共同の富"）があるといえる。まさに、「人々の、人々による、人々のための自治」が、つまり、市民一人ひとりが主体的に、地域社会や国家の意思決定と合意形

成に関与する仕組みづくりが、真の平和を担保するものといえよう。コミュニティへの運営参画が、自治力を高め、平和を守り続ける力となる。

　また、真の平和は、武力による牽制と均衡に依拠するのではなく、相互交流と相互理解、多元・多様性社会の実現に裏付けられた相互尊重に依拠するものでなければならない。日常的に、民際的コミュニケーションの活性化を図り、多文化共生を進めるとともに、弱さ（fragility）や傷つきやすさ（vulnerability）をもった人が真ん中で暮らすコミュニティの実現が平和創造につながるといえる。

2　インクルージョン（指標；開放性・交流性、多様性・多元性）

　障碍のある人を含めたすべての人が、かけがえのない個性をもったただの人（simply human）として、コミュニティで当たり前に暮らせる社会が、「ノーマルな社会」である。ノーマライゼーションは、そのような社会につくりかえていくことをいう。一方、インクルーシブ・コミュニティとは、"たった一人の人も排除しないコミュニティ"をいう。それは、多様性をもつ社会（ダイバーシティ・ソサェティ）であり、ジェンダーの多様性、世代の多様性、文化の多様性、障碍の軽重等の多様性が、活きる社会を求めていかねばならない。

　たとえば、重い認知症のお年寄りと、楽しく生きられる地域がインクルーシブ・コミュニティだといえる。認知症は、ダメなことでも、劣ったことでもない。生命体としての人間のごく自然なありさまである。そのような状態にある人を包み込み、ケアされあい、認知症の人自身が役割をもち、周囲の人たちとのコミュニケーションを活発にし、認知症の人との暮らしが文化になっている地域こそ、インクルーシブ・コミュニティである。インクルージョンは、一人ひとりの違いを活かす、という点に重点をおいた理念である。

3　エコロジカル・ライフ

(1)　教育機能が求める生活世界（指標；発展性、安定性・統合性、共感性・親密性）

　地域づくりは人づくり、といわれる。共に生きる福祉実践の真髄は、法学モデル、医療モデルよりも、教育モデルに学ぶところが大きい。

コミュニティのもつ教育機能を重視したデューイ（Dewey, J.）は次のように述べている。「コミュニティが表現しているのは、活動力秩序の意味秩序への変換なのであり、そこにおいて、意味は各自によって正しく理解され、また、共同的行為に従事する人々の側からみれば、一人一人は、皆、意味を他者と相互に参照し合うのである。」（デューイ 2010：148）。コミュニティとは、シグナル的記号だけではなく、シンボル的記号（＝意味）がやり取りされる場であり、情操と文化が形成され、「力」もこの情操によって制御される場であるとデューイは指摘している。

　教育学で独創的な研究をしている佐伯胖は、「学習とは『文化的実践への参加』」（佐伯 1995：28）だと定義する。そして、「文化」とは、「集団によって共有されている意味体系の吟味、享受、再構築をめざした、より広い集団の、より永続的な共有に向けての、人びとのいとなみ」（佐伯 1995：29）であり、そのいとなみは、「関係の網目を広げ、『先に進める』といういとなみと、根源に立ち返って『あらたに出直す』といういとなみの両方が含まれる」（佐伯 1995：11）としている。ここでいう、'関係の網目を広げて意味体系の再構築をめざす' という学習概念は、地域福祉の概念としても魅力的である。

(2)　**コミュニティのコンピテンス（指標：発展性、開放性・交流性、共感性・親密性）**　杉野昭博は、ソーシャルワークの「社会モデル」を、「個人モデル」に対峙するものとして捉え、障碍者の当事者運動から生まれた概念として規定し、ソーシャル・アクションやアドボカシーの強調につながっているとしている（杉野 2012：153-157）。一方、「ライフ・モデル」は、「メディカル・モデル」の克服の中から生まれたものであり、問題を個人の属性に起因するものとしてではなく、社会の環境や関係、特にその個人との交互作用と総合作用に重点をおいて捉えるべきであるとした概念として整理している。

　ライフ・モデルの一つとして、ジャーメインとギッターマンは、ソーシャルワークの「エコロジカル・アプローチ」を提起した。そのキーワードに、「コンピテンス」（ジャーメイン 1992：195）がある。コンピテンスは、環境や関係と交互作用を活発にする能力（もしくは社会的立場）であり、環境や関係に働きかけ、それを変えていく能力（もしくは社会的立場）である。私たちには、"地

域社会のコンピテンスの向上を目的化する戦略"が求められているのではなかろうか。

(3) **ハビタットとニッチの再創造（指標；安定性・統合性、開放性・交流性）**　現代社会は、"人間と環境の「商品化」、「使い捨て化」"を超えて、自分自身を自分で管理し、徹底的に自然的なものを忌避・排除する「生簀の中の人間化」（西江 1998：182）、「人間の自己家畜化」（self domestication、今西ほか 1970：5）が進んでいる。デズモンド・モリスは、これを「人間動物園」（The Human Zoo、モリス 1970：191）と呼び、養老孟司は、「脳化社会」（養老 1998：248）と名づけたのではなかろうか。

脳化社会では、外なる自然だけではなく、内なる自然（ミクロ・コスモス）である「身体性」も同時に排除する。身体性が突出する出来事である「性」、「老い」、「病い」、「死」、「出産」、「対等な喧嘩」は管理され、日常生活から排除される。

エコロジーでは、ハビタット（habitat）とニッチ（niche）というキーワードが使われる（Edwards *et al.* 1995：818）。ハビタットとは、生棲領域を意味する。ライオンにとってのサバンナ、猿やリスにとっての森、イルカにとっての大洋である。人間にとっては、里山を営む農山村と、それに囲まれ、農山村と日常的に交互作用のある都市である。都市には、横丁、路地裏、悪所、アナーキーな空間や祝祭空間が不可欠である。ニッチとは、ホッとできる適所をいう。リスにとっての木の上である。家庭や行きつけの喫茶店、職人の仕事場がニッチである。

以上を踏まえて、コミュニティの"健全"度を測定する指標の提示を試みた。ここでの"健全"性とは、ノーマルではなく、ホールネスに近い意味合いで用いている。

以上の指標に則って、自分の住んでいる地域を、以下の5つの尺度で評価してみて欲しい。①とても　②まあまあ　③どちらともいえない　④あまり　⑤まったく、の5段階である。

ポジティブ指標で、「とても開放的」と評価した場合は、一般的には、ネガティブ指標で「まったく閉鎖的でない」となるはずであるが、ときには、微妙

第1章　人権志向の自治力の向上指標

図表1　地域社会の"健全"度を測る指標（Index of Community Soundness）

	ポジティブ指標	ネガティブ指標
(1)	開放性（openness） 交流性（reciprocity）	閉鎖性（exclusivity） 孤立性（isolation）
	風通しがよく交流が盛ん 他の社会的問題にも関心がある	閉鎖的で孤立している 自分たちのことしか関心がない
(2)	多様性（diversity） 多元性（multiplicity）	均質性（homogeneity） 一元性（monopoly）
	いろんな要素、個性がある 多基準が併存し、選択できる	一つの色に染められている 単一の基準を押し付けられる
(3)	安定性（stability） 統合性（integrity）	不安定性（instability） 拡散性（diffuseness）
	定職・定収入がある人が多い まとまり・ケジメがある	定職・定収入がなく不安定な人が多い バラバラである
(4)	共感性（empathy） 親密性（intimacy）	無関性（apathy） 疎遠性（alienation）
	あたたかく生命のリズムがある	つめたく無関心である
(5)	自由性（freedom） 主体性（voluntariness）	支配性（domination） 依存性（dependency）
	選択と裁量の幅がある 自分（たち）でデザインした時間と空間がある	管理や監視が強い 他律的な時間と空間である
(6)	発展性（progressiveness）	停滞性（stagnation）
	夢や希望がある	将来計画が立てられない　夢がない

出典：筆者作成

にズレることがあろう。また、(3)の「安定性」と「統合性」がズレる場合もある。つまり、「定職や定収入のある人が多い安定した地域」だが、「近隣が挨拶もせずバラバラな地域」である場合もみられる。図表1は、あくまで地域の"健全"度を全体的に把握し、認識を共有化し対策を立てていくための道具である。

第1部　理論編　地域福祉の視角を問う

3　地域福祉の取り組み方略

　コミュニティは「生活の場」であり、病を癒し、老いを養い、死にゆく場所である。伴侶とこころの結びつきを深め、性愛を営み、子どもや孫を育む場所がコミュニティである。しかし現状では、病は医療産業に、老いは福祉産業に、死は葬祭産業に委ねられ、コミュニティから離れてしまっている。私たちは、病み方、老い方、死に方を周囲の人々と分かち合うことも、自分で引き受けることもできなくなっている。つまり、生老病死を市場機構に丸投げし、"生き方の自律性（autonomy on my life）"を放棄しているといえよう。こころの深いコミュニケーションを嫌い、人間関係の葛藤・苦悩を忌避し、エロスが豊かな意味を失っている傾向にも同じことがみて取れる。

　コミュニティの再生の問題は、そのような"生き方の自律性回復"の地平で思考していく必要があり、そこに〈自治〉の思想的基盤がある。身の回りから異質な人との交流を広め深めることである。そして、いのちを大切にする文化をつくるとは、具体的に、自宅、もしくは地域の民家で親しい人に見守られて死んでいく環境と関係を再構築していくことである。「口から食事ができなくなったら、延命処置はとらないように依頼し覚悟をきめていく」、などの地域支援実践が求められる[3]。

　おわりに、社会福祉協議会等が実践的に地域福祉のイノベーションに取り組むための、ヒントを提案する。すでに、一部取り組まれているものもある。また、現実的ではないと考えられる場合は、ブレーン・ストーミングの要領で変容を試みていただきたい。

①自治会活動に活動量と世帯数に応じて行政から報酬を支払う。ただし、個人にではなく自治会宛に支払うこととし、懇親会費に充当する等、自治振興のために使う裁量を認める。

②高齢者や障碍者の世帯で、町内会の年当番や月当番の役が回ってきても十分果たせない人には、その前後の近隣の人に「町内会当番サポーター」を依頼し、行政からサポーターに「ゴミ袋など」の粗品を提供する。

③自治会の地域計画のPDCAサイクル活用度、住民参加度、企業との協働度等のベストテンの発表とアイデアの共有化を、自治体レベルで図る。
④社会福祉協議会がコーディネートし、通所施設と自治会・町内会の協力を得て、障碍者の「町内デビュー」支援と「自宅開放型の交流ミニサロン」の推奨を行う。
⑤社会福祉協議会がコーディネートし、通所施設と小学校・中学校の協力を得て、障碍のある人を囲んだ「グループワーク」を行う。
⑥高齢者ケアに、障碍のある人の参加を奨める。軽度知的障碍のある人が、要介護高齢者の脚や背中のマッサージを行う。一定の報酬を支払う[4]。マッサージの方法は視覚障碍者の協会の仲介で学ぶ。
⑦教育系の大学に知的障碍者にたいするアシスタント付き「生涯学習」機会提供を義務づける。福祉系の大学に知的障碍者と学生との1年間にわたる「交流学習」機会提供を義務づける。
⑧中山間部と都市部の住民が小学校区単位で姉妹交流を継続的・蓄積的に行い、相互の地域の良さを活かし合うとともに、過疎問題とエコロジー問題に生活者目線で取り組む。
⑨水道料金など公共料金の滞納家庭にアウトリーチし、相談できる関係性を培っていく。コミュニティ・ソーシャルワーカーの活用と民生委員等との連携が考えられる。
⑩北欧で取り組まれている「コンタクト・パーソン（友だち兼助言者）」活動、帰住先のない刑事施設出所者やホームレスの人を対象にした「寄り添い型保証人」活動に取り組む。

【注】
1）　ユングは個性化を「一つの全体を作り出す過程」という意味で使い、「全体は無意識的出来事からなる見通すことができない領域と意識とをともに含んでいる」はずであり、「自我は意識の中心でしかありえない」としている。
2）　岡本直也は、「戦時における人権保障の相対的低下を、日本国憲法は許容していない。」「戦時を理由に平時における人権保障を緩めないことこそが平和的生存権の内容である。」としている（岡本直也（2008）「第9条――特に平和的生存権の現代的意義につ

いて」『東京大学法科大学院ローレビュー』Vol. 3、71-72頁)。武者小路公秀は、平和的生存権と「人間の安全保障」との間の共通性を指摘し、その結合を提唱している(深瀬忠一ほか編(1998)『恒久世界平和のために』勁草書房、185頁)。清水睦は、平和保障の機構を有効に機能させるには、「地球に生存する自分と他の生への共感、をふまえたボランティア活動が不可欠である。」と指摘しており注目される(深瀬ほか編、前掲書、158頁)。田代国次郎は『続・社会福祉学とは何か』の副題を「『平和的生存権』実現運動」としているが、その内容は基本的人権保障といえるものである(田代国次郎(2013)『続・社会福祉学とは何か』本の泉社、14、119、138頁)。
3) 滋賀県東近江市の永源寺診療所の花戸貴司医師の優れた地域実践がある。
4) 滋賀県湖南市での小規模多機能型居宅介護事業所「秋桜舎(こすもすや)」における、株式会社なんてん共働サービス代表の溝口弘の優れた地域実践がある。

〔参考文献〕
今西錦司ほか(1970)『人類は滅びるか』筑摩書房
神田橋條治ほか(2010)『発達障害は治りますか』花風社
ケサン・チョデン・ワンチュク講演、龍谷大学アジア仏教文化研究センター/龍谷大学人間・科学・宗教オープン・リサーチ・センター共編(2012)『ケサン王女殿下特別講演、ブータン王国の国民総幸福(GNH)政策』方丈堂出版
佐伯胖(1995)「文化的実践への参加としての学習」佐伯胖ほか編『学びへの誘い』東京大学出版会
ジャーメイン、C. B.(1992)『エコロジカル・ソーシャルワーク』小島蓉子訳、学苑社
杉野昭博(2012)「ソーシャルワーク理論史からみた生活モデル」一般社団法人日本社会福祉学会編『対論社会福祉学4』中央法規出版
デューイ、J.(2010)「グレート・コミュニティの追求」デューイ、J.『公衆とその諸問題』植木豊訳、ハーベスト社
西江雅之(1998)『ヒトかサルかと問われても』読売新聞社
広井良典(2005)『ケアのゆくえ科学のゆくえ』岩波書店
モリス、D.(1970)『人間動物園』矢島剛一訳、新潮社
ユング、C. G.(1991)『個性化とマンダラ』林道義訳、みすず書房
養老孟司(1998)『唯脳論』筑摩書房
リルケ、R. M.・神品芳夫編・訳(1993)『リルケ詩集』小沢書店
Edwards, R. L. *et al.* eds. (1995) *19th Encyclopedia of Social Work 1*, Washington, D. C.: NASW Press.

第2章

住民主体に求められる要件
—— 草の根地域福祉モデルを岩手県旧沢内村から

竹之下典祥

1 住民主体要件の概観

　住民主体が地域福祉の中で位置づけされるようになったのは、1960年8月に全国の社会福祉協議会（以下、社協）職員による山形会議（正式には、昭和35年度都道府県社協組織指導職員研究協議会）での討議を経て、62年に出された「社協基本要項」以降である（渡部 1993：118-131）。

　社協に関する論説は岡野英一[1]に詳しい。ここでは、住民主体とは本来、自治の構成員である住民自身がガバナンスを行う自治主体と、住民（市民）として主張すべき権利者としての権利主体の2側面を統合的に行うことを可能としているかを問いたい。

　そこで、住民主体の地域福祉を探るにあたって、まず、住民主体を形成するための諸要件を概観してみる。

　構成要素としては、①その土地（地域社会）に対する愛着、②そうした心性を得る自然的要素や人のつながり、③それら資源から心の豊かさ（幸福）を得られていること、④平和であること、⑤地域への愛着を基盤とした内発性を有していること、⑥個人レベルで開かれた自律という変容が行われていることなどが要件として不可欠であると考える。

　個人レベルでは、右田紀久恵が生活主体認識に加え、権利主体認識、生存主体認識の3要素の包括的認識をもつ人間（個人）として捉えることを主体的存在とする認識を示している（右田 2005：149）。

　組織レベルでは、住民自身による自己統治が中央政府はもちろん、地方自治

体からも自律的に自己決定や自己運営されていることが当為の要件となる。

つまり、住民主体は自律的である住民が、その地域を大切にしていきたいという思いが、内発性となって自動的な行為の積み重ねの結果として生成されるものである。そうした内発性が生み出されるには、①自然環境［自然資本］も含めた土地への愛着、②地域の人と人のつながりによる支えあい［社会関係資本］、③生活必需材（水やエネルギー）と生業としての生産活動［地域合目産業］によって、相互の生活の安心感を得ることのできる地域社会生活が形成されていることが肝要となる。

2　住民主体を阻害するもの

他方、この節では住民主体を阻害する要因として、行き過ぎた私事や快適さ、大量高度消費社会、平和といのちの軽視、を取り上げる。理由は、いずれも、心の豊かさ（幸福感）を略奪し住民相互の関係づくりの弊害となる事象と考えるからである。

1　住民主体の高い壁ともなる私事化

住民主体に必要な基本的要件を今も阻害し、分断をもたらしているものの第一に私事化がある。誰にでも、秘匿すべき私事があり、これは心傷としてあるいは恥の烙印として精神内部に刻まれたものとしてついてまわる段階から、いわば流行追従や世間体へ囚われの段階まで、さまざまに巣食っている。それは、プライバシーと呼ばれるようになった。この自己身辺関心志向性を余りにも社会が強化したことに、私たちの住民主体性の阻害要因があると考える。

マイナンバー制度の導入が行われ管理社会が進展する一方で、一例を挙げれば、子どもへの不適切な養育が起こる要因として、核家族化が進展した日本社会の中で家事・育児に専業する性的役割分業が強化され、母親のみが家庭で養育することを進めてきた結果、私事化が地域社会と家庭との壁を際限なく押し上げ、孤立化した育児と密室化する家庭を築きあげてきたと著者は考えている（栗山 2008：151-165）。

2　快適さ（アメニティ）の過度な追求

　もう一つは科学の発達によって、どの季節も暑くもなく寒くもない冷暖房を筆頭に、オール電化に代表される快適さ（アメニティ）を極限にまで推し進めてきたことによって、地球温暖化だけに留まらないエネルギー消費を日本人は行ってきた。明治維新を機に欧米諸国に追いつき追い越せと富国強兵・殖産興業を進め、十五年戦争敗戦後は経済成長を信奉し続けてきた。そして、バブル崩壊後も、形を変えながら同じ轍を踏み続けた。原子力発電政策もその最たるものの一つである。

　快適さの追求は同時に人間のもつ五感を鈍らせ、ひるがえって、不快感を増大させることにつながり、忍耐力や持久力などの体力・耐性を鈍らせる。結果、科学の発展が行き過ぎて肥大化していることに警鐘を鳴らしたい。

3　高度消費社会がおよぼす地球の存亡

　ここでは、ウルグアイのムヒカ大統領が行ったスピーチに触れたい[2]。彼の「貧乏な人とは、少ししかものを持っていない人ではなく、無限の欲があり、いくらあっても満足しない人のことだ」（佐藤 2015：1-110）との指摘は、浪費・飽食と窮乏・飢餓とが併存する状況を根源的に批判している。単なる南北問題や地球温暖化問題として取り扱うのは小手先の議論であろう。ムヒカのスピーチは物質に取り憑かれた現代人の心の貧しさこそ問題であり、物に囚われない心の持ち方と実生活での実行を物静かに、かつ痛烈に訴えたスピーチである。われわれの心のあり様と生活様式の大転換（パラダイム転換）が求められている。

4　いのちと平和の軽視

　くわえて、地域福祉の前提として、いのちと平和は絶対要件である。実存する存在として、いのちに代わる価値や尊厳はない。そのいのちが最も脅かされ、不安定となるのが戦争であり暴力である。非戦の大切さを内村鑑三は「平和こそ最大の慈善事業」と端的に表現した。柏木義円がこの内村の言葉を借りて『上毛教界月報』で平和論の論陣を張り、高橋元一郎は詩作やスラム街での

失業者との生活を通じて平和運動を実践した（室田 1994：1-550）。賀川豊彦は協同組合運動を基盤とした社会事業を通じて「共に生きる」地域福祉実践を行った（西川 2006：177-183）。

けれども、日本は日清戦争、日露戦争、第一次世界大戦、そして十五年戦争まで軍需拡大の一途をたどった。戦後70年が過ぎ、現在の政治的状況を、戦時体制を整えていった昭和初期の情況に重ねて考える方も多いのではないか。反戦より一歩進めた非戦が問われるべきである。日本国憲法の前文にあるように、恒久平和は市民一人ひとりの日常の不断の努力によって初めて成し遂げられ、生存権保障の場が地域福祉である。

3　自然環境と寄り添ってきた日本人の暮らし

1　変動帯に位置する日本の自然環境

地域を捉えるには、社会関係資本の人文・社会科学からのアプローチと統合的に、自然資源として自然科学からのアプローチが必要となってくる。

日本は環太平洋造山帯とよばれる地球規模の変動帯に位置し、全世界の活火山の約1割、地震発生の約2割が日本列島の島弧と海溝で発生しているという国土に在る。陸上部では一部地域を除いて約20km四方に一つの割合で活断層が存在する（活断層研究会 1992）。火山もプレートの沈み込みによる火山フロントに沿って活火山が110存在する（第四紀火山カタログ委員会 1999：285-289）。火山の活動時期はさまざまであるが10万年以上にわたって活動を続ける火山が多く、第四紀火山の数では455火山が確認されている（気象庁 2015）。活断層と火山が占める日本列島に原子力発電所を建設する適地はない（守屋 2014：103-108）。

温暖湿潤気候がもたらす四季と降雨・降雪によって、山間の傾斜地は急傾斜のV字谷と地すべり斜面で形成されている。また、日本列島は1億年前までユーラシア大陸の東縁に位置し、のちに日本海盆が形成されて島弧となったものである。海流も寒流と暖流が会合し、長さ2000kmに及ぶ国土は流氷が着岸する亜寒帯から、サンゴ礁が形成される亜熱帯までわたり、地球上の10％以上

の動植物が生息する生物多様性の島弧でもあり、三陸沖は世界四大漁場の一つに数えられる（湊1999：1-233）。他方、北東北太平洋側沿岸部で「津波てんでんこ」と口伝されるように、日本は災害立国であり、自然との共生（共棲）を是として、人間自体を自然の一部として捉える世界観を有してきた。

2　生物多様性と自然災害との共存・共生

　日本列島の生物多様性は37万km^2の狭い国土に1億人以上が生活することを可能としたが、戦前の農山村は、人間の生活空間を住宅―縁側―庭―野良―野辺―里山までとして、結界から先の山や岳は恵みをもたらす後背地として、山の嶽(かみ)が棲む神聖な場所として立ち入らず、獣や植物との共棲を図ってきた。涌井雅之が指摘するように、日本人は自然の営為の元本である奥山には手を出さず、利息部分の里山から野良にかけての領域で自然循環システムを利用する仕組みを編み出してきた（涌井2008：83）。

　著者は、現場のソーシャルワーカー時代、宮沢賢治の『雨ニモマケズ』（宮沢1937）をコミュニティワーカー哲学として読み込んでいた。しかし、東日本大震災発災時にこの詩が浮かび、その後岩手の地での生活を通じて、賢治が生きた1930年代の農耕集落共同体を表現した日本人本来の自然循環型の世界観であると気づいた。われわれ人間の生活はその地域の土地に深く根ざし、生きとし生ける存在の一つとして存在する。人の存在つまり躰は土地と一体で切り離せない不可分であるという"身土不二"[3]を表現している。

　経済評論家の内橋克人は、地域社会の成立要件として、食物のFood、エネルギーのEnergy、気にかける世話のCareの三つのF・E・Cがあれば内発的発展の条件を備えていると述べている（内橋2003：173-236）。この3要素は賢治の詩にみることができる。「小サナ萱ブキノ小屋ニヰテ」は薪や炭、水車のエネルギーに依って、「一日ニ玄米四合ト味噌ト少シノ野菜ヲタベ」は山海の自然から得られる食物、「東ニ病気ノコドモアレバ行ッテ看病シテヤリ、西ニツカレタ母アレバ行ッテソノ束ヲ負ヒ」の東奔西走は、結や講による相互扶助の世話を内包した"身土不二"の思想である。このように賢治の詩は言い換えれば、今日いわれる'なつかしい未来'を示すと同時に"身土不二"の「イー

ハトーヴ（理想郷）」を示した。

　著者は地域社会の特性を人文・社会科学的要素だけでなく、こうした自然環境の特性である地質・地形・土壌・小気候・動物・植生・水質、災害の発生状況、土地利用や開発など土地に刻まれた人為の痕跡の要素を踏まえてアセスメントし、地域福祉と地域社会の構築を成すべきであると考える。

4　草の根地域福祉モデル岩手県旧沢内村

1　土建国家公共政策から安心地域生活への転換

　地域経済学者の遠藤宏一は、日本が公共事業に依存した地域開発を脱し、環境保全や高齢社会に対応した保健・医療・福祉の充実を最優先した「分権型福祉社会」の創造こそが課題であると整理している（遠藤 2004：215-256）。

　つまり、人口減少と少子高齢社会が日本のどの地域社会においても課題となることを踏まえて、保健・医療・福祉による地域づくりが内発的な発展を可能にすることを提示している。

2　主体である住民に手渡す

　ここで内発的発展を住民の意識変革や自己変容を促すよう取り組んだ岩手県和賀郡旧沢内村（以下、沢内村）を取り上げる（菊池 1968：1-210：高橋・金持 2007：1-70、NPO法人輝けいのちネットワーク 2013：1-236）。

　⑴　沢内村地域福祉（医療・保健・福祉・教育の一体）の営み　　沢内村は、戦中の1942年に国民健康保険組合を設立した。戦前から岩手県下では、農山村漁村ごとの産業組合が村々に創設されて、地域協同組合組織的な機能を果たしてきた。戦中、国家統制政策としての翼賛会団体農業会への併合を余儀なくされたが、戦後も青年会・婦人会組織に受け継がれ、国保加入の推進や直接診療所の設置を促進してきた。沢内村では48年に国保直営診療所が、54年に30床の沢内病院が開設される。

　57年に深沢晟雄が第17代沢内村村長に就任する。善良な医師の確保に苦難するが、60年に第10代病院長となる加藤邦彦医師を迎えて、ようやく沢内病院の

再建がスタートする。63年に増田進医師（第11代病院長）が加わり、内科・外科の医師2人体制が確立する。同時に、国保連合会との連携で保健師を57年に2名、59年・65年に1名ずつ増員して保健師4名体制を整備。地域保健の礎となった。こうした医療保健態勢の整備と並行して、57年教育委員会（社会教育）が中心となって「沢内村保健委員会」が設置される。

1960年から2年間関係者会議で協議して「沢内村地域包括医療計画」を策定する。計画の根本は「幸福追求の原動力である健康を人生のあらゆる時点で養護する」として、「①すこやかに生まれる、②すこやかに育つ、③すこやかに老いる」を3本柱とした。すべての人に包括的医療サービスと文化的健康生活を保障することを目的とした。

その第1が高齢者医療費無料化の実施である。60年12月から65歳以上高齢者の医療費無料化を全国で初めて行い、翌年4月からは60歳に無料化年齢を引き下げた。深沢村長は教育長時代から婦人会や若妻会組織を通じて村民が何を必要としているか住民に傾聴するという、住民主体の政治を貫いた。

次に、63年の健康管理課設置である。沢内病院と棟続きの母子保健センターに保健所的機能を果たす健康管理課（保健師や栄養士で構成）を設置して、課長を副病院長が兼務する形態を採った。これにより、保健師や栄養士から医師に住民の健康保健状態が伝達され、医師の指示で保健師・栄養士が動く仕組みが敷かれるようになった。沢内病院を中核とした、健康教育・予防・検診・治療・退院ケアの一貫した包括医療体制を可能とした。また、保健師の下、保健連絡委員23名を養成し集落ごとに配置された[4]。健康管理課はさまざまな視点から沢内村の生命尊重行政を公民一体で進める中核組織として機能・発展していく。

さらに、乳児死亡率半減運動では、国保連合会と岩手医大小児科教室の協力を得て乳児検診を年4～5回実施する。

劣悪な衛生環境にあった。寄生虫・トラコーマ・結核患者が多く、乳児死亡率半減と環境衛生運動をテーマに保健モデル地区を設置。①蚊と蠅撲滅（蛭山地区）②回虫駆除（丸志田地区）③トラコーマ追放（下ノ沢地区）を2年間展開。全村的にも総合的な「新生活運動」が提案され、各集落の公民館を中心に、老

人クラブ、婦人会、青年会、若妻会、木炭組合等が一堂に会して、地区の課題や台所改善等を話し合い集約した。この運動のモデルとなったのが長瀬野地区の新生活運動で、四つの柱が立てられた。

①調査眼を持つ（常に実態を正しく把握する）。
②指導者は「引率型」ではなく「演出型」で組織の能力をフルに引き出す。
③運動は一過的な「終着駅型」ではなく「途中下車型」にして常に新しい目標を置く。
④三「せい」運動の推進。一人ひとりが「せい」、皆で「せい」、話し合って「せい」。

この三「せい」運動[5]は、「一人ひとりが主体的に行動し、話し合って合意形成をめざし、地域づくりは皆の参加でしよう」という趣旨の、民主主義の教室となった。結果、約6割の女性が保健教育を受け、62年には当初の予定より早く乳児死亡率0を達成した。

(2) 沢内村は地域包括ケアの元祖で憲法理念を具現化した　沢内村は深沢村長を得て、地域生活課題であった「豪雪・貧困・多病多死」を行政課題に取り上げ、住民、医師・保健師・看護師、首長、職員それぞれが主体として地域福祉活動を展開していった。現在でも地域福祉の実践モデルといえる。地域内にない資源は地域外から調達、依頼し、ネットワークを形成した。注目すべきは、憲法の中でも第25条の理念だけでなく自立生活運動の「三せい運動」に代表されるように、自律内発的な取り組みとして実生活に結びつけて具体化したことである。[6]

現在、地域包括ケアが高齢者に限らず地域福祉実践の主題として取り上げられているが、沢内村は63年に「健康増進、予防、早期発見、診断治療、リハビリ等の包括医療と安心・安らぎのある介護・終末ケアが受けられる保健・医療・福祉・教育」の確立の計画と実施体制を確立している。

これは、人間のおかれている状況を次元と生涯で捉えて人間環境系として位置づけたもので、「沢内村の住民が健やかに生まれ、健やかに育ち、健やかに産み育て、健やかに働き、健やかに老いて、限界寿命（自然死）に到達できることを目標に、誰（貧乏人）でも、何時（夜間休日）でも、何処（山間僻地離島）

でも」という加藤医師が深沢村長・佐々木助役と協議を重ね、提案した計画であった（加藤 1991：635-651）。

　どの地域でも通底する三つのライフ（いのち・生活・生涯）を具現化する地域包括ケアの本質的考え方を示している。同時に、人間を地球史と生態系から捉える哲学を有している。

　したがって、深沢村政で進めた『生命尊重』は、主権在民、文化的で最低限の生活保障や幸福追求する権利を保障している憲法に照らして、今日の津波被災や放射能被曝からの避難疎開による生活保障や健康被害の地域福祉実践でも援用されるべき事例であり、小手先や形式に留まらない地域福祉実践、地域包括ケアのモデルを提示している。

　最後に、深沢村長が住民自身や理解者・支援者、職員そして外来の社会関係資本を切り結ぶコーディネーターやファシリテーターとしての機能・役割に徹したことは、住民の生活意識の変容を促し、多病多死で貧困な中山間山村に希望と自律をもたらした。首長が主体ではなく、住民に主権があり、主体であることを具現化した。政を為すは人にありを示し、自律した自治を実現した。

　(3)　沢内「生命行政」を継ぐ者たち　　沢内村は深沢村長没後、沢内村保健委員会は西和賀地域保健調査会に発展し、それが一つの下敷きともなり温泉と地域演劇の町・旧湯田町と合併して2005年西和賀町となった。

　けれど、その後も①集落ごとに竹細工やしいたけなどの特産を出品する高齢者の一地区一品運動、②福祉作業所のメンバーによる村の特産品を使った「ふるさと宅急便」の梱包発送や耕作補助、③雪下ろしのスノーバスターズを休日は青年団が担い、平日は福祉作業所メンバーが活躍する、④児童養護施設で暮らす児童が民泊する山村生活体験は夏休みに実施する夏季転住やゴールデンウィークのカタクリ転住へと、地域福祉としての広がりをみせている。

5　草の根地域福祉――内発的発展による自律の生起と運動

1　開かれて自律した個人の存在

　かつて、地域福祉は「民主主義の学校」と呼ばれ、住民の側から日本国憲法

第1部　理論編　地域福祉の視角を問う

が人間の尊厳を保障した生存権や幸福追求権を具現化する営為であった。反対に、政策的に経済成長の推移に応じて、公的責任としての社会福祉を補完・代替する手段として取り込まれてきた歴史もある。

それゆえに、開かれ自律した個人の存在は、地域が民主的であるかどうかの鍵（キーパーソン）となる。

2　草の根民主主義を生み出す対話と交流——主権在民

平民社に加わった石川三四郎は、『近世土民哲学』（石川 1976：39-111）でデモクラシーのことを「土民生活」と翻訳して、「地球を耕し、—単に農に非ず—天地の大芸術に参加する労働者はみな土民」と位置づけ、さらに「（中略）土民の最大の理想は所謂立身出世的成功ではなく、自分と同胞との自由である。平等の自由である」（稲田 2000：142-146）と述べている。

これに関連して生活経済学者の暉峻淑子は、「生活者とは、教育のことも、住環境のことも、食べ物の安全のことも、隣人との付き合いも、労働時間と男女の家庭責任のことも、環境汚染のことも、高齢者の介護のことも経験して、人間と人生にかかわる生活圏の中で、全体的、総合的な判断ができる人のことである」と述べている（暉峻 2009：234-236）。この生活の全体性を認識した生活者こそが関係の中で自立した他者に開かれた自律であり、対話を通じた民主主義を行う「土民生活者」を意味している。

人は関係の中で自立し、相互に関係しあって社会を形成している。このような意識が芽生え、自律した市民として成熟すれば、市民意識と地球人としての自覚によって、恒久平和と環境保全を希求する人間としての言動が十分条件として備わってくる。そうした自律した市民の中から他者に開かれた地域リーダーが起ち、自律的内発性を発揮する行動を起こす。為政者であれば市民本位の政策を実行していくことになる。生存権保障の基盤を形成する。

3　住民主体要件の整理

最後に住民主体の要件を草の根地域福祉の視角から整理する。

(1)　**前提要件**　　①平和であること（非戦・非暴力・非核）、②地域社会の持続

3要件（地産の食物、自然エネルギー、放っておかないかかわり）、③権利主体と自治主体。

(2) **必要要件**　①自然環境も含めた風土への愛着、②愛着を基底に地域を大切にしたいと思う自律的内発性、③自律自覚的に平等の自由を求める複数の市民、④市民の中から立ち上がる他者に開かれたリーダー、⑤民主的対話と交流、⑥地域に根付いた地場産業と雇用、⑦独自の生活保障と地域福祉。

(3) **十分要件**　①生活の質向上の哲学と三つのライフ（いのち・生活・生涯）、②循環型社会のための地域資源（人・自然環境・建物）、③福祉─保健─医療と社会教育・学校教育との連携、④足るを知る（知足の哲学）、⑤生活の全体性を知る体験（祭事など）。

【注】
1）　本書第1部第3章参照。
2）　Josè Mujica 第40代ウルグアイ大統領が2012年6月20～22日にブラジル・リオデジャネイロで開催された国際会議で1日目最後に登壇した時の演説。
3）　"身土不二"、元は仏教用語で「しんどふに」と読み、身の周りで起こる出来事は、その身を寄せる土地と不可分であるという考え。人間の身体と土地は切り離せない関係にあるということ。
4）　当時、約1500世帯6000人の村民すべての個人カルテを集落─世帯単位でファイリングし、健診結果や疾病履歴・診察記録を記載していた。したがって、村内に福祉施設や精神科病院は皆無であったが、障碍の状況も全数把握し、必要に応じて往診などの対応が取られていた。
5）　長瀬野地区：人口447人、81世帯（1969年当時）。翌年から集落再編成事業のモデル地区として指定を受け、二期にわけて1970年第一次事業で41戸が移転したが、35戸が長瀬野新集落を形成し、6戸は村内他地区や離村。1973～76年の第二次事業では15戸が新集落に移転し計50戸で形成された。この間1年で246日の話し合い（寄合）がもたれた。徹底した協議により離村も含めた自律的自己決定が行われた。
6）　第2節で取り上げた地域生活の豊かさを阻害する事象の反証を沢内村にプロットすると、①私事化については、豊富な温泉が共同湯として各地にあり、入浴する住民同士は皆顔見知りで「おばんです」などの挨拶が交わされ、住民以外にも声が掛けられる、②村内にコンビニも大型スーパーもなく、商店は集落ごとの日用雑貨店がある。野菜以外の生鮮食料品等は、巡回移動車が週2回各集落を廻り販売される。兼業農家が6割を占め、自家の食料はコメも野菜は自給されている。春は山菜、秋はキノコが採れ、事欠かず、収穫物を隣家や知人に差し上げる物々交換が現在も続いている。金銭を介さない地

第1部　理論編　地域福祉の視角を問う

　　　域経済が成り立ち、身土不二が実践されている、③自然資源の豊かさは、春のカタクリ・水芭蕉・座禅草、夏はホタルにカジカ捕り、秋は紅葉、冬は豪雪を利用したかまくらと雪灯りなどが代表的で、四季折々に楽しめる。夏は冷涼でエアコン知らず、冬は薪ストーブを使用する家庭がほとんどである、④平和については、すなわち"いのち"。本文で述べた「生命尊重の心をつなぐ作文コンクール」等を通じて次世代への継承が行われている。
7）　県内の児童養護施設入居児が家庭生活そのものを体験する機会を提供する目的で、1985年から沢内村の個人宅に民泊する休日里親として取り組まれてきた。近年は夏休みを東京都内の児童養護施設入居児童に提供するようになり、県内の児童養護施設入居児童はゴールデンウィークに民泊するようになったため、この時期に沢内村に群生する「カタクリ」になぞらえたことから「カタクリ転住」と呼ぶようになった。

〔参考文献〕
石川三四郎（1976）『石川三四郎集（近代日本思想体系16）』筑摩書房
稲田敦子（2000）『共生思想の先駆的系譜――石川三四郎とエドワード・カーペンター』木魂社
右田紀久恵（2005）『自治型地域福祉の理論』ミネルヴァ書房
内橋克人（2003）『もうひとつの日本は可能だ』光文社
NPO法人輝けいのちネットワーク（2013）『すこやかに生まれ育ち老いるをめざして――沢内村健康管理課誕生から50周年記念誌』沢内村健康管理課誕生から50周年記念誌発行編集委員会
遠藤宏一（2004）「保健・医療・福祉とつなぐ地域づくり――内発的発展による地域の自立と協存」窪田曉子・高城和義編『福祉の人間学――開かれた自律をめざして』勁草書房、215-256頁
活断層研究会（1992）『日本の活断層図――地図と解説』東京大学出版会
加藤邦夫（1991）「地域住民の健康管理」『地域保健から見た岩手県の母子保健の歩み　第2巻　母子保健発展の基盤』635-651頁
気象庁（2015）日本活火山総覧（第4版）web版、http://www.date.jma.go.jp/svd/data/tokyo/STOCK/souran/menu_hp.html/, last visited, 27 September 2015
菊池武雄（1968）『自分たちで命を守った村』岩波書店
栗山直子（2008）「子ども・家族と地域福祉」井岡勉監修、牧里毎治・山本隆編『住民主体の地域福祉論――理論と実践』法律文化社、151-165頁
佐藤美由紀（2015）『世界でもっとも貧しい大統領ホセ・ムヒカの言葉』双葉社
第四紀火山カタログ委員会（1999）「日本の第四紀火山カタログ」『火山』44巻6号、285-289頁
高橋典茂・金持伸子（2007）『医療・福祉の沢内村と地域演劇の湯田――岩手県西和賀町のまちづくり（居住福祉ブックレット）』東信堂
暉峻淑子（2009）『豊かさの条件』岩波書店

西川淑子（2006）「賀川豊彦」室田保夫『人物でよむ近代日本社会福祉のあゆみ』ミネルヴァ書房、177-183頁
湊正雄監修（1977）『日本の自然』平凡社
宮沢賢治（1937）『宮沢賢治全集』平凡社
室田保夫（1994）『キリスト教社会福祉思想史の研究――一国の良心に生きた人々』不二出版
守屋以智雄（2014）「噴火と原発」『科学』84号、103-108頁
涌井雅之（2014）『いなしの智恵』KKベストセラーズ
渡部剛士（1993）「地域における福祉課題と住民主体の形成」渡部剛士・北川清一編『高齢化社会と社会福祉――実践理論のパラダイム』中央法規出版、118-131頁

第3章

"住民主体"の視点からみた社会福祉協議会
――"当事者性""直接参加性""協働性"の地域実践

岡野　英一

1　社会福祉実践と「住民主体」志向の誕生

1　地域福祉実践における「住民主体」志向

　地域福祉における「住民主体」理念は、「福祉のまちづくり」の主体像として、社会福祉協議会（以下、社協）実践に息づいてきたが、その歩みを概観しながらこれからを展望したいと考える。

　日本の社協成立の直接的契機は、1949年にGHQが厚生省に示した「社会福祉行政に関する6項目」の中に、「社会事業団体及び施設により自発的に行われる社会福祉活動に関する協議会を設置」を求めたことによる。51年社会福祉事業法の成立施行により、社会福祉施設や民生委員など社会福祉関係者の連絡調整機関として、中央社協（現「全国社会福祉協議会」）と都道府県社協の発足をみた。また52年に厚生省社会局長通知「小地域社会福祉協議会の整備について」（昭和27年5月2日　社乙発第77号　各都道府県知事あて）が示され、55年までに市町村社協が任意団体として相次いで設けられた。[1]

　日本の社協誕生は、1908年に設立された「中央慈善協会」を起源とする日本版COS（慈善組織協会）の流れを社会の中に根づかせる役割をもつものであった。「社会福祉協議会組織の基本要綱」（1950年）においては、施設・団体・民生委員を中核とする公私社会福祉事業関係者を中心とした組織とし、「その主要機能を連絡調整に置いていた。」（山口 2000：49）。それは「ニーズ・資源調整説」[2]に根ざした機能が期待されていたのであろうが、山口によると裏腹に、「市区町村社協が住民生活と密着しておらず、住民生活に即した活動の展開が

課題になった。」(山口 2000：49) という。全国社会福祉協議会 (以下、全社協) は、57年に「市区町村社会福祉協議会当面の活動方針」をまとめ、行事中心の社協活動から重点福祉活動への切り替えを図った。59年から開始された「保健福祉地区組織育成中央協議会 (育成協)」では、「ニーズ・資源調整説」から「インターグループワーク説[3]」や「組織化説[4]」に重点を移し、「地域福祉計画が重視され、計画策定、実施、評価のための方法論の確立への試みがなされた。」(山口 2000：52)。

2 住民主体原則の意義と課題

50年代末には育成協の実践経験や、「社協官制化の進行に対するワーカーの危機意識表明と主体性欠如への内的批判の集約であり、その克服への意志統一」(井岡 1968：77) としての都道府県社協組織担当者会議 (「山形会議」1960年) を経て、「社協基本要項」(1962年) が策定され"住民主体の原則"が打ち出された。

ただしこの基本要項は当時の時代的制約もあり、地域団体を核とした共同体主義による地域リーダーやボス支配的性格をもっていた。井岡 (1968：82) が指摘するように、「住民主体」理念は現場の社協ワーカー実践の中から打ち出されたもので、「本来的な『民間の自主性』と実質的な『官制的性格』」の中で、自らの寄す処を示したものと考えられる。

2 「専門職化」の進展と「住民主体」との拮抗

1 「住民」と「専門職」協働の進展

1970年代初頭にかけ「コミュニティ政策」が打ち出される中、中央社会福祉審議会は71年に、答申「コミュニティ形成と社会福祉」(以下、答申) を発表した。また全社協は、73年「市区町村社協強化要項」(以下、強化要項) で、「社協は、その活動体制を、地域住民の福祉課題と深くかかわりをもつよう改善しなければならない。」とし、「ボランティア (社会奉仕) 活動のセンターとしての社協を確立する。」との方向性を打ち出した。

それは地域福祉の対象を、住民全体の生活問題から高齢者、障碍者、児童等、より福祉性の強い課題に焦点化させていく提起で、地域福祉をオーソライズさせ、市町村社協の政策的位置づけを方向づけた点に大きな意味があった。また、オイルショックの勃発、経済成長の減速化、行財政の逼迫化と呼応するものでもあった。

これら「答申」や「強化要項」に合わせ、国の本格的ボランティア育成政策である都道府県社協「社会奉仕活動指導センター」補助事業（1974年）、全社協の「中央ボランティアセンター（現・全国ボランティア活動振興センター）」の設置（1975年）、市町村社協「社会奉仕活動センター（今日の市町村社協ボランティア・市民活動センター）」（1975年）等の補助制度化が図られた。その後、「学童生徒のボランティア活動普及校事業（福祉協力校事業）」（1977年）、「福祉ボランティアの町づくり事業（ボラントピア事業）」（1985年）、そして今日の地域福祉システムに大きな影響を及ぼした、「ふれあいのまちづくり事業」（1992年）に連なる地域福祉政策の展開が開始された。

2　福祉関係職の専門化と住民の「対象化」・「資源化」の進行

市町村社協に働くワーカーは、70年代の小地域活動支援、ボランティアコーディネーション、福祉教育・学習活動支援、当事者活動支援、在宅福祉サービス開発等、80年代にはノーマライゼーション理念の普及、在宅福祉サービスの開発・実践、「住民参加型在宅福祉サービス」等の組織化と活動支援等を進めていった。90年代に入り「施設福祉」と「在宅福祉」の統合的・計画的推進、小地域ネットワーク活動の展開、アドボカシー（権利擁護）実践、他分野・多職種協働のコーディネーション等に取り組んできた。また、2000年以降はソーシャルインクルージョン実践、トータルケアシステムの形成、総合相談と連絡調整を通じた地域生活支援実践等々、高い専門性と実践力が発揮されていった。

このような福祉関係専門職化とその実践は、社会的な期待を背景に社会福祉界全体で広がり、社会福祉士、介護福祉士、精神保健福祉士の国家資格化のほか、公式・非公式の専門職資格化も含め今日さらに推進されている。ただしそ

こには、地域福祉という舞台において、ボランタリズム(住民主体志向)に対峙し、協働していける専門性の担保も併せて求められることとなる。それは地域福祉関係専門職と地域住民が対峙しながら地域福祉を協働発展させていく、パートナーシップ確立の必要性を意味している。

3 「住民主体」言説に秘められた二面性

1 社会福祉基礎構造改革と「住民主体」

1997年11月に厚生省は中央社会福祉審議会に社会福祉構造改革分科会を設置し、社会福祉基礎構造改革の検討をはじめ、「社会福祉の増進のための社会福祉事業法等の一部を改正する等の法律案」が2000年5月に成立・公布、2000年6月に「社会福祉法」を施行した。この社会福祉基礎構造改革の柱は、①個人の自立を基本とし、その選択を尊重した制度の確立、②質の高い　福祉サービスの拡充、③地域での生活を総合的に支援するための地域福祉の充実、とされている。この政策基軸をかみ砕いてみると、①福祉支援当事者には可能な限りの「自立」(個人責任)、②介護・福祉をはじめとするサービス事業者には「競い合い」(競争原理)、③地域住民には「支え合い」(相互扶助)を求めている。

2 生存権主体としての住民が取り組む地域福祉実践

地域福祉における「住民」概念には、大きく二つの面が含まれる。それは、①住民自治を進める「主体」としての側面と、②地域福祉推進の「担い手」としての側面である。

"住民主体実践"とは、「個人として尊重される。」(憲法13条)人々が、「生命、自由及び幸福追求に対する国民の権利」(憲法13条)と「健康で文化的な最低限度の生活を営む権利」(憲法25条)として取り組む自治的営為を指す。したがって、住民は福祉の後退を批判し生活保障を要求する主体でもある。それは、「全世界の国民が、ひとしく恐怖と欠乏から免れ、平和のうちに生存する権利を有する」(憲法前文)平和的生存権に裏打ちされなければならない。

3 「新・社協基本要項」と住民主体理念──遠ざけられかけた"住民主体"

　1990年全社協は「新・社協基本要項」を取りまとめるにあたり、「新・社協基本要項第一次案」を示した。その際社協の性格と住民主体の捉え方をめぐり大きな議論が沸き起こった。

　1962年「社協基本要項」と「第一次案」における社協の性格付けを比較してみよう。（図表１参照）

　ポイントは、「住民が主体となって福祉を増進する民間の自主的な組織」（旧要項）を「公共的性格を有する民間団体」へと変更し、活動原則から「住民主体」を削除し、「広く住民の福祉活動への主体的な参加を促し、開かれた組織づくりと民主的な合意形成をはかる。」として「住民参加の原則」に改めようとした。住民主体理念を後掲化するのではないかという議論を経たのち、1991年改めて確定した現「新・社協基本要項」では、社協の性格の中に「住民主体の理念」が示され、「活動原則」の中に「住民活動主体の原則」が盛り込まれた。

　この背景には、政策としての地域福祉が明確化や福祉多元化が推進される中、①住民主体のボランタリズムと地域福祉政策主体の意図との両立を調整する。②地域福祉関係職員の専門職化と、これに伴う住民とのパートナーシップの確立を図る。③関係する地域福祉アクターのコーディネーション機能を発揮する。④総合的な地域福祉推進組織としての「事業型社協」[7]の確立を明確化する狙いがあったと考える。

図表１　社協の性格付けに関する比較

【1962年　社協基本要項】 　住民が主体となり、福祉、保健衛生他生活改善向上に関連ある公私関係者の参加、協力を得て、地域の実情に応じ福祉を増進する民間の自主的な組織
【1990年　新・社協基本要項第一次案】 　福祉活動にかかわる住民組織と公私の社会福祉事業関係者等で構成。福祉活動への住民の主体的参加の促進、連携・調整、自ら事業を企画実施することによって、住民の福祉の増進と福祉コミュニティの形成を図ることを目的とする。公共的性格を有する民間団体

出典：筆者作成

4 再び語られ始めた「住民主体」

社会福祉基礎構造改革は住民主体理念に大きな影響を及ぼすこととなった。特に2003年度の社会福祉法上の地域福祉計画が本格施行された前後から、なんと国や地方の政策主体の側から「住民主体」が語られ始めたのである。

一例を挙げてみよう。15年度からの介護保険制度の改定に伴い、これまでの要支援区分が廃止され、地域支援事業として市町村行政においてその対応策を17年度からの実施が求められることとなった。その指針である「介護予防・日常生活支援総合事業ガイドライン」(2015年2月4日版)の「市町村による効果的・効率的な事業実施」(15頁〜)において、「総合事業の実施に当たって、市町村は、住民主体の多様なサービスの充実による、要支援者の状態等に応じた住民主体のサービス利用促進（中略）結果として費用の効率化が図られることを目指す。」（傍点は筆者）としている。

つまり、サービスの充実とその利用促進のために「住民主体」が期待され、結果として「費用の効率化」が目指され、その象徴として「住民主体」が語られている。こうした流れは健全だろうか。シェリー・アーンスタインは、住民参加を8段階のはしごになぞらえて評価軸を提示している。（図表2参照）

図表2 「住民参加のはしご」の8段階

住民の力が生かされる住民参加	8	住民によるコントロール	住民主体の活動に行政を巻き込む
	7	委任されたパワー	住民主体の活動
	6	パートナーシップ	住民と行政との協働、決定権の共有
印としての住民参加	5	懐柔	行政主導で住民の意思決定のある参加
	4	意見聴衆	与えられた役割の内容を認識したうえでの参加
	3	お知らせ	形式的住民参加（限定された参加）
住民参加とはいえない	2	セラピー	お飾り住民参加（利用された参加）
	1	操り	操り参加（趣旨や役割の不明確な操られた参加）

出典：住民参加のはしご（シェリー・アーンスタイン（Sherry R. Aronstein）『市民参加の梯子（A Ladder of Citizen Participation）』(1969))、協働のデザイン（世古 2001：40）より筆者作成

住民主体の本来的意義は、「社会福祉の「民衆統制」（Citizen control）を通して、住民が社会福祉についての科学的認識を深めるとともに、これに住民の意

思と要求を反映させて真に住民本位の社会福祉として発展させ、かつその過程で地域民主主義をかちとっていくこと」(井岡 1968：61) である。

住民自治の主体としての住民が、「住民主体」の名のもとに「資源」としてのみ位置づけられることは、主権者としての立場を放棄することになりかねない危うさを抱えている。

4 住民の主体的活動が生み出すものは何か

1 「地域社会」とは何か

森岡清志は、私たち地域福祉を志向する者にとって極めて有意な"地域社会"概念の整理を行っている。森岡は、"コミュニティ"とは「期待概念」であり、さまざまな社会学者によって論じられているコミュニティに定まった統一性はないとしている。したがって、"コミュニティ"より"地域社会概念"のほうが有効だと断じ、その定立軸として、「①近代社会システムの行き詰まりを打破する地域社会レベルの新しい「共」の空間を創出するために、住民自治の回復と拡大を実現するような社会空間であること。②この行き詰まりを端的に表現する地域レベルの専門処理システムの限界を打破する試みが保証されるような社会空間であること。③社会関係の累積という基準や、共同規範、共属感情の存在という基準にもはやこだわることなく、また同様に、人々のさまざまな日常的生活行動圏に眼をうばわれることなく、現状分析に有効な一般的概念として定立される必要がある。」(森岡 2008：22-40) としている。

そして「地域社会」を、「広義には、居住地を中心に拡がる一定範域の空間—社会システムを意味し、より具体的には基礎自治体の範域を最大の空間範域とし、その空間の内に居住することを契機に発生する種々の共同問題を処理するシステムを主要な構成要素として成立する社会」(森岡 2008：35) とした。

この理解から敢えて"コミュニティ"を語れば、「居住を前提として、そこに発生する生活問題への対応をめぐって生まれる境界や共同意識が具現した状態」といえよう。ということは、どのような質（草の根民主主義）の地域実践が推進されるかによって、コミュニティの質も変わってくるということになる。

2　誰もが地域福祉当事者となる時代

　ではどのような実践から「地域福祉の底力」を発揮する"地域福祉エネルギー"が生まれてくるのだろうか。それは、私たち一人ひとりが日々直面している生活問題の中から生まれてくる。人は日々の生活の課題に気づいた時、「知る」、「助け合う」、「学ぶ」、「広げる」、「変える」主体（当事者）となる。

　地域福祉のエネルギーは、私たち一人ひとりが日々向き合っている暮らしの中にある。つまり「住民」＝当事者であるところから地域福祉は始まる。

　地域福祉実践は「住民主体」志向をもとに、居住することを契機に発生する種々の生活問題に、住民が主体となって各種関係専門職・機関と協働して「共」の空間を創出する住民自治（草の根民主主義）の取り組みであり、その実践範域は、基礎自治体域を最大の空間範域として、居住地を中心に拡がる一定の複数空間範域において成立する」と立論できる。

5　住民主体の地域福祉レジリエンス（復元する力）

1　ポスト工業化時代の社会参加

　日本社会における産業構造の変化は人々の社会的行為や結合が個人（顧客）単位で捉えられる社会へと変化してきた。リーダーや上層部に"おまかせ"共同体主義の社会構造が変わり、個人のコミュニケーション力や専門的スキルの優劣による格差や排除の進行は、一方では社会への虚無主義的傾向も生み出している。

　A・ギデンズやW・ベックによると、今日の社会は「再帰的近代化」（Reflexive Modernization）の時代にあり、（ベック 1997：16-65）近代化し尽くされた（脱魔術化）社会は、人は自分自身を近代化することとなる。社会的リスクは増大し、言い伝えや慣習等をそのまま受け入れず、自らの行為や社会的仕組みについて常にモニタリングして生きるようになるという。

2　"当事者性""直接参加性""協働性"の視点に根ざした地域福祉実践

　今日の社会的情況は、無関心化や虚無化がさらに進むのか、主体的に行動で

きる住民・市民がつながりを広げられるのか、地域福祉の価値が問われている。住民主体の地域福祉実践のレジリエンス（復元力）は、次の視点と要素をもった「共」の実践空間を広げていくところから構築されると考える。

①住民・市民の誰もが生活課題の当事者として、生きている素晴らしさを共有し、さらに住みやすい社会を実現する力が発揮できる場＝"当事者性"

①「役目柄」や組織を通じての参加よりも、自らの生活実感を通して考え、思いや願いを語り学び、一人ひとりが直接参加できる場＝"直接参加性"

②住民・市民が地域の問題や生活課題に、互いの願いや思いの接点をみつけ、多分野協働の力を合わせることができる場＝"協働性"

3　社協として進めていきたい10のポイント

これから社協が共通した基盤を形成するための課題をまとめてみた。

【基本視点】

①会員会費を重視する。特に会費の性格を賛助的なものから、協働関係を通じた参画的会費への転換を目指す。善意銀行や共同募金は、その寄付が寄付者に必ず還ってくることを具体的に示す。＝「公共団体」としての確立。

②多様な社会的課題に住民・市民が、「自分」や「自分たち」のこと（誰もが当事者）として考え、行動できる場をつくる＝ボランタリズム（内発性と自律性）への依拠。

③地域の問題や課題を話し合い、さまざまな個人がそれぞれの立場から共に行動する姿勢の確立。その際、"福祉領域"や"業務範疇"等の障壁を設けない。社協独力で取り組もうとせず協働実践を志す＝協働実践型の確立。

【取り組み方向】

①自治会や町内会等の地縁組織には、日々のくらしの実感を通して、その今日的役割を改めて捉え直し、「一人ひとりを再組織化」する視点でかかわる。

②社会福祉法人やその関係事業所は、最も身近で専門性を有するパートナーである。現在、社会福祉法人の「地域における公益的な取組」が強く求め

られている。市町村社協をプラットフォームとした、社会福祉法人の社会公益事業を推進できるような仕組みと仕掛けが求められる。

③NPO（民間非営利組織）には、それぞれが有している専門性やノウハウ、そして情熱を共有し、社協の強み（市民周知度や安心度等）と結合させた協働実践を進める。

④地域に根を張りながら生きている、あらゆる分野の企業活動との接点を広げる。少子高齢化、さまざまな人々の社会参画の課題、地域の安心・安全ニーズの高まり等は、企業活動と地域福祉実践を結び付ける接点が広がっている。

⑤行政には社協の独立性と自己統治性の確立が、結果的に行政効果として還元されることの理解を得る。行政が社協をサポートすることから大きな財政効果が生まれてくることに確信をもつ。

⑥地方議会に社協が果たしている役割を明確に伝え、日常的な関係を通じた理解を広げる。また、幅広い会派の理解とバックアップを得る努力を怠らない。

⑦地域福祉計画は、思いや願いの共感に支えられた行動計画書であり、それぞれの地域課題に対し、先述した三つの空間づくりを推進する原動力と位置づける。その基礎には必ず住民手作りの福祉活動計画が不可欠となる。

6　福祉が主流の民主主義社会（市民社会）を創る

厚生労働省は「誰もが支え合う地域の構築に向けた福祉サービスの実現─新たな時代に対応した福祉の提供ビジョン─」（2015年9月17日）を発表した。その柱に①包括的な相談から見立て、支援調整の組み立て＋資源開発、②高齢、障害、児童等への総合的な支援の提供、③効果的・効率的なサービス提供のための生産性向上、④総合的な人材の育成・確保、を掲げている。

3番目に掲げられた「生産性向上」は、「生産性の向上や業務の効率化を図り、少ない人数でのサービス提供が可能となるような、（中略）将来を見据えた福祉サービスのあり方を検討する。」とされている。少子高齢化と財政逼迫

第1部　理論編　地域福祉の視角を問う

化が同時進行する現在、本来重要視されるべき介護、福祉、保育分野が脇に置かれ、そこに働く人々にさらなる競争と負担だけをもたらすことにならないように、草の根からの世論形成と地域福祉実践を通じた「市民社会」の実現が求められる。

【注】
1) ただし市町村社協の社会福祉事業法上の位置づけが明確化されたのは、1983年となってからである。
2) 地域援助技術の主要機能を、地域社会ニーズを地域資源と調整するもので、英国レイン報告書（1939年）で提唱された。
3) 地域援助の中で、地域社会の問題発見とその解決における協働プロセスを重視するもので、米国のニューステッター（1947年）が提唱した。
4) 住民主体の地域ニーズ発見や計画策定等を通じ、地域力を高め、地域変革を目指す地域援助技術で、マレー・ロス（1955年）らによって提唱された。
5) "ボランタリズム"には二通りの意味合いが含まれている。
・voluntarism（Y）のないボランタリズム
「主意主義」と訳され、人間のもつ理性や知識よりも自発的な自由意志や自由な精神を重んずる立場。
・voluntaryism（Y）のあるボランタリズム
キリスト教が持っている独自の信仰や教義が国家（権力）から干渉されたり統制されたりしない立場。（大阪ボランティア協会編（1981）『ボランティア――参加する福祉』ミネルヴァ書房、25-26頁より）
6) 加納恵子は高森ほか1989で、住民主体と専門職援助のパラドクスを指摘している。
7) 「事業型社協」とは
「住民の具体的な生活・福祉問題を受けとめ、そのケースの問題解決、地域生活支援に素早く確実に取り組めるよう、①総合的な福祉相談活動やケア・マネージメントに取り組み、②各種の公的福祉サービスを積極的に受託し、それらを民間の立場から柔軟に運営しつつ、③公的サービスでは対応できない多様なニーズにも即応した新たな住民参加型サービスを開発・推進し、④小地域での継続的・日常的な住民活動による生活支援活動、ネットワーク活動、ケア・チーム活動等に取り組むとともに、その問題解決の経験をふまえて地域福祉活動計画の策定と提言活動の機能を発揮し、このような事業・活動を通して住民参加を促進し、福祉コミュニティ形成をすすめる市区町村社協」を「事業型社協」という。「事業型社協推進の指針」〔改訂版〕1995年7月全国社会福祉協議会より）。
8) 協働関係を通じて地域福祉実践に参加する、パートナーとしての会員である。

〔参考文献〕

井岡勉（1968）「地域福祉組織の整備過程──社会福祉協議会の発達史的検討」佛教大学社会学部学会『社会学部論叢』2号

小熊英二（2012）『社会を変えるには』講談社

世古一穂（2001）『協働のデザイン──パートナーシップを拓く仕組みづくり、人づくり』学芸出版社

高森敬久ほか（1989）『コミュニティ・ワーク』海声社

高森敬久ほか編（2004）『地域援助技術論』相川書房

ベック、ウルリッヒほか（1997）『再帰的近代化』松尾精文ほか訳、而立書房

松端克文（2012）「第6章　住民主体と地域組織化──「地域」をめぐる主体化と資源化のパラドクス」右田紀久惠・白澤政和監修、山縣文治ほか編著『岡村理論の継承と展開　第3巻　社会福祉における生活者主体論』ミネルヴァ書房

森岡清志編（2008）『地域の社会学』有斐閣

山口稔（2000）『社会福祉協議会理論の形成と発展』八千代出版

第2部　政策編

地域福祉の諸相と政策を問う

第 1 章

あらためて"地域福祉"を問いなおす
──草の根からの再構築の道

竹川　俊夫

1　今なぜ地域福祉の「再構築」が必要なのか

　本章には、"地域福祉"を問いなおし、草の根からの再構築の道を示すというテーマが与えられている。しかし、これには戸惑いを覚える人が少なくないかもしれない。1990年の社会福祉関係八法改正（以下、八法改正）による福祉分権化の潮流が地域福祉の新時代を拓き、2000年に実施された社会福祉基礎構造改革（以下、基礎構造改革）では、改革の柱として「地域福祉の推進」が掲げられ、地域福祉は今や社会福祉モデルの「主流」と位置づけられているからだ。それにもかかわらず、なぜ今ここで地域福祉の「再構築」を議論しなければならないのだろうか？

　八法改正や基礎構造改革とともに、地域福祉の「主流化」に決定的な影響を与えたとされるのは地方分権改革である。1995年に改革が本格始動して以来、99年の地方分権一括法の制定に至る第一次地方分権改革、2000年代半ばに実施された市町村合併と財政分権化に向けた三位一体改革、そしてその後の第二次分権改革など、20年にわたる改革を経て法制度の見直しは一定の前進をみた。しかし、改革の目的であるはずの「地方自治の確立」が、地域福祉関係者の期待通り実現したかと問われると、残念ながら今も残された課題は多いと言わざるを得ないだろう。このように分権改革そのものにも疑問を抱く余地がある以上、「地域福祉の主流化」を喜んでばかりはいられないのである。

　詳細は後述するが、そこには「中央から地方へ」「官から民へ」という「上」からの改革のベクトルがあり、そのために地域福祉が推進されながらも民間性

や自発性が弱められたり、民間団体や住民が資源として利用されて疲弊するなどの弊害が懸念されることがある。小野達也はこのような状況を「地域福祉の隘路」と呼び、「地域福祉の主流化が地域福祉の隘路に終わらないための地域福祉研究が求められている」と問題提起する（小野 2014：29）。「地域福祉の主流化」は、地域福祉関係者の主体的な努力の成果であるとともに、福祉国家の修正に向けて国が強力に推進した諸改革の結果でもある。故に2014年の第四次一括法の成立で地方分権改革に区切りがつけられた今、筆者はあらためてこの「隘路」と向き合う必要があると考える。そこで本章では、今日までの地方分権改革のあり方を検証するとともに、「自治」を鍵概念とする地域福祉の理論と実践を問いながら、「主流化」の背後に潜む「隘路」の実体を明らかにする。さらに、その「隘路」を乗り越え、真に住民の立場に立つ地域福祉を草の根から再構築する方策について検討したいと思う。

2　1990年代以降の地域福祉理論の変化

1　1980年代までの地域福祉理論とその限界

　1970年に岡村重夫が『地域福祉研究』を著し、地域福祉の研究フィールドが切り拓かれて以降、牧里毎治の「構造・機能アプローチ説」が示した通り、地域福祉概念の捉え方をめぐっていくつかの学説が分立しながら知的蓄積を進めていた[1]。しかし、73年の第一次オイルショックを機に高度経済成長が終焉して以降、80年代から90年代にかけて日本が構築してきた社会福祉の枠組みが徐々にゆらぎ始めると、牧里は、「このような『構造と機能』でとらえる方法が1990年代以降の地域福祉政策や地域福祉実践に有効かといえばやや翳りがみえてきている」と述べ、これまでの地域福祉理論が限界にあることを示唆した（牧里 2003：15）。一方、大橋謙策も、牧里の説が1980年代までは有効であったと認めつつも、「1990年以降の市町村において在宅福祉サービスを軸にした地域福祉の計画的推進の時代にあっては妥当性を欠く」と述べ、八法改正を軸とするパラダイム転換の中では、従来対立的であった「制度・政策研究」と「方法・技術研究」の関係性が止揚され、地域福祉は制度論と実践論を統合した市

町村を基盤とする新しいサービスシステムとして考えられるようになったと指摘する（大橋 1999：40-45）。

　さらに大橋は、地域福祉の理念が達成されるには、高齢者や障害者等の地域自立支援を保障するための在宅福祉サービスの整備拡充を基本としつつ、地域住民の社会福祉への関心と理解を深め、活動への参加をすすめる福祉コミュニティづくりが不可欠であるとし、特に在宅福祉サービスについては、非制度的なインフォーマルケアの構築に向けて住民参加の必要性を強調する。そして、支援を必要とする個人への地域自立生活支援のシステムづくりと地域福祉の主体形成とを一体的に展開するために、コミュニティソーシャルワークの必要性を説いた（大橋 1999：42-43）。

　「地域福祉の主流化」を主張する武川正吾もまた、1980年代までの地域福祉理論を第一世代とする一方、右田紀久恵らによる「自治型地域福祉」の主張を地域福祉の第二世代と呼んで区別し、両世代の相違を「自治の契機」に求めた。そして「自治型地域福祉」によって概念の拡張を行った第二世代以降の地域福祉理論には、地域組織化や在宅福祉に加えて、住民の主体性や自発性を体現した「住民参加」の契機が不可欠であるとした（武川 2006：34-36）。さらに武川は、90年代末の基礎構造改革による措置から契約への視座の転換を踏まえて、地域福祉が主流化する段階の地域福祉には、コンシューマリズムやエンパワメントといった「利用者主体」の諸要素も含まれるようになり、自治型地域福祉に続いて地域福祉概念の第2の拡張が行われたとする（武川 2006：36-38）。

　以上のように、地域福祉理論は1990年代以降大きな変化を経験するとともに、実践の担い手も社会福祉協議会（以下、社協）や住民、ボランティアに加えて自治体や社会福祉法人、NPO、企業などと多様化が進むと、今日ではさらなる多様化とともに、参加主体のネットワーク化によるサービス体制の調整（ローカルガバナンスの確立）が課題となっている。今日の地域福祉の研究や実践に大きな影響を与えている第二世代を代表する理論家は大橋と右田であるが、牧里は右田の「自治型地域福祉」に対して大橋理論を「参加型地域福祉」と呼び、「主体形成や住民自治、公共性の再定義など、両論には通底するものがある」として共通性に着目する。すなわち、「1990年の福祉八法改正を契機とす

る地方自治体の福祉政策化を意識したものが『自治型地域福祉』や『参加型地域福祉』といえないだろうか。そしてこの両輪の共有部分こそ市民・住民の自治能力の形成が基底によこたわっており、『住民自治』の再形成が課題となっている」のである（牧里 2003：16）。このように、第二世代以降の地域福祉理論の中核を占める概念は「自治」であることから、次に右田の「自治型地域福祉論」を紐解き、自治と地域福祉の関係を確認したい。

2　自治型地域福祉と福祉国家

右田の「自治型地域福祉論」を特徴づける鍵概念の一つは「あらたな『公共』の構築」である。右田が特段にこの概念を重視するのは、それが①公私協働の基礎概念となるとともに、②「地方福祉国家化」への対峙概念となるからである。

①については、地域福祉推進の主要な担い手である住民を含めた民間福祉の「民間性」を、「『公』」（行政）ではなし得ない、あらたな『公共』の概念を創るという、創造的営為」と再定義するとともに、「地域福祉は、旧い『公共』の概念を、新しい『公共』に転換させるという、きわめて重要な役割を担っている」と論じ、"あらたな福祉"としての存在価値を示した。旧い公共概念とは、全体重視＝国家重視の公共概念であり、これにより「行政機構がアプリオリに『公』として観念され、福祉国家の名のもとに実質的にも『公』を独占し、国民・住民は『私』と位置付けられる関係が固定してきた。しかし、このような位置と関係を固定するかぎり、『公』『私』協働はタテ型上下関係にとどまり、補充・代替の域を脱し得ず、『私』の民間性そのものも、おのずから限界がある」（右田 1993：11）。そこで、あらたな『公共』概念が広く浸透すると、住民参加を前提とする民間福祉活動に公共性創出の契機をみることが可能となり、それが官尊民卑の観念と結びついたタテ側上下関係を克服して、対等・水平な『公』『私』関係の構築と協働を可能にするとともに、公共概念の転換がさらに一層進むと捉えられたのである。

また、右田によれば、あらたな「公共」の構築は、②の「地方福祉国家化」に対峙するためにも必要とされる。「地方福祉国家化」とは、「地方分権化の名

のもとにすすめられる新保守主義による福祉国家からの逆転現象」のことであり、形の上では分権化を推進したものの、実質的な中央統制は残ったまま福祉国家メカニズムが地方へ浸透してゆくことを指す。いわゆる「大きな政府」と「小さな自治」の現象であり、総合行政化を推進するものの、画一化や平等性は不可避であるがゆえに「地域」が問われ、真の分権化＝地方主権が問われる（右田 1993：13）。地域福祉は、このような現象に対峙した、生活主体の側からの概念であって、「分権化とともに住民の内発性（主体力・福祉力）の両者が相まって、地域福祉が成立すると措定し、そこに"公共"をキー概念にしてきたのである」（右田 2000：15）。以上の通り、「自治型地域福祉論」を特徴づける「あらたな『公共』の構築」という概念は、福祉の分権改革を念頭におきながら、地方自治の確立と不可分の関係にある「自治型地域福祉」の成立要件を示したものといえる。

さて、ここで注目しておきたいのは、「自治型地域福祉論」の構想にあたって、福祉国家と地域福祉との関係性が慎重に検討されている点である。あらたな「公共」の構築は、福祉国家の公共性（旧い公共）とは次元の異なる公私の対等関係に基づく公共性の創出とそれを担う国家権力から独立した自治空間をデザインする鍵概念であるが、一方でその自治空間は、主権者たる住民の内発性が乏しいと容易に既存の中央集権的な福祉国家によって植民地化され、逆転現象としての「地方福祉国家化」が進む。そこで地域福祉においては、こうした事態を回避すべく、住民参加を進めて住民の主体性を育むことが必須課題となる。以上のような右田の理論展開の背景には、当時大々的に進められた地方分権改革への期待と同時に疑問があり、福祉分権化や地方分権化の動きに、地域福祉にとってネガティブな影響が少なくないとみての対応だったと思われる。このように、1990年代の「自治型地域福祉論」の登場から始まる「地域福祉の主流化」の水面下では、福祉国家の構造的な問題を克服するために国が描いたシナリオが強力に推進されていたことに十分留意しておく必要がある。

3 「地域福祉の主流化」の背景にあるもの

周知の通り1980年代の在宅福祉化の潮流やそれに呼応する地域福祉理論の登[2]

場は、73年の第一次オイルショックを契機とする「福祉見直し論」に端を発している。「福祉見直し論」とはまさに「福祉国家の修正」という世界的なテーマに位置づけられるものであり、欧米先進諸国では、経済停滞によって危機やゆらぎに直面する福祉国家の修正概念として「福祉国家から福祉社会へ」というテーゼが示され、活発に議論が行われてきた。日本でも70年代後半に、時の政権与党や政府から「日本型福祉社会論」が提起され物議を醸したが、結局のところ日本では、「福祉国家から福祉社会へ」の議論を地域福祉が吸収し、地域を基盤に福祉社会を構築するという方向で進められてきたといえる。[3]

　この福祉国家修正論は「自治型地域福祉論」においても慎重に分析されており、中でも右田は「参加」とともに新たな展開を示しているとして「補完性」原則の議論に注目する。それは「一方で、中間組織に焦点があてられ、福祉社会を構築するための『参加』が福祉国家の機能の限界と、再分配型国家保障方式の修正の可能性をもつとみるのであるが、他方で、地方分権化の動きは『補完性』論の台頭を契機として急速な動きを示して」おり、「補完性原則＝地方自治体優先原則としてとらえ、地方分権を実質化する方向が推進されている」という（右田 2000：9-10）。補完性原則とは、上位共同体と下位共同体の責任分担に関する考え方であり、右田によると、本来的な意味では、「小さな共同体がなしうることを、より大きな共同体が代替すること許さないというものであって、積極面と消極面を持つのが定説である。つまり国の地方や中間組織への責任転嫁（国家責任転嫁）にも使うことが可能となるということである。この両面が財政危機と結びつき、中間組織を政策俎上のものとして、再び国の意思決定（政策）とする悪循環の要因を回避することはできない」のであり、ゆえに「参加」を地方分権に位置づけ、情報公開を必要条件としなければならないとする（右田 2000：10）。

　では、日本の分権改革における補完性原則のあり方はどうだったのか。右田は、「福祉国家の批判や見直しが『経済的なるもの』を中心として、財政支出や国・地方の関係の見直し、公私関係の再検討に重点をおいて分権化や民間活動が推進されるという一つの軌道がある。これは、前述した補完性原則の消極面である」と、「上」からの地方分権改革の危うさを認めるとともに、「地域福

祉はこの軌道に受動的に位置し、これまでの公的サービスを代替、補充する実体概念ではないはずである。地域福祉が一定の価値や理念をもって、福祉国家修正論をも地域における生活主体の側から問い直すがゆえに、分権化やNPO、ボランティア活動が人間存在の主張となり、地域福祉の内実化と固有性に大きな役割を果たすとみるのである」と、「自治型地域福祉」による「地方福祉国家化」の克服に期待を込める（右田 2000：15）。このことはつまり、第二世代以降の地域福祉理論が前提としている「自治の契機」が、「経済的なるもの」の力学によって支配され、地域福祉が本来希求すべきものとは異なる方向に歪曲される恐れがあることを示唆するものである。右田がいう「経済的なるもの」とは、1980年代以降の福祉国家修正論とそれに基づく諸改革を席巻している新自由主義イデオロギーと捉えて差支えないだろう。だとすれば、今日の福祉国家としての日本が新自由主義に占領された状態にある中、地域福祉に課せられた課題は、この新自由主義型福祉国家からの植民地化をめぐる攻防を乗り越え、生活主体である住民にとって真に望ましい自治の形とそれに基づく地域福祉を確立することに他ならない。

3 　地方分権改革と地域福祉の現状

1 　地方分権改革の現状

　かねてより国が実施してきた規制緩和や民営化、市場化といった改革が、市場原理を重視し、規制緩和や公共サービスの縮小を進めて「小さな政府」の実現を目指す新自由主義思想に従った改革であることは周知の通りである。近年はこの規制緩和・自由化の行き過ぎにより、消費者や従業員の生命にかかわる事故や事件が多発したり、非正規雇用化の進展に伴って所得格差が拡大するなど、弊害面が深刻化していることもまた周知の通りである。そのため一連の改革を批判的に捉える者は多いが、地方分権改革については民主主義の発展という政治哲学的な意義も含まれていることから、これを直ちに新自由主義と結びつける者は少ないかもしれない。しかしあらためて確認すると、地方分権改革は、規制緩和や民営化政策と一体的に推進されてきたことが理解できる。

第 2 部　政策編　地域福祉の諸相と政策を問う

　たとえば、1980年代にいわゆる三公社民営化を強力に推進した中曽根政権のブレーンを務めた「第二次臨時行政調査会」(第二臨調)は、82年7月に提出した「行政改革に関する第三次答申(基本答申)」の第4章において「国と地方の機能分担及び地方行財政に関する改革方策」を提起すると、86年には、福祉関係業務の機関委任事務から団体委任事務への転換が実施された。地方分権改革の本格始動は基本答申から10年以上を経てからであるが、「地方分権推進法」が成立した95年には3ヶ年間の「規制緩和推進計画」が内閣によって承認され、さらに98年には後継となる「規制緩和推進三か年計画」が策定され、内閣府行政改革推進本部に規制緩和委員会が設置された。地方分権改革とは、「いわば自治体の行財政運営に関する規制緩和(自由化)措置」(中里 2008：126)なのであり、「地方分権と規制緩和を切り離して議論することはできない」のである(伊藤 2009：156)。右田が補完性原則の消極面として危惧した、[4)5)]「経済的なるもの」を中心とする分権改革の流れは、こうして「上」から形成されてゆくのである。

　さて、ここであらためて地方分権改革の流れを振り返っておこう。一般に地方分権改革は、95年の地方分権推進法の制定から99年の地方分権一括法の制定に至る期間(第一次分権改革)と、2006年の地方分権改革推進法の制定から14年の第四次一括法の制定に至る区間(第二次分権改革)の2期に分けられる。なお、一次と二次の間には、市町村合併とともにいわゆる「三位一体改革」が実施され、国から地方への税源移譲や国庫支出金の削減、地方交付税の見直しの一体的改革が実施されている。

　神野直彦によれば、第一次分権改革では、第1に、国と地方の関係を上下・主従関係から、対等・協力関係に転換するという地方分権改革の理念を構築したこと、第2に、構築した理念に基づいて機関委任事務を廃止し、国の関与の新しいルールを定めて地方自治体の自主性・自律性を高める基盤を確立したこと、以上2点について大きな成果を得た。しかし、権限移譲や義務付け・枠付けの見直し等、具体的な改革については十分な成果が得られなかったため、第二次分権改革では四次にわたる勧告とそれに基づく一括法の制定が実施された。11年にはさらに、「国と地方の協議に関する法律」の制定により、国と自

治体との公式な協議の場が法制化されると、以上の改革によって義務付けや枠付け、権限移譲等の具体的な改革が進んで、地方分権の基盤は概ね固められたという（神野 2014）。20年にわたる地方分権改革では確かに評価すべき進展があり、地方自治体の経営の自由度が高まったことは事実であろう。しかしながら、地方分権改革有識者会議の座長であった神野が自ら認めるように、20年を経た今でもなお「国民が地方分権改革の成果を実感できているかといえば、必ずしもそう評価することはできない」のである（神野 2014）。

　また、2007年から3ヶ年間、地方分権改革推進委員会の事務局長を務めた宮脇淳は、当時の委員会の議論を、「輻輳と混迷を深める結果となった」と批判的に振り返るとともに、そうなった理由の一つが「国民的市民活動の欠如」だと指摘している（宮脇 2010：68-69）。国民的市民活動とは、「国、地方自治体、地方六団体、業界、地域等の特定利益の立場を克服し、国民生活全体への貢献を国民自らが認識した自発的活動」を意味するが、地方分権改革の当事者の目からみても、多くの国民がわが身の問題として改革と向き合い、来るべき未来のために委員会を後押しするような国民的運動を形成するには至らなかったのである。先の神野の指摘を重ねると、国民の地方分権や地方自治に対する関心は、残念ながら有識者の期待を大きく下回るものだったと思われるが、はたしてそのような状況で、改革の消極面を克服できるのだろうか。地域福祉に目を転じれば、確かに各地でユニークな実践が自発的に取り組まれていることは事実だが、筆者のこれまでの経験でも、地方分権改革を通じて住民や福祉専門職の意識が変容し、「自治」が発展したという印象は薄いかもしれない。では何故そう感じてしまうのか、武川（2006：100）が「地方自治の学校」と評した「地域福祉計画」を例に今日の地域福祉実践の実際を検討してみたい。

2　地域福祉計画は地方自治を発展させたか？

　まずは厚生労働省が公開している「市町村地域福祉計画策定状況等調査結果（平成27年3月31日時点調査）」から重要なデータをピックアップして確認する。[6]

　最初に、計画の策定状況は、全市町村（1741）のうち「策定済み」が68.4％（1191）である一方、「策定予定」が8.2％（142）、「策定未定」が23.4％（408）

と、4分1近い市町村では今も地域福祉計画が存在しない状況が続いている。市区部・町村部別では、「策定済み」は市区部が86.8％（706）であるのに対して、町村部は52.3％（485）と34.5ポイントも低い。一方、「策定未定」は市区部が8.7％（71）であるのに対し、町村部では36.3％（337）と4倍強の開きがある。「策定未定」の市町村が回答した理由（複数回答）については、63.0％が「計画策定に係る人材や財源の確保が困難だから」を挙げており、以下「他の業務を優先している」（36.0％）、「他の行政計画で対応予定だから」（30.9％）などが続く。また、計画の実施状況の評価（点検）については、「点検していない」が55.2％（657）、「定期的に点検している」が44.8％（534）であり、策定しても半数強の市町村が計画を定期的にチェックしていないことがわかる。

次に、策定済み市町村が回答した地域福祉計画の法定3項目ごとの計画の内容（複数回答）をみると、①「地域における福祉サービスの適切な利用の促進」については、「地域住民に対する相談支援体制の整備」が93.2％と最多で、以下「要支援者が必要なサービスを利用できるための仕組み」（75.8％）、「利用者の権利擁護に関する仕組みの整理」（68.8％）、「サービス利用に結びついていない要支援者への対応」（53.4％）などがこれに続く。②「地域における社会福祉を目的とする事業の健全な発達に関する事項」については、「福祉・保健・医療と生活に関する他分野との連携方策」が81.3％、「民間の新規事業の開発やコーディネート機能への支援」が30.6％となっている。また、③「地域福祉に関する活動への住民参加の促進に関する事項」については、「地域住民、ボランティア団体、NPO法人等の社会福祉活動支援」が90.8％と最多で、以下「地域福祉を推進する人材の育成」（33.4％）、「住民等による問題関心の共有化への動機づけと意識の向上、地域福祉推進への主体的参加の促進」（30.7％）がこれに続く。なお、計画を改定した市町村（712）が回答した改訂の際に要点となった事項や新たに盛り込まれた事項（複数回答）については、「災害時要援護者支援方策」が最多で64.9％、以下「自助・共助・公助の取り組み」（50.7％）、「地域の要援護者支援方策」（46.1％）、「権利擁護」（34.0％）、「地域包括ケアの推進」（32.0％）などが続いている。

最後に、市町村地域福祉計画の策定の効果（複数回答）については、「地域の要望や課題が明らかになった」が最多で75.1％、以下「住民・行政等の役割が明らかになった」（60.7％）、「地域福祉活動・事業の推進につながった」（57.3％）、「各種ネットワークの形成や連携強化のきっかけになった」（47.6％）、「住民の地域福祉の理解が進んだ」（42.1％）、「進捗状況や政策評価（進行管理）を行うようになった」（33.7％）となっている。ちなみに「特になし」と回答した市町村の割合は4.1％であった。

 以上のデータをみると、地域福祉計画の策定状況は、市区部と町村部で大きな開きがあり、市区部においては９割近い自治体が既に計画策定経験があるのに対して、町村部における「策定済み」自治体の割合は５割強にとどまっている。一方、「策定未定」の自治体が挙げているその主な理由は「人材と財源の不足」であり、自治体の体力格差が地域福祉計画の策定状況にも表れている様子が見受けられる。また、「策定済み」自治体における計画の内容についても、相談窓口の機能向上や専門職のネットワーク形成、あるいは住民やNPOなどによる福祉活動の支援といった、基本的には財政負荷が少なく、現場の創意工夫で実現可能なテーマが多い。しかしながら、広く知られた課題という点では、都市部における保育・介護サービスの不足や、福祉労働者の低賃金問題、中山間地域における在宅ケアサービスの偏在といった、既存のサービスに関するテーマもあるはずだが、こうした課題への対応が地域福祉計画に積極的に盛り込まれている様子は見受けられない。

 筆者も策定委員やアドバイザーとしていくつかの自治体で地域福祉計画の策定に携わってきた経験があるが、そのなかで実際に福祉サービスの不足が問題になり、自治体に解決が求められたことがあった。しかし、ある自治体では既存のサービスは地域福祉計画の守備範囲外であるとされたり、また何とか計画に盛り込まれた場合でも、実施段階で未対応のまま放置されたことがあった。もちろん全国には、コミュニティソーシャルワーカー（以下、CSW）などの専門職の配置や増員を計画化している自治体もあるだろうが、人件費などの多額の予算を必要とする事業が盛り込まれるのは、一般的に国や都道府県が実施に積極的であり、なおかつ十分な補助金がある場合に限られるだろう。

上記の「効果」の筆頭に挙げられているように、住民参加を進めて地域の要望や課題は詳しく把握できるようになっても、いざ地域福祉計画の策定段階になると、自治体の財政事情が障壁となって、負担の少ない事業や介護予防的な効果が期待できる事業が優先的に計画化される傾向が生じている。確かに解決が求められる課題に少ない経費で効果的に対応しようと創意工夫することは、地方自治の発展に望ましいことである。しかし、その点を踏まえたとしても、地域福祉計画に関しては、自治体の財政事情に従って計画内容に偏りが生じる傾向が強いと思われる。もしそうだとしたらこの状況はどう評価されるべきだろうか。財政学者の神野（2002：7）によれば、財政と市場経済の運営原則は、財政が必要な支出を決めてからそれを賄う収入を決める「量出制入の原則」であるのに対して、市場経済は収入がまず決まりその収入に基づいて支出を決める「量入制出」である。この考え方からすると、地域福祉計画の運用状況は、財政学的な原則よりもむしろ市場経済的な原則が支配的であることになり、自治の根幹であるべき財政の機能不全が懸念されるだろう。

ではどうしてこのような事態が発生しているのだろうか。第一次分権改革の後に実施された「三位一体の改革」は、中央集権的な性格が強い国庫補助金を削減するとともに、税源移譲によって地方税を増加させ、自治体の自由裁量度を高めたのではなかったのか。次にその「三位一体改革」と地方財政の関係を確認しておきたい。

3　三位一体改革と地方財政

2004年から2006年にかけて実施された「三位一体改革」では、4.7兆円の国庫補助金が廃止されたのに対して、税源移譲は3兆円にとどまるとともに、地方交付税が5.1兆円圧縮された。兼子仁によれば、この結果は次の二つの理由で地方六団体の不満を買ったという。1点目は、地方分権改革の本来のテーマが、国と地方の税収規模が3対2なのに対して実歳出規模は2対3と逆になっている状態を、税源再配分によって逆転させることだったにもかかわらず、税源移譲が国庫補助金削減の範囲内にとどめられてしまったこと。2点目は、地方交付税が総額抑制されたことは、地方財政計画を通じて自治体財政需要を抑

える国策を表したことである（兼子 2012：18）。自主財源である地方税の割合はやや増加したものの、国庫補助金の廃止額と差し引きすると1.7兆円のマイナスであり、これに地方交付税の圧縮が自治体財政に追い打ちをかけた。さらに、権限移譲や関与の見直しと一体的に行われた国庫補助金改革で関係省庁の強い抵抗がみられるなど、議論や手続きが難航した経緯があったが、それ故に宮脇（2010：61）は、「三位一体改革が税財政を中心に地方分権の流れに与えた閉塞的副作用は大きい」と強く批判している。

では、三位一体改革を経て地方財政はどのように変化したのか。「地方財政白書」を紐解き、改革が実施される前年（2003年度）と5年後（2008年度）および10年後（2013年度）の歳入決算額から、地方税と地方交付税ならびに国庫補助金にあたる国庫支出金の金額ならびに構成割合の推移をみてみよう。

まず03年度については歳入総額が94兆8870億円で、このうち地方税は32兆6657億円（34.4%）、地方交付税は18兆693億円（19.0%）そして国庫支出金は13兆1421億円（13.9%）であった。三位一体改革後の08年度については、歳入総額が92兆2135億円で、このうち地方税は39兆5585億円（42.9%）、地方交付税は15兆4061億円（16.7%）そして国庫支出金は11兆6890億円（12.7%）であった。08年度の歳入については、三位一体改革のねらい通り地方税は7兆円近く増加し、割合も8.5ポイントの増加となる一方、地方交付税・国庫支出金はそれぞれ2兆6000億円・1兆5000億円減少し、割合もそれぞれ2.3ポイント・1.2ポイント減少した。

13年度については、歳入総額は101兆998億円で、このうち地方税は35兆3743億円（35.0%）、地方交付税は17兆5955億円（17.4%）そして国庫支出金は16兆5118億円（16.3%）である。08年度に比べて歳入総額は大幅に増加しているが、地方税は逆に約4兆2000億円減少し、割合も8ポイント近く減少して改革前の03年度と同程度に戻っている。一方、依存財源である地方交付税と国庫支出金はそれぞれ2兆2000億円（0.7ポイント）、4兆8000億円（3.6ポイント）の増加であった。以上のように、三位一体改革の「効果」は08年度には明確に見られていたが、その後はリーマンショックによる不況で地方税は大幅減収となり、さらに都市と地方の格差拡大が社会問題化したことなどを受けて地方財政は再び

地方交付税や国庫補助金に頼らざるを得なくなり、なかでも国庫補助金への依存度は三位一体改革以前よりも悪化する事態となっている。

次に歳出決算額と構成割合の状況をみてみよう。歳出総額については、03年度が92兆5818億円、08年度が89兆6915億円、13年度が97兆4120億円と、三位一体改革を経て一旦は3兆円近く抑制されたものの、その後は大幅な増加に転じて13年度は08年度に対して7.7兆円余り増加した。個別の費目をみると、ほとんどが削減ないし横ばいとなっているのに対して、福祉関係の支出である民生費については一貫して急増し続けており、03年度から10年間で金額にして約9兆円、構成割合は15.7％から24.1％へ8.4ポイントもの増加となっている。「平成28年度地方財政白書」の都道府県・市町村別歳出決算額をみると、14年度における民生費（純計額）は前年から約1兆円増加するとともに構成割合も0.7ポイント増加しているが、ここで注目しておきたいのは市町村における民生費の割合である。近年、福祉サービスの実施責任者としての役割が増している市町村の歳出総額に占める民生費の割合は、少子高齢化や格差拡大などを背景とするサービス需要の増大によって3分の1を超える35.3％まで達しており、今後もさらに財政硬直化が進展することが危惧される。

以上のことから、「自治型地域福祉」を支える財政状況は厳しい水準にあり、地方分権改革の成果を活かして地域福祉計画を積極展開することは極めて困難であると言わざるを得ない。そして、このような地方財政の厳しい現状が、新自由主義型福祉国家による中央統制を容易に受け入れる素地をつくるとともに、地域福祉計画の消極的な運用状況を生み出していると考えられる。

4　地域福祉の隘路を問う

地方分権改革によって自治体の自由度が増し、地域課題への解決策を市町村が独自に政策化できる可能性は高まった。また、地域福祉計画の策定と実施を通じて住民参加の可能性もいっそう高まりつつある。ゆえに「自治型地域福祉」を構築し、発展させる可能性が高まったと思われたが、現実は楽観的ではなかった。国と自治体の双方が財政難をかかえる中、国家財政の悪化は社会保

障に対する削減圧力を生み出し、その圧力は国をして新自由主義型福祉国家へと転換せしめ、「規制緩和」や「民営化」、「市場化」等の取り組みを通じて「小さな政府」を実現することを至上命題とした。地方自治体もまた福祉予算の増大とともに財政の硬直化に直面しており、自治の発展可能性が高まる一方で、新自由主義型福祉国家からの財政コントロールによる植民地化の危機にさらされている。今日の地域福祉は、自治と集権の異なるベクトルが複雑に交錯するフィールドであり、このような条件の下で住民や専門職による実践が展開される。それ故方向性を見誤ると、地域福祉を推進しながらもその内実化を阻害するという本末転倒な結果を招く。

　すでにみた通り、小野はこのような状況を「地域福祉の隘路」と呼んだ。彼によれば、「地域福祉の隘路」から生まれる象徴的な問題は「実践での客体化」である。それは、「地域福祉実践に関わりながらも、その過程で周辺化され、実践の内実から疎外されてしまう状況を指す。『参加』していながらも客体化されてしまう状況である。こうした状況はある目的のために他者を手段化することで生じる」（小野 2014：78）。以前から議論されてきたように、これはソーシャルワーカーとクライエントの権力構造によって生じ易い問題であるが、「特に地域福祉実践の場合には、地域社会が資源とされたり、また、インフォーマルな活動が地域福祉の特徴とされており、そうした際に実践での客体化が生じやすい」という（小野 2014：78）。たとえば現在の地域福祉において、「国策」として強力に推進さている政策が「地域包括ケアシステムの構築」である。要介護状態にある住民を住み慣れた自宅・地域で支えるために、在宅ケアに従事する保健・医療・福祉の多様な専門職の連携に加えて、専門職によるフォーマルケアと地域住民を主体とするインフォーマルサポートの包括的なコーディネートが要請されている。今世紀半ばに後期高齢者人口が最大化する一方、財源不足によって病院や入所施設の絶対的な不足が生じることを見越し、在宅ケアの機能強化を図って看取りの時まで地域で支えようというものである。しかしその政策展開においては、介護保険が家族介護力を前提としているなどの制度矛盾には目を向けずに、専門職や家族で支えきれない部分をもっぱら住民の支えあい活動などのインフォーマルな資源の開発と活用（手段化）

で補完しようとする傾向が強い。そして、ここに「上」からの財政コントロールが働き、福祉専門職を介して多様なインフォーマルな資源がシステム動員され、住民の「客体化」を一層進めてしまうというリスクが生じる。

　ではこの問題をどう防ぐのか。小野が示したのは、「主体―客体」構図を「主体―主体」構図に再構築するという戦略である。関係の再構築において確保しなければならないのは「互いが納得した実践」に到達することであるが、それは実践に対する合意が取られ、各自が内的に動機づけられている状態であり、「その実践をそもそもなぜ行うのか、なぜ自分はそれに関わるのかという基本的な目的や設定レベルも含めての納得や合意である。参加者が目的を既定のものとしてただ技術や労力を提供するというものではなく、納得がいかなければ目的にさかのぼって問い直す道が常に開かれていなければならない」のである（小野 2014：79）。小野がこの戦略を構想するに当たって着目したのがハーバーマスのコミュニケーション的行為の考え方である。コミュニケーション的行為を通して当事者同士が合意し、合意した内容に基づき互いの行為を遂行することによって実践での客体化を防ぐことができるとするが、互いに納得した状態をつくるためには、「自由に話し合える」ことが必要である。それは権力的な制約から解放された状態を意味する「理想的発話状況」において可能であるが、完全に制約のない状態を確保することは難しいので、エンパワメントによってその影響が少ない発話状況をつくることが重要だとする（小野 2014：87）。

　小野の「主体―主体」構図の構築という考え方は、右田が指摘した「地方福祉国家化」に対峙する住民の内発性という構図と親和的であり、コミュニケーション的行為によって住民の内発性の強化が可能になるならば、これは「自治型地域福祉」の方法論としての応用が期待できる。小野の主張は確かに注目に値するが、同時に果たしてこれだけで十分かという疑問も残る。客体化という地域福祉の隘路の根源が、福祉国家や地域福祉を取り巻く巨大な社会構造に求められる時に、地域福祉実践にかかわる当事者同士のコミュニケーション的行為のみに問題の解決をみるのは現実的ではないと思われるからだ。たとえば、コミュニケーション的行為に基づく実践は、非常に多くの時間と労力を要する

ことが想像できるが、住民の役割を含めたマネジメントを担う専門職（特に地域包括支援センターの専門職やケアマネジャー）は、市場原理が貫徹する介護保険制度の下では、より多くの利益を求めて時間的余裕が奪われる傾向にある。そのような状況で果たして「理想的発話状態」を創出し、住民の手段化・客体化を阻止できるのだろうか。現場で実践にかかわる専門職の多くがすでに新自由主義の影響力から逃れられない状況にある中では、やはり生活主体の側からこうした構造そのものを問うアプローチも同時に求められるのではないだろうか。

5　草の根からの地域福祉再構築の道

1　地域福祉再構築の基本的視座としての「住民自治」

　1990年代以降の福祉改革・地方分権改革を経て「主流」の地位が与えられた地域福祉だが、実際のところ、「自治型地域福祉」へのバージョンアップは容易ではなかった。第二次地方分権改革が終了した今日においてもなお、国は特に財政を通じて自治体への支配力を保ち続けており、総じて財政基盤の弱い自治体は、「小さな政府」を目指す新自由主義的な政策展開を余儀なくされるとともに、インフォーマルな福祉活動を手段化して地域包括ケアシステムに動員せざるを得なくなっている。住民の暮らしの場である生活世界は、今ではこうして新自由主義型福祉国家からの植民地化の波に常にさらされるようになった。

　地域福祉の再構築があらためて問われるのは、このような現実の中で地域福祉の実践者が無自覚に「隘路」に陥ってしまう矛盾を打開し、生活世界の自律性を守り抜く必要性があるためである。そして、そのためには、新自由主義型福祉国家の植民地化圧力に対して住民の内発性をもって対峙することになるが、それはすなわち地域福祉実践を通して「住民自治」の強化・発展を目指すことに他ならない。「住民自治」は「団体自治」とワンセットで「地方自治」を構成する概念とされるが、西尾勝によれば、地方分権の推進とは、「団体自治」の拡充であり、自治体事務の自由度を拡大することであるが、「地方自治」

の拡充とは自治体における「住民自治」の拡充であって、「地域住民の総意に基づいて自治体政策が形成され執行されるように、住民自治の仕組みを改革していくこと」である（西尾 2007：246-247）。そこで、草の根から地域福祉の再構築を進める基本視座としては、①いかにして地域福祉活動の自主性・自律性を高め、「住民自治」の強化・発展に貢献するか、という点とともに、「住民自治」を起点として、②いかにして住民の総意に基づく自治体の福祉政策や国の社会保障政策を構築するか、の2点が導き出される。

地域福祉の再構築のためには、これら二つの視座から新たな実践課題を導き出す必要があるが、①については、「参加型地域福祉」の提唱者である大橋をはじめ多くの論者によって「福祉教育」の重要性が指摘され、児童・生徒を主な対象にノウハウが蓄積されてきた。しかし、1990年の八法改正による福祉分権化以降は、住民の社会福祉への関心と理解を深め、地域福祉の主体形成を促進する福祉教育がより重視されるようになった。大橋（1999：99-104）によれば、地域福祉の主体形成に向けた課題は、①地域福祉計画策定主体の形成、②地域福祉実践主体の形成、③社会福祉サービス利用主体の形成、④社会保険制度契約主体の形成の四つであるが、住民の総意に基づく福祉政策・社会保障政策の構築まで視野に入れるには、特に①の地域福祉計画策定主体の形成に着目する必要があるだろう。しかし、福祉教育実践における主体形成への働きかけは、ボランティア活動者への研修など②が中心で、学習内容もどちらかといえば初歩的なものが多い。一方、地域福祉計画の策定主体化には応用的・実践的な学びが必要であるため、実際に計画策定に参画しつつ政策形成過程への理解を深めることが望まれるが、そうした経験が積める機会も住民の数も極めて限られている。そこで、これまでの福祉教育に加えて、①・②の両方の視座をもちうる実践として着目するのが、「小地域福祉活動計画」づくりである。

2　「小地域福祉活動計画」で育む住民自治

ここで想定される「小地域福祉活動計画」とは、市区町村よりも小さな範囲（小学校区や地区、自治会・町内会など）を基盤に、地区社会福祉協議会や民生委員協議会、自治会などの住民を主体とする地域福祉推進組織によって策定され

る計画のことである。近年は市町村合併による行政の広域化を補完するために、地域内分権の一環として地域自治組織（地域振興協議会など）が設置され、その中に地域福祉推進機能が整備されるケースもあって、策定の主体となる組織は多様化している。いずれにしても、小地域における住民福祉活動が地域包括ケアシステムの資源として動員されるのではなく、住民が自ら発見した生活課題のなかで自らが解決可能な取り組みを議論しながら「自己決定」し、行政や福祉専門職と連携しながら活動を推進することが「住民自治」発展の鍵であり、このような住民の合意形成と自律的な活動を促進させるツールが「小地域福祉活動計画」である[8]。

　もちろん「小地域福祉活動計画」については、地域福祉研究の中でもかねてよりその有用性が唱えられており、市町村社協などの支援によって計画づくりを強力に推進している地域もある。しかし、全国的にみるとほとんどの自治体では市町村レベルでの計画策定にとどまっており、さらに「小地域福祉活動計画」の策定を進めている地域であっても、その内容は形式的で十分議論を尽くしているとはいえないものが少なくない。すなわち、「隘路＝植民地」化が懸念される大きな理由は、地域福祉実践が「住民自治」の強化・発展を基本理念に据え、自律的な住民福祉活動の構築に心血を注いでこなかった点にあると指摘できるが、そうであれば、これまでの実践のあり方を見直し、今ここで「住民自治」の強化・発展を最優先課題とする「自治型地域福祉」への転換を進め、小地域への志向性を最大化することができるはずである。

　さて、地域福祉の再構築においては、「住民自治」の強化・発展とともに「住民の総意に基づく福祉政策・社会保障政策の構築」という視座も必要であり、そのためには、「小地域福祉活動計画」の実践に以下の４点が確保される必要があると考えられる。

①計画が住民の総意に基づくことを担保するため、可能な限り住民参加を進めること

②小地域という特性を活かし、可能な限りきめ細かく地域の生活課題を把握すること

③把握された生活課題は、住民レベルでの解決可能なものと困難なものを区

別し、解決可能な課題に対応する住民福祉活動を開発・強化して、地域の
　　福祉力を高めること
　④住民レベルでの解決が困難な課題については、小地域の情報を集約して
　　「地域福祉計画」をはじめとする行政計画に反映し、解決に取り組むよう
　　市町村に働きかけること

　ここで強調しておきたいのは、自治体や国が取り組むべき政策的な課題が何であるかを理解するためには、住民参加と課題発見のプロセスを丁寧に実施しながら、住民自身で解決可能な課題については、可能な限りの自助努力で解決に取り組むことが求められることである。というのも、参加した住民が、福祉活動を通じて生活課題をかかえる人々が置かれている厳しい現実や福祉サービスの不十分さなどを理解することで、自分たちの実践の意義をより深く感じ取るとともに、「小地域福祉計画」の策定を通じて自分たちでは解決しえない課題についても何とか解決したいという責任感が醸成され、それが行政の役割を考える強いモチベーションとなるからである。このように、住民の自助努力の内容と、その限界を超えたところにある行政の役割の両方を住民が「自己決定」し、主体的に実践に取り組んだり、行政との交渉を経験することによって、高度な「内発性」が形成されると考えられるだろう。「小地域福祉活動計画」による以上のような地域福祉の基盤形成により、「隘路＝植民地」化の危機から「真の主流化」へと反転させるとともに、「住民自治」から「団体自治」への補完性原則を「下からの公共性」によって再構築できると考えられるのではないだろうか。「小地域福祉活動計画」という実践が、地域福祉の主体形成を進める新たな住民運動として各地で広く定着することを期待したい。

　一方、住民から課題解決を託された市町村は、小地域福祉活動では解決が困難な課題については、「地域福祉計画」などを通じて住民との対話を進めて情報集約するとともに、解決に向けた政策を具体的に検討・実施することが求められる。しかしその中に市町村レベルでは解決困難な課題が存在する場合は、都道府県や国に対して問題提起し、解決を働きかけることが必要になることは言うまでもない。地方分権の時代であっても、国は自治体の福祉行政を支えつつ、ナショナルミニマムの責任を果たす必要があるはずであり、またそれ故に

地域福祉には、「住民自治」を起点とする補完性原則に従って、新自由主義型福祉国家と向き合い、そのあり方を問うという役割も求められて然るべきであろう。

3　「小地域福祉活動計画」策定支援のためのコミュニティワーク機能の再生

　以上の通り、地域福祉の再構築に際して、その柱となる実践を「小地域福祉活動計画」の策定に求めた。しかしながら、可能な限りの住民参加やきめ細かな生活課題の把握、実施する活動と行政の役割の自己決定など、計画づくりには比較的高度なスキルが要求される。したがって、このような実践を広く定着させるには、地域に寄り添いながら、計画段階から実施・評価・改善に至る一連のサイクル（いわゆるPDCAサイクル）を構築して小地域福祉活動の自律的発展を支援する専門職が必要不可欠である。

　地域における自発的な住民活動を支援する取り組みは地域組織化（コミュニティワーク）と呼ばれ、伝統的に市町村社協に所属する地域支援専門員（コミュニティワーカー：以下、CW）がその役割を担ってきた。近年は、CSWなど新たに社協に配置されるようになった専門職も同様の役割を担うことがあり、小地域福祉活動を支援できるスタッフ数は全体的にみると増加傾向にある。であれば、ことさら問題提起しなくても「隘路＝植民地」化の克服が進むのかと思うと実はそうではない。地域組織化を看板事業としてきた社協であるが、明路咲子はその成果について、「理由や背景はどうであれ、その回答は心もとない」と批判的に捉え、その主な要因が、介護保険サービスや行政から委託された在宅福祉サービスなど、目に見えやすい直接サービス事業への傾注にあるとした上で、「コミュニティワークへの取り組みを真剣に再考するときではないだろうか」と述べる（明路 2010：47）。地域組織化実践が停滞する「理由や背景」を突き詰めると、自主財源が乏しく公費に依存せざるを得ないという社協組織が抱える積年の課題に行き着く。そして、この問題を放置し続ける限り、「小地域福祉活動計画」の策定は前進をみない可能性が高い。

　このように、「隘路＝植民地」化の克服に向けた地域福祉の再構築と社協のコミュニティワーク機能の再生は表裏一体の関係にあり、社協の組織としての

自立という課題を乗り越えない限り、本論は砂上の楼閣のままかもしれない。もちろんこの問題は、社協の創設以来半世紀以上にわたって問われてきたテーマであり、筆者の主張がただちに解決につながるとは考え難く、今後も継続して実効性のある対策を検討することが必要である。今回はそれを念頭に置きつつ、現時点で考えうる課題を整理しておきたい。

　まず、前提となる社協の民間性の意味をあらためて確認すると、住民が暮らす生活世界は、生命の再生産の場であるとともに「新たな公共性」の揺り籠でもあるが、その機能を健全に維持するには、国家権力や市場原理による支配に対して自律性（自治）が堅持されなければならない。そしてそのために専門的援助者が求められるのであって、CWやCSWは本来的に生活世界の主体者である住民に直接雇用され、住民自治のために奉仕すべき存在である。社協には、この意味において自らの民間団体としての存在価値を捉え直すとともに、組織としての自律性を確保するために、特に人件費の公費依存度を可能な限り減らし、住民からの会費や寄付金、あるいは収益金などの自主財源で賄う努力が求められる。

　介護保険制度がスタートしてしばらくは、介護報酬が新たな自主財源になると期待されたが、保険財政の悪化に伴い介護報酬の大幅な引き下げが行われた今では、もはや安定した財源とはいえなくなっている。そこであらためて検討したいのは、「寄付金の人件費への充当」である。財源見直しの第一歩として、共同募金や住民会費のあり方を根底から見直し、たとえ全体の一部分だけでも社協職員の人件費を住民から直接調達するルートを確立すべきだと考える[9]。特にCW・CSWは、地元の企業などを定期的に訪問し、大口の会費や募金を集めることに積極的にチャレンジすべきだと考える。なぜなら、訪問の際には、地域福祉の重要性や自身の専門職としての役割などを、相手が納得できるまで説明することが求められる。そしてそのためには高度な提案力が要求されるが、相手の理解を得るための努力を惜しみなく積み重ねることで、住民とのコミュニケーション力や行政との交渉力を向上させ、専門職としての信頼を勝ち取ることに直結すると考えるからである。リスクを承知で敢えて人件費の一部を会費や寄付金に切り替えるという自助努力を組み入れることによって、自分

が受け取る報酬の中に住民の顔がみえるようになる。そうすれば、社協における事業の優先順位づけも必然的に組織化重視に変更せざるを得なくなり、組織としての自立にとっても望ましい影響が現れると考えられるのではないだろうか。

　さらに今後検討が必要なことは、他領域の地域支援人材との連携である。近年は地域福祉以外にも多くの政策領域において、住民主体の地域活動を国や自治体が支援し、住民との協働体制をつくる動きが広がっている。そしてそこでも地域に出向いて住民活動を支援する人材（地域支援人材）の必要性が認識され、国の補助金も活用しながら、「タウンマネージャー」や「地域おこし協力隊」「集落支援員」などの配置が進められている。地域に密着した彼らの実践は CW と共通する部分が非常に多く、地域福祉実践が CSW への志向を強める一方で、CW はむしろまちづくり全般に活躍の場を広げつつあるといえる。それだけに、小地域における福祉活動計画づくりや活動展開への支援体制を検討する際には、社協の CW・CSW と、同じ地域にかかわりをもつ他領域の地域支援人材との連携のあり方も重要な論点になるはずである。さらに、地域支援人材が増加・多様化すれば、必然的に彼らの活動をサポートする「中間支援機能」の強化も課題になるが、そうすると同様の立場にある市町村社協との連携やサポート機能の棲み分けも論点として浮上する。むしろ将来的には、「住民にとっての最善の支援体制の構築」という観点から、重複する機能や組織を整理・統合する形で「中間支援機能の再編成」が進められるかもしれない。国の地方創生戦略とも相まって、コミュニティワークの実践領域が拡大しつつあるのは事実であり、近い将来、その「老舗」とされる社協の立ち位置が大きく問われる可能性は高い。このように地域支援のあり方が流動化するなかで、社協が主導的な役割を発揮できるかどうかは、今後の社協の存亡を占う意味でも重要なポイントになるだろう。

4　国による財政コントロールの克服に向けて

　地域福祉再構築の基本的視座は、「住民自治」の強化・発展への貢献とともに、それを起点として、住民の総意に基づく自治体の福祉政策や国の社会保障

政策をいかに再構築するかということであった。すなわちそれは、草の根の「住民自治」からの補完性原則に基づく「団体自治」の再構築であるとともに、自治体からの補完性原則に基づく福祉国家の再構築という視座である。「住民自治」を起点に住民の総意を自治体から国へ貫徹させるルートについては「小地域福祉活動計画」の構想として述べた。しかしながら、地方分権改革が一定の前進を遂げたにもかかわらず、今日もなお「団体自治」の発展を阻む構造的な問題として、福祉を含めた政策コストの多くを国に依存せざるを得ないという財政上の問題が大きく立ちはだかっていることがわかった。

　地方分権改革の元々のゴールは、税源再配分によって国対地方の税収規模を実歳出に合わせて3対2から2対3に逆転させることであった。しかし、それを進めたはずの三位一体改革は極めて不十分な成果しか得られなかった。故に西尾（2007：203）は、ひとまず1対1を目指すという立場から、「国税と地方税の比率を一対一にしたときに初めて、その効果が歴然としてくるものである」と述べ、再度の税源再配分を主張する。このように、本質的な意味における地方分権・地方自治は依然として未確立なのであり、それ故に地域福祉としては、徹底して「住民自治」の側から「団体自治」の強化を働きかけ、あらためて自治体に税源移譲の必要性を自覚させて国との協議に向かわせなければならない。草の根からの地域福祉の再構築は地方自治の確立を必須要件とするが、それは「住民自治」と「団体自治」の関係だけで完結するものではなく、特に財政をめぐる条件整備のために自治体と国が相対峙することも要件となることを忘れてはならない。そして、そのような調整を住民主体で進めるために不可欠な要素が、世論の形成と運動（ソーシャルアクション）である。[10]「小地域福祉活動計画」が自律的な福祉活動の促進ツールであるとともに「新たな住民運動」としても定義される必要があるのはこうした理由による。

　国と自治体の税収比率を2対3に転換するための再度の税源再配分の実施は今後の大きな課題であるが、自治体福祉財政にとっては問題はそれほど単純なものではない。というのも、法定の社会福祉事業については、サービスの実施主体が市町村であっても運営自体は国と自治体との共同責任によるものであって、国はナショナル・ミニマム確保に向けて所得再分配機能を果たす必要があ

るからである。ナショナル・ミニマムの確保にかかるコストを税源移譲や一般財源化した場合に懸念されるのは、特に財政基盤の弱い自治体が国の基準よりもサービスを切り下げてしまうなど、サービス格差を生み出す危険性である。この場合、格差を生まないよう地方税を増税すれば、負担能力のある住民は転居する可能性があるため、地方分権が進展してゆくとむしろ再分配機能は低下すると考えられるのである。それ故「ナショナル・ミニマムの確保という観点からみると、『補完性の原理』は必ずしも望ましいとはいえないということになる」のである（伊藤 2009：139-141）。そこで、自治体福祉行政における「団体自治」の確立のためには、国がナショナル・ミニマムの確保のために果たすべき役割を、国と自治体が協議を重ねて明確化することが必要であり、同時にナショナル・ミニマムに対する国の財政責任も明確化する必要がある。しかしながら、財政責任を認めることと中央集権的な財政コントロールを許すこととは同義ではないので、サービス実施において問題が生じた場合にはこれを調整する手段が必要となる。横川正平（2014：309-312）が指摘するように、現在そのための仕組みとして考えられるのは、2011年に施行された「国と地方の協議の場に関する法律」による「協議の場」の活用である。すでに国民健康保険制度の広域化問題など、いくつかの論点に関して協議が実施されているようであるが、今後とも効果的な協議の場づくりのために、ナショナル・ミニマムのあり方も含めてその現状と課題を検証する必要があるだろう。

5 人権・民主主義教育の再構築

新自由主義イデオロギーは、グローバル化の波に乗って現在も世界全体に拡大を続け、生活世界における人々の絆を破壊し、世界人口のわずか1％の超富裕層が世界の富の約半分以上を所有する格差社会の中で、残りの99％の人々をさらに勝者か敗者かの競争と分断においやっている。[11]日本においても国が進めた規制緩和政策によって、非正規労働に甘んじる人々の割合は増加の一途をたどり、シングルマザーをはじめ若い世代の貧困化や孤立化を拡大させている。さらに、小さな政府を求めて貧弱に据え置かれる法定社会福祉サービスは、制度から排除される人々や制度の狭間に陥る人々を生み出し、彼らを社会的孤立

においやるとともに、虐待やDV、介護殺人・心中、あるいは孤独（孤立）死など、命にかかわるリスクを背負わせるようになっている。そして一方では、市場と政府の共同失敗のあおりを受けて生活困窮にあえぐ人々への社会的包摂が地域福祉実践の新たな課題とされているが、その実践を支える各種専門職は低賃金で重労働を強いられるために、一部では担い手の確保が困難な状況が生じている。さらに、地域福祉の名の下に住民参加が進められると、今度は介護保険財政の効率化に向けて「地域包括ケアシステム」への住民によるインフォーマル・サポートの動員が重要な政策課題となっている。

　このように、新自由主義化が進む現代社会においては、地域福祉に対する期待が集まる一方で、実践の現場は、様々な構造矛盾を抱えながらその潜在力を十分発揮できずに閉塞状況に陥っているともいえる。ここではこうした状況を打破するための要件を「地域福祉再構築の道」として示し、地域福祉関係者のさらなる努力を求めてきたが、彼らの自助努力が花開くためには、この国全体がもっと新自由主義の弊害に目を向け、生活困窮にあえぐ人々との間に共感のネットワークを形成して、生活課題の解決に向けて一人でも多くの住民が主体的に実践参加することが望まれる。しかし、それを本当に実現するためには、地域福祉実践の前提となる、社会の歪みや不公正を鋭く見抜く感性と、課題解決の当事者としての意識の涵養が求められる。それはつまり基本的人権と民主主義に対する深い学びであり、この両者を一括して学べる優れた教材こそが日本国憲法である。しかしながら、受験競争に向けた偏差値重視の日本の教育システムの中では、日本国憲法に関する学びはおざなりにされ、人権感覚や主権者意識を磨き上げる教材としてもほとんど活用されていないのが現状である。新自由主義がもたらす社会の歪み・不公正を正す力は、やはり基本的人権と民主主義以外には存在しない。それ故に日本国憲法を活用して人権・民主主義教育を再構築し、これらの価値の習得を通じて人々の連帯を再生することこそが、地方自治を確立しさらに草の根からの地域福祉再構築を進めてグローバル化した新自由主義と対峙するための精神的エネルギーの供給源となるのではないだろうか。

第1章　あらためて"地域福祉"を問いなおす

【注】
1）牧里毎治が地域福祉理論をその概念の特徴によって整理した「構造・機能アプローチ説」の詳細については牧里（2003）を参照されたい。
2）先の牧里の整理でこれに該当する代表的な地域福祉理論は、永田幹夫による機能的概念の資源論的アプローチである。
3）井岡勉（1984：29）によると、1970年代前半に始まった地域福祉政策は、第一次オイルショックを契機に福祉見直し論や日本型福祉社会論の方向と結びつけられて展開されるようになったとのことであり、福祉国家の修正圧力が地域福祉の展開に影響を与えるという構図は1970年代から今日まで一貫して継続されているとみられる。堀内隆治（2003：68）も、「地域福祉は日本の場合、むしろ国家福祉の補完として展開され、さらには新たな国家主義の一分岐として登場してきた」と述べ、地域福祉が日本型福祉社会論の影響を受けつつ国策として推進されたことを指摘している。
4）宮脇淳によれば、地方分権改革推進委員会の根底には、第二臨調からの流れと2006年の地方分権21世紀ビジョン懇談会での議論からの流れの二つがあり、その中で「新自由主義による分権、民主主義による分権の相異を明確に認識することなく審議が進められ、明確な戦略がない中で両者の間を揺れ続ける結果となった」と活動を批判的に振り返っている（宮脇 2010：69-70）。
5）規制緩和と地方分権化がワンセットである点は社会福祉改革も同様である。社会福祉事業法第3条に「地域等への配慮」が加えられ、地域福祉化への道を示したとされる1990年の八法改正では、第二種社会福祉事業の創設とともに参入規制の緩和が実施されたほか、福祉事務の市町村への窓口一元化が実施され、さらに市町村に老人福祉計画・老人保健計画の策定が義務づけられ、福祉分権化が進められた。また、2000年の基礎構造改革では、措置制度を規制緩和して契約制度を導入する一方、「地域福祉の推進」が掲げられ、福祉事務の市町村一元化がさらに強化されるとともに「市町村地域福祉計画」によるローカルガバナンスの確立が目指されるなど、地方分権化の動きも加速している。
6）ここでは市町村地域福祉計画の調査データのみを確認することにとどめる。
7）2013年度の国庫支出金約16兆円のうち、社会福祉に関する生活保護費や児童手当等の国庫負担の合計は5.9兆円で全体の約37％を占めている。
8）自治連合会や地域振興協議会協議会などの自治組織が、福祉以外のテーマも含めて総合的な「コミュニティプラン」の策定を進める場合も、筆者が示した4点のポイントを網羅していれば「小地域福祉活動計画」に含めることができる。
9）共同募金の配分金はかつては社協専門職の人件費に充当されていた時期があったが、井岡勉（1971）によれば、1967年に行われた行政管理庁勧告によってその道が断たれて以来、社協の公費依存体質が一層高まったという経緯がある。半世紀前とは国や社会の情勢が大きく変わり、社協の財政的な自立が強く求められている現在においては、むしろこの勧告の是非を問い直す必要があると筆者は考える。
10）地域福祉と運動の関係性については岡崎祐司（2002）を参照。福祉分権化や地方分権

第 2 部　政策編　地域福祉の諸相と政策を問う

　　改革が進むにつれて地域福祉の中でソーシャルアクションへの関心が失われる傾向がみられるが、国が依然として集権的な力を維持し続けている以上、ソーシャルアクションの軽視は、「地域福祉の隘路」を生み出す方向につながりかねないことに注意する必要があるだろう。
11）オックスファム・ジャパン・ホームページ「格差に関する最新報告書発表『最も豊かな 1 ％のための経済』（2016年 1 月18日）」を参照。

〔参考文献〕
井岡勉（1971）「地域福祉運動展開への課題——社協活動転換方向の検討」『評論・社会科学』 3 号
井岡勉（1984）「第 1 章　わが国地域福祉政策の登場と展開」右田紀久恵・井岡勉編著『地域福祉——今問われているもの』ミネルヴァ書房
伊藤周平（2007）『権利・市場・社会保障』青木書店
伊藤敏安（2009）『地方分権の失敗　道州制の不都合——円滑な推進に向けた経済学的論点整理』幻冬舎ルネッサンス。
右田紀久恵（1993）「Ⅰ-1　分権化時代と地域福祉——地域福祉の規定要件をめぐって」右田紀久恵編著『自治型地域福祉の展開』ミネルヴァ書房。
右田紀久恵（2000）「第 1 章　福祉国家のゆらぎと地域福祉」右田紀久恵ほか編著『21世紀への架け橋〜社会福祉のめざすもの〜第 2 巻　福祉の地域化と自立支援』中央法規出版
大橋謙策（1999）『地域福祉』放送大学教育振興会
岡崎祐司（2002）「第 2 章　地方自治と地域福祉」真田是監修、岡崎祐司ほか編『講座21世紀の社会福祉 5　現代地域福祉の課題と展望』かもがわ出版
オックスファム・ジャパン「格差に関する最新報告書発表『最も豊かな 1 ％のための経済』（2016年 1 月18日）」（http://oxfam.jp/news/cat/press/post_666.html, last visited, 1 May 2016）
小野達也（2014）『対話的行為を基礎とした地域福祉の実践——「主体‐主体」関係をきずく』ミネルヴァ書房
兼子仁（2012）『変革期の地方自治法』岩波書店
厚生労働省「市町村地域福祉計画策定状況等の調査結果概要（平成27年 3 月31日時点）」（http://www.mhlw.go.jp/file/06-Seisakujouhou-12000000-Shakaiengokyoku-Shakai/0000105335.pdf, last visited, 1 May 2016）
神野直彦（2002）『財政学』有斐閣
神野直彦（2014）「地方分権改革の総括と展望」『都市とガバナンス』22号
総務省「地方財政白書」（http://www.soumu.go.jp/menu_seisaku/hakusyo/, last visited, 1 May 2016）
武川正吾（2006）『地域福祉の主流化——福祉国家と市民社会Ⅲ』法律文化社
地方自治確立対策協議会「第二期地方分権改革までの分権改革の動き」（http://www.

bunken.nga.gr.jp/trend/ugoki.html, last visited, 10 April 2016)
地方分権21世紀ビジョン懇談会（2006）「地方分権21世紀ビジョン懇談会報告書」
中里透（2008）「第6章 『夕張ショック』は何をもたらしたか――自治体の信用力格差と地方財政健全化の行方」上田敏之・田中宏樹編『検証 格差社会』日本経済新聞社
永田幹夫（1988）『地域福祉論』全国社会福祉用議会
西尾勝（2007）『地方分権改革』東京大学出版会
堀内隆治（2003）『福祉国家の危機と地域福祉――地域社会政策論の試み』ミネルヴァ書房
牧里毎治（2003）「1 地域福祉の概念と理念」牧里毎治編『地域福祉論』放送大学教育振興会
宮脇淳（2010）『創造的政策としての地方分権――第二次分権改革と持続的発展』岩波書店
明路咲子（2010）「市町村社会福祉協議会が進める組織化活動の評価」塚口伍喜夫ほか編『社協再生――社会福祉協議会の現状分析と新たな活路』中央法規出版
横川正平（2014）『地方分権と医療・福祉政策の変容――地方自治体の自律的政策実行が医療・福祉政策に及ぼす影響』創成社

第2章

地域福祉の問題情況
――貧困を基底として

木下　武徳

1　貧困対策における地域福祉への期待

　近年、日本における貧困問題は、多くのメディアや調査研究により明らかにされ、それに対応するために2013年には「子どもの貧困対策法」や「生活困窮者自立支援法」などが成立し、国・地方自治体の具体的な施策も現れてきた。特に、生活困窮者自立支援法の施行に際して、生活困窮者支援を地域福祉によって推進することが期待されるようになってきている。たとえば、日本地域福祉学会の機関誌『日本の地域福祉』（27号）でも生活困窮者自立支援制度と地域福祉の関係についての特集が設けられている。また、14年度の生活困窮者自立支援制度のモデル事業の担当課は生活保護課が73.0％だったが、地域福祉課が19.3％あった（北海道総合研究調査会 2015：参考資料１）。このことからも貧困対策として地域福祉に期待がかけられていることがわかる。

　そこで、どのように貧困対策が地域福祉に関連するのか、また、貧困対策について地域福祉でどのように取り組むのかについて考えていきたい。そのために、第２節で、近年貧困問題がいかに拡大しているのかについて概観したうえで、福祉問題において貧困問題がどのように現れているのかを確認する。第３節では、貧困対策として地域福祉に期待される背景や内容について考察する。第４節で、貧困問題における地域資源について配慮する必要性について明らかにし、第５節で地域資源のあり方を規定する住民自治が、貧困対策における地域福祉において重要であることを指摘する。

2 近年の貧困問題の拡大と福祉問題

1 貧困問題の拡大

　はじめに、近年の日本において貧困問題が拡大し、それが福祉問題においてどのように現れているのかについて概観しておきたい。まず、近年の貧困問題の状況について、いくつかの統計資料から確認しておこう。世帯あたりの平均所得金額について見ると、1994年に664万2000円、2014年に541万9000円と、20年あまりで122万3000円も落ち込んでいる。世帯の生活意識では、生活が「苦しい」と感じている世帯は1992年の34.2％から2015年の60.3％まで増大している[1]。相対的貧困率も1994年の13.7％から2012年の16.1％まで増加している[2]。実際、最低限度の生活も送れないとして生活保護を利用している世帯も1992年の58万5972世帯（89万8499人）から2016年5月の163万3401世帯（214万8282人）にまで増えている[3]。この要因の一つとして、1994年から2014年に正規労働者が3805万人（79.7％）から3278万人（62.6％）へと527万人も減る一方、非正規労働者が971万人（20.3％）から1962万人（37.4％）へと991万人も増加したことが指摘できる[4]。その結果、雇用が不安定で働いても賃金が低く生活できないワーキングプアが増加している。

　また、金澤（2009：42）による総務省『家計調査年報』を用いた分析によれば、家計支出において住居費や光熱水道、交通通信などの「社会的固定費目」や「税金・社会保障負担」を合わせた自由にできない支出は1975年の24.3％から2005年の37.9％へと増えている。その後も、消費税の増税（2013年に5％から8％）や高齢化に伴う介護保険料や国民健康保険料などの社会保険料の増加、東日本大震災・福島原発事故を受けた電気料金の値上げなど、ますます社会的固定費用等の支出の割合が高くなり、生活が苦しい世帯が増えるのである。

　それに加えて、少子高齢化が進み、年金生活の親にも頼れない、頼れる子どももいないという世帯も増え、単身世帯化が進む中でそもそも家族がいないという人も増えてきている。全世帯に占める単身世帯の割合は1995年に23.1％、2005年に29.5％であったが、2030年には37.4％にまで増加すると推計されてい

る（藤森 2010：31）。そのため、家族の支援の得られない生活困窮者もいっそう増えてくる。

2 福祉問題における貧困問題

さて、近年の福祉問題の背景には、貧困問題が横たわっていることも明らかになってきている。いくつか例を挙げておこう。

第1に、災害の被災者における貧困問題がある。額田（1999）は1995年の阪神・淡路大震災において被災死亡者の多くが、低家賃の古い木造の文化住宅に住む低所得層であったこと（家賃3万円までが圧倒的）、その後の仮設住宅で多くの孤独死を出した中壮年の年収も100万円前後の低所得者が多かったことを明らかにしている（額田 1999：44、160）。ここから災害において低所得層の住宅や社会関係の問題が大きくクローズアップされた[5]。

第2に、健康問題も貧困問題と関連している。近藤（2005）によれば、所得の高い階層よりも所得の低い階層は、うつ病が女性で4.1倍、男性が6.9倍も多く、要介護高齢者が5倍も多い（近藤 2005：5、39）。この背景には、所得が低下すると、心理・社会的なストレスが増大し、また教育や医療、社会保障などへの投資不足が健康に影響することにあるという（近藤 2005：131-132）。

第3に、子どもの学力や進学についても所得格差が存在する。たとえば、世帯の学校外教育費によって算数学力は2倍以上の差が生じる（耳塚 2014：11-12）。また、高卒後の予定進路は、両親年収が400万円以下では、4年生大学が約30％であるが、年収が1000万円超になると4年制大学が62.4％と大きな差が生じている（文部科学省 2009：14）。

第4に、子ども虐待も貧困が大きな背景要因として存在する。清水（2010）は児童養護施設の入所児童のうち虐待事例では9割が所得税非課税世帯であることを明らかにしている（清水 2010：60）。

その他にも、年金・国民健康保険・介護保険の保険料の高騰、それに伴う滞納の増加、給付制限等の制裁措置、滞納者への差押えが行われている（楠ほか 2014）。これらは貧困で福祉問題を抱えている人が社会保障を通じて、貧困・福祉問題を悪化させていることを示す。このような社会保障の機能について、

大沢（2014）は「逆機能」の問題と指摘している。最近でも、介護保険料の未収金が介護保険料額の増加とともに増加し、2013年度で214億円にのぼり、利用者負担が3割負担になる制裁を受けている人が1万335人もいることが報告されている（朝日新聞 2015年6月25日）。

　子ども虐待問題を貧困問題の視点から追究している松本（2010：10）の次の指摘は、貧困問題の根深さを端的に表している。

> 「家族の貧困は、子育てに不可欠である時間や情報、ゆとりを奪うことをとおして、子ども虐待の直接的・間接的な要因になる。貧困はしばしば家族の『力』を奪い、自尊心を傷つけ、孤立させ、支援をむずかしくすることをとおして、問題を深刻化させる。貧困は子どもが育ち、社会に巣立つための選択肢を狭めることをとおして、虐待からの回復を困難にし、問題を世代的に固定化する。そしてまた、社会全体の格差の拡大と貧困化は、子ども虐待防止の社会資源の整備を後退させ、援助者を追い詰める。」

　つまり、貧困問題は、福祉問題の要因にもなり、また、その支援をも困難にして問題をいっそう深刻化させるのである。

3　貧困対策と地域福祉

　以上のように、貧困問題がますます拡大しつつある日本において、これまで貧困対策と地域福祉は乖離していたが、近年なぜに貧困対策として地域福祉が期待されるようになったのかその背景や内容について検討していきたい。

1　貧困対策と地域福祉の乖離と接近

　野田（2012）における公的扶助（本章でいう貧困対策）と地域福祉の関係性について理論的な整理を試みた意義深い論文の中で、これらが乖離してきた理由が検討されている。つまり、公的扶助は所得再分配、ナショナル・ミニマムを重視してきたために「脱地域性」が求められた。一方、地域福祉は「非貨幣的ニード」を中心に捉え、貧困問題は公的扶助の問題として地域福祉の対象から外した。また、貧困が個別化・分散化され地域性を失ってきたために「脱貧困

性」をもつようになったという（野田 2012：14）。しかし近年、社会的排除、特に、社会的孤立が重要な課題として認識されるようになり、地域福祉も貧困問題を間接的あるいは一因として対象の一部に組み入れられるようになっているという（野田 2012：15）。そして、「地域福祉は貧困の物質的側面に対して十分に応じることには限界があるが、それは公的扶助の手段が補足する。同様に、公的扶助は貧困の関係的・象徴的側面に対して負の影響を与えるが、その部分は地域福祉の手段によって補足する」という「有機的な相補的関係の基礎的枠組みを構想することができる」としている（野田 2012：18）。

2　貧困対策と地域福祉政策

　国の地域福祉政策も貧困対策に近づくようになってきているが、同時に、貧困対策の焦点も現金給付から就労支援に大きくシフトし、地域福祉に期待がもたれるようになってきた。具体的には、生活保護受給世帯に就労支援が重要だと2005年に自立支援プログラムが導入された。また、2015年には生活困窮者自立支援制度が実施され、生活困窮者への就労支援や子どもの学習支援事業等が展開されるようになった。生活困窮者自立支援制度は貧困対策にもかかわらず、現金給付は住居確保給付金を除いてない。福祉事務所を設置する自治体において実施するか否かを決めることができる任意事業により就労支援を中心とした事業を設定して、自治体直営または営利・非営利団体に委託して実施され、地域性（または地域格差）が強い。たとえば、2015年4月に任意事業を実施している自治体は、就労準備支援事業で28％、一時生活支援事業で19％、家計相談支援事業で23％、子どもの学習支援事業で33％であった（厚生労働省 2015）。

　この生活困窮者自立支援制度は国の地域福祉政策にも大きな変更をもたらした。2015年3月9日の厚生労働省の『社会・援護局関係主幹課長会議資料』によれば、「今後の<u>地域福祉の取り組みは、新法</u>（生活困窮者自立支援法―引用者）<u>の枠組みを活用して推進していくことが効果的・効率的である</u>」とし、「今後、<u>地域福祉の推進に当たっては、（…略…）従来の地域福祉の推進体制について必要な見直しを検討していただくことが重要</u>」と指摘している（下線は原文）（pp.

1-2)。

　具体的には、2014年度まで厚生労働省の地域福祉関係事業であったセーフティネット支援対策事業費補助金の「安心生活創造推進事業」「地域福祉推進等特別支援事業」「生涯現役活躍支援事業」が、2015年度に生活困窮者就労準備支援事業費等補助金の「地域における生活困窮者支援等のための共助の基盤づくり事業」に再編された。また、2014年3月27日の厚生労働省通知により「生活困窮者自立支援方策について市町村地域福祉計画及び都道府県地域福祉支援計画に盛り込む事項」が示され、生活困窮者支援制度が地域福祉計画にも反映されることになった（厚生労働省 2014）。こうして国の政策としても、貧困対策と地域福祉政策が近接してきているのである。

4　貧困対策における地域福祉のあり方

　これまで述べてきたように、貧困対策のための地域福祉が位置付けられてきているが、ここでは、第1に、貧困問題において地域はどのような位置づけにあるのかを確認し、第2に、貧困問題・生活問題に対応する地域福祉を考える際に地域資源のあり方が重要であることを考察していきたい。

1　貧困問題における地域——スピッカーとリスターの議論から

　貧困問題において地域の位置を考えるにあたって、代表的な貧困研究者が地域をどのように捉えているのかを確認しておきたい。
　まず、リスター（2011）は、貧困問題と地域について考える際に、①人の貧困、②場の貧困、③貧困の経験の空間的な分布という視点があるという。すなわち、①「人の貧困」は貧しい人が一定地域に集中することにある。お金持ちは高級住宅地に住むようになり、低所得者は家賃の安い地域に住まざるを得ない。②「場の貧困」はその地域における公共施設や福祉サービスの不十分さなど公私施設・インフラが不足していることを示す。それらの結果、③貧困経験の空間的な分布、つまり、物理的・社会的に不利な環境にいることで貧困の経験が強まり、貧困による惨めさが増幅されるという（リスター 2011：107-109）。

また、スピッカー（2008）は特定地域に貧しい人が集中することで、①所得に左右される小売店等の施設は生き残りが困難になり、②必要度が高いにもかかわらずサービス資源も整わず、③その地域に住む人の信用や評判も低下し、さらに地域資源の低下をもたらすと指摘している（スピッカー 2008：85-86）。そして、「貧困地域は、貧弱な住宅、荒廃した環境、安全の欠如、身分の低さといった、地域特性の観点から特定される。環境、経済基盤、地域の社会身分、そしてサービスのインフラは、地域レベルで発展する。まさに問われるべきは、個々人が貧しいかどうかではなく、地域が貧しいかどうかなのである。」と主張する（スピッカー 2008：89）。

　リスターやスピッカーの指摘で重要なことは、地域資源のあり方によって貧困の経験の仕方、つまり貧困問題の表れ方が異なってくるということである。例えば、低家賃で入居できる良質な公営住宅があるか、無料低額診療事業を行っている病院があるか、自治体が子どもの貧困対策に取り組むかなどによって、貧困世帯の家計収入とは別に、貧困問題が大きくなったり、小さくなったりする。スピッカー（2008）もこれまでイギリスのラウントリーによる貧困調査以来、貧困研究が家計に基づいた研究に傾斜してしまい、地域資源のあり方が問われなくなったことを踏まえて、「貧困地域という問題は、研究者が見失ってきたもののなかで最大の問題である」と述べている（スピッカー 2008：91）。この指摘を踏まえるならば、貧困問題対策においても、地域福祉、とりわけ公私地域資源のあり方について考えていかなければならない。

2　生活問題と地域資源

　実はこのことを早くから指摘していたのが三塚（1984：1992）である。三塚（1992）は、生活問題を捉える基本的な柱と枠組みを示している（図表１）。すなわち、生活を捉える主たる柱は（A）「生計中心者のしごと」であり、①就業、②労働条件に規定されて、③その世帯の階層性を定め、a）「暮らしの中身」（生活時間や家計等）、b）「暮らしの単位」（世帯人員と構成等）、c）「暮らしの場」（住宅等）を規定する。そして、その世帯がどのような地域に住むことになるのかをも規定するのである。ただし、生活問題はそれだけで生じるわけで

第 2 章　地域福祉の問題情況

図表1　生活問題を捉える基本的な柱と枠組み

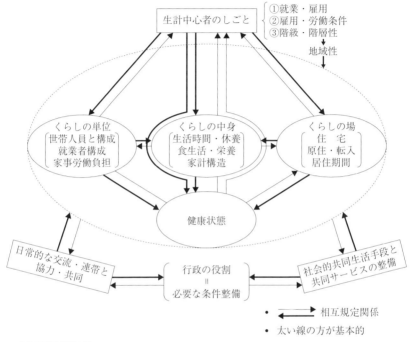

出典：三塚 1992：12

はなく、行政による公共施設やサービス（図書館、環境保護、福祉センター、福祉事務所等）にみられる（B）「社会的共同生活手段と共同サービスの整備」（以下、行政施策・サービス）や、地域住民による学習や地域福祉活動（住民懇談会、町内会活動、一人暮らし高齢者の見守り活動等）の（C）「日常的な交流・連帯と協力・共同」（以下、住民活動）によっても規定されるとする。つまり、生活問題はその世帯の生計中心者の就業状況（賃金等）とそれに対応する行政施策・サービスや住民活動によってその現れ方が異なってくるのである。

5 貧困対策における地域福祉と住民自治

1 地域福祉と住民自治

　貧困問題・生活問題における地域資源の意義について検討してきたが、ここで、その地域資源を踏まえた時に住民自治が特に重要であることを指摘しておきたい。まず、先の三塚（1992）の議論のなかで、2点注意すべきことがある。第1に、三塚（1992）はその地域資源を単なる施設やサービスではなく、行政責任で行われるべき具体的な「行政施策・サービス」と、住民自身が自らのいのちと暮らしを守るために取り組む「住民活動」に分類し、さらに住民活動のあり方によって行政施策・サービスに影響を与えることが示される（三塚 1992：17）。つまり、地域福祉に住民自治の視点が盛り込まれているのである。

　第2に、ここでいう行政施策サービスや住民活動は貧困問題・生活問題の解決に密着した社会福祉のみを対象としているのではなく、視覚障害者が通りにくい溝のある道路の改善、夜道が不安な子どもや女性のために街灯の設置、子どもが安全に遊ぶことができる公園の整備など住民生活の身近な問題をすべて含む。地域福祉は社会福祉制度のみならず、暮らしにかかわる行政施策・サービス、また住民活動をも、縦割りから横割りにして取り組んでいくのである。

　その意味で、在宅福祉サービスや福祉ボランティアの提供に矮小化されやすい地域福祉をより実態にあったものにしていく必要がある。その中で、井岡（2008）の地域福祉の定義は地域福祉の実態を捉えるのに相応しい。つまり、「地域福祉は地域・自治体レベルにおいて、住民の地域生活問題対策の一環として、住民の生活防衛と福祉増進を目的に、住民主体の原則と人権保障の視点を貫き、地域の特性と住民の生活の実態に焦点を当てたヨコ組みの視点に立って、総合的・計画的に展開される公（行政）・民（民間・住民）社会福祉施策・活動の総体である」（井岡 2008：12）。また、ここでいう「地域」には「交流・連帯の場」という意味が含まれ、「住民自治の形成の場であり、地域福祉施策・活動を共同で創造・推進していく場として重要である」と指摘されている（井岡 2008：13）。さらに、「自治型地域福祉」を提唱している右田（2005）は、

「地域福祉は地域社会における住民の生活の場に着目し、その形成過程で住民の福祉への目を開き、その計画や運営への参加をとおして地域を基礎とする福祉と、主体力の形成、すなわち『自治』を創造しうる、一つの分野であることに意味がある」と指摘している（右田 2005：134）。

2　地域福祉における住民自治の取組み

　このような取組みでの興味深い例が大阪府阪南市の地域福祉における阪南市立病院存続の取組みである。2007年6月末に派遣元の和歌山県立医大の医師の「引き揚げ」等により内科医9人が一斉に退職し、内科診療が全面休止された。その後、2008年3月末には残りの11人の常勤医師のうち7人がさらに「引き揚げ」で退職することになった（朝日新聞 2008年1月29日）。これに対して、2007年7月3日に阪南市において公民協働で地域福祉を推進する主体として設置された「地域福祉推進連絡協議会」と「地域福祉推進計画作業委員会」で緊急集会が開催され、「地域医療を守るための緊急アピール」が行われた。その後、「地域福祉の推進と地域医療を考える集い」が2008年3月までに4回開催され、地域福祉の問題として市立病院存続に向けた取り組みが行われた（阪南市・阪南市社会福祉協議会 2008：94-95）。こうした行政と市民の努力があって、医師確保につながり、阪南市立病院（現、阪南市民病院）は存続することができた。水野（2008：288）はこの取り組みについて「市民活動がソーシャルアクションとしての意味を持ち、住民自治への道を歩みだした」と評価している。

　この事例は、地域住民のいのちと暮らしを守るための公民の社会福祉施策・活動を端的に表している。より貧困問題対策に引き付けた事例では、北海道旭川市では、無料低額診療事業で病院、診療所内では無料低額診療が受けられるが、その外の薬局の薬には無料低額にならず、服薬が困難になっていることに対して、2013年度から薬代の自己負担分の助成をしている。これも患者の声を踏まえた病院関係者や市役所の職員、議員による地域的な対応の成果である。道内ではその後、旭川市と隣接する東川町や神楽町、苫小牧市でも同様の助成がなされるようになっている（北海道新聞 2015年9月11日）。

　また、現在多くの自治体で生活保護の申請時に、福祉事務所は申請者のどの

ようなことでも調査しても構わないという同意文書、いわゆる「包括同意書」がとられている（もちろん拒否すれば申請却下となりうる）。しかし、秋田県生活と健康を守る会連合会（以下、県生連）は、全くプライバシーの制限のない調査の包括同意書は人権侵害だとして実施に反対し、福祉事務所はどのようなことを調査するのかを申請者に確認を取ることになった（鈴木 2004）。また、生活保護の申請をした世帯が3度も却下となったケースについて、県生連が審査請求を行い、職員の計算ミスがあったことが認められた。しかし、同様のミスが頻発しているとして、県生連は過去5年の情報公開請求をして、本来認められるはずの生活保護の審査で収入や預貯金が二重計上されて却下されていたケースが120件に及んだことを明らかにした（朝日新聞（秋田県）2014年2月5日）。秋田県行政は生活保護の審査・計算方法の統一をするための通知を発し、職員研修会に取り組むとした（朝日新聞（秋田県）2014年1月23日）。

6　住民自治を基盤とした地域福祉へ

　以上のように、国レベルで捉えられることの多い医療や、国の責任で行われる生活保護でも住民活動は重要な役割を果たしうる。つまり、地域福祉は、生活困窮者自立支援制度で注目されているように、住民やNPOの活動の相互扶助により生活困窮者への支援を推進するのみでなく、そこからさらに貧困対策の行政責任と行政の取り組みを追求し、実現させていくという住民自治が不可欠である。スピッカー（2008：278）は「貧困は多次元的であるので、戦略も多次元でなければならない」という。国、自治体、住民活動のそれぞれですべきこと、できること、得意なことには違いがある。直接に貧困問題を軽減する生活保護等による現金給付、税・保険料負担の軽減、医療費自己負担対策などの多くは、国、自治体でしかできない。一方、これらは住民の訴え／支持なしには行政施策・サービスを拡充・改善することも難しい。住民自治を通してこれを推し進めることも公民協働の一つの現れである。その地域で暮らしていくために住民自治を基盤として、公民が協働して貧困対策に取り組んでいくことが、貧困問題に取り組む地域福祉にとってさらに強調されるべき焦点である。

【注】

1) 「大変苦しい」と「やや苦しい」の合計。以上、厚生労働省（2012）『平成24年 厚生労働白書』182頁および『平成27年 国民生活基礎調査』より。
2) 厚生労働省『平成25年 国民生活基礎調査』。
3) 厚生労働省（2016）「被保護者調査（平成28年5月分概数）」
4) 厚生労働省「正規雇用と非正規雇用労働者の推移」http://www.mhlw.go.jp/stf/seisakunitsuite/bunya/0000046231.html, last visited, 10 October 2015
5) さらに、この問題を追究したいのうえ（2008）は「地震は貧困に襲いかかる」と言っている。

〔参考文献〕

井岡勉（2008）「地域福祉とは何か」井岡勉監修、牧里毎治・山本隆編『住民主体の地域福祉論──理論と実践』法律文化社、11-21頁

いのうえせつこ（2008）『地震は貧困に襲いかかる』花伝社

右田紀久恵（2005）『自治型地域福祉の理論』ミネルヴァ書房

大沢真理（2014）「日本の生活保障システムは逆機能している──税・社会保障制度の累進性に焦点を当てて」『貧困研究』13号、17-28頁

金澤誠一（2009）「現代の貧困と低所得」金澤誠一編『「現代の貧困」とナショナル・ミニマム』高菅出版、17-85頁

楠晋一ほか（2014）『その差押さえ、違法です』日本機関誌出版センター

厚生労働省（2014）「市町村地域福祉計画及び都道府県地域福祉支援計画の策定について」（平成26年3月27日社援発0327第13号）

厚生労働省（2015）「生活困窮者自立支援制度の事業実施状況について」http://www.mhlw.go.jp/file/06-Seisakujouhou-12000000-Shakaiengokyoku-Shakai/0000088324.pdf, last visited, 1 August 2015

近藤克則（2005）『健康格差社会』医学書院

清水克之（2010）「児童相談所から見る子ども虐待と貧困」松本伊智朗編『子ども虐待と貧困──「忘れられた子ども」のいない社会をめざして』明石書店、46-70頁

鈴木正和（2004）「生活保護受給抑制とたたかう国民の運動──県の保護行政を転換させてきた秋田県生連のとりくみ」『福祉のひろば』411号、26-29頁

スピッカー、ポール（2008）『貧困の概念』圷洋一監訳、生活書院

額田勲（1999）『孤独死』岩波書店

野田博也（2012）「貧困解決を目指す公的扶助と地域福祉の関係──〈反代替性〉と〈相補性〉に着目して」『社会福祉研究』愛知県立大学、14巻、11-21頁

阪南市・阪南市社会福祉協議会（2008）『阪南市地域福祉推進計画──実施計画書』

藤森克彦（2010）『単身急増社会の衝撃』日本経済新聞社

北海道総合研究調査会（2015）『生活困窮者自立相談支援事業における支援調整会議設置・開催事例集』厚生労働省平成26年度セーフティネット支援対策事業（社会福祉推進事

第 2 部　政策編　地域福祉の諸相と政策を問う

　　業）
松本伊智朗（2010）「いま、なぜ『子ども虐待と貧困』か」松本伊智朗編『子ども虐待と貧困——「忘れられた子ども」のいない社会をめざして』明石書店、10-43頁
水野健二（2008）「地域福祉計画——阪南市」井岡勉監修、牧里毎治・山本隆編『住民主体の地域福祉論——理論と実践』法律文化社、281-288頁
三塚武男（1984）「生活問題と地域福祉」右田紀久恵・井岡勉編著『地域福祉——いま問われているもの』ミネルヴァ書房、68-96頁
三塚武男（1992）『住民自治と地域福祉』法律文化社
耳塚寛明（2014）「学力格差の社会学」耳塚寛明編『教育格差の社会学』有斐閣、1-24頁
文部科学省（2009）『平成21年　文部科学白書』
リスター、ルース（2011）『貧困とはなにか』松本伊智朗監訳、立木勝訳、明石書店

第3章

基礎自治体における地域福祉政策と地域福祉計画の可能性
―― 誰のための、何のための「地域福祉計画」策定か

松木　宏史

1　地域福祉の「主流化」と「地域福祉計画」

1　「地域福祉計画」をとりまく問題状況

　2000年に社会福祉事業法が改正され社会福祉法が制定された当初、地域福祉計画策定には大きな期待が集まった。おりしも、地方分権一括法が制定された直後であった。地方自治におけるガバメントからガバナンスへの転換の試金石とみる論者もいた（武川 2005：23）。地域福祉が制度化されたことで、サービス供給主体の多元化や需給調整・適正な配分の実現に期待を寄せる論者もいた（川村 2007：127）。こうした地域福祉の位置づけの変化を武川正吾は「地域福祉の主流化」（武川 2006）と呼んだ。

　しかし実際には、市町村の地域福祉計画策定においては「策定の手順」が細かく例示されている。そもそも策定指針にそって策定しなければ法定計画として認められない。川村匡由は「地域福祉計画の『金太郎飴』化」を憂いている（川村 2007：187）。地方分権の象徴的存在として地域福祉計画を捉える向きもあるが、実際にはその策定実態は「集権化」「マニュアル化」しているのではないだろうか。自治体職員が自ら策定を行うのではなく、コンサルタント会社に「丸投げ」して策定することを批判されることもあるが、公務員バッシングを背景にした相次ぐ人員削減の中で、（決してほめられたことではないが）そうせざるを得ない窮状も勘案すべきであろう。[1]

　一方で、自治体が地域の現状を何らかの方法で把握し、住民の要求・要望に答える仕組みは必要である。あくまでも住民の声を受け止める仕組みとしての

地域福祉計画はどうあるべきか。これが私の本章における問題意識である。

2　なぜ地域福祉が重視されるのか

井岡勉は、「地域福祉重視」の今日的背景として以下の2点を指摘する（井岡 2008：20-21）。筆者なりにまとめると、

①地域のつながりの希薄化、社会的孤立状況下での孤独死、介護殺人、虐待死、子どもや高齢者狙いの犯罪の増加など、「住民サイドとしてもくらしを守る立場から主体的取り組みが要請されている」

②政策側からも社会福祉基礎構造改革の展開フィールドとして地域福祉は重要視されている。「生活の自己責任」を前提とする自立支援への地域住民による助け合い活動、住民参加による「福祉文化の創造」がその狙いである。

そしてこれらに地域福祉計画が対応する、としている。

まず1点目についてであるが、住民懇談会やさまざまな計画策定の委員会に出席した時に、必ずと言っていいほど聞かれるのが「地域につながりがなくなった」ことと「治安への不安」である。

「つながり」に関しては、「自治会に加入してもらえない」「役員のなり手がいない」「ボランティアの世代交代が進まない」「結果として同じ人が兼務して何とか地域活動が成り立っている。正直しんどい」という声にどうこたえるかが、大きな課題である。一部には、自治会加入を促進する条例をつくる自治体も出てきている。筆者の参加する地域福祉計画策定に関する委員会の市民委員からは、「強制加入にしてはどうか」との意見が出されることすらある。地域の支え手の不足は深刻なのだ。

また治安に関しては、一昔前にはあまり考えられなかったことだが、防犯カメラの導入を求める（あるいは設置を喜ぶ）声もよく聞かれる。しかし、防犯カメラは犯罪捜査の一助にはなるだろうが、そもそも犯罪者がカメラの存在に気付かなければ抑止力たり得ない。また、犯罪捜査以外への映像の流用など、プライバシーの侵害にかかわる問題点も指摘されている（神戸新聞 2014年11月11日社説など）。それでも、治安に対する漠とした不安が地域の中で根強いことを

住民の声は物語っている。

　２点目に関しては、社会福祉の市場化・営利化が進む中で、公的責任をどう問うていくかがポイントとなる。自治体側も、まずは地域の疲弊状況を把握する必要があるだろう。そのうえで、市場化・営利化の論理に甘えることなく、公的責任を果たし、地域住民の活動を後押しする計画づくりに専心すべきだろう。

3　地域福祉策定の概況

　厚生労働省によれば、2015年３月現在、地域福祉計画が「策定済み」の市町村は68.4％にとどまっている。特に市区部では86.8％であるのに対し、町村部では52.3％にとどまっており、大きな開きがある。「市町村が計画策定及び改定に必要としている事項（複数回答）」を見ると「既に策定（改定）した自治体のノウハウの提供」71.8％、「既に策定（改定）した自治体の事例報告会などの場の提供」37.3％となっている。策定に踏み切れないでいる自治体は、計画策定のノウハウや情報の不足に悩んでいる。

　また、市区部に比べて町村部で計画策定が立ち遅れている要因として、人材の不足は否めない。策定未定市町村の未定理由は「計画策定に係る人材や財源の確保が困難だから」が63.0％である。人件費圧縮への要請が強いこんにち、地域福祉という、一見すると直接には人の命にかかわらないように見える分野は、後回しにされてしまう傾向がある。

　こうしてみると、地域福祉は確かに「重視」されているし期待も寄せられているが、「主流化」しているとまでいえないだろう。確かに、福祉系NPOの活躍は目覚ましく、また小規模の介護事業所では、介護保険にとらわれない自由な発想で地域において活動が展開されている。しかし、それはあくまで一事業者の努力によるものであって、自治体が責任をもって後押ししたものではない。そもそもわが国は慢性的な施設不足・人員不足の中にあって、自治体は待機児童対策や特別養護老人ホームの入所待ち高齢者への対応に追われている[2]。地域福祉は、少なくとも自治体の仕事の中で「主流化」しているとはいえない状況にある。

第2部　政策編　地域福祉の諸相と政策を問う

2　誰のための、何のための「地域福祉計画」か

1　活動の担い手は「頭打ち」状態

　一時期、一斉に定年を迎える団塊世代の地域活動参加が期待された。しかし平均寿命の長くなったこんにち、団塊世代の親はまだ健在である。定年後のボランティア活動どころか、定年前の介護離職や、介護を重荷とした介護心中が社会問題となっている。国民的マンガ「サザエさん」は、わが国の平均的庶民的家庭を描いたほほえましい作品とされている。しかし、各所で指摘されるようにそれは今は昔の話である。現代の「波平」や「フネ」には老親がいるはずで、連日赤ちょうちんに行く余裕はないはずだ。また「マスオ」たち働き盛りは長時間過密労働でボランティアどころではない。アニメの中で描かれている家庭は、もはや実態とかけ離れている。

　一方、ボランティア活動の担い手として頼みの学生たちは、泥沼化・長期化する就職活動と「ブラックバイト」、さらには厳密化する大学の出席管理[3]で身動きが取れない。奨学金の返済とままならぬ就活で学生たちは疲弊している。

　このように地域福祉活動の担い手は頭打ち状態といってよい。かつてはわが国も「サザエさん」の世界が、ある程度リアリティをもって共有されていた時期があったのに、である。この数十年の間に、いつの間にかそうした「余裕」を、私たちは失っていったのだ。具体的には、人間らしく学び、働きかつ社会活動に参加できる基本的条件が決定的に欠落あるいは破壊されたのだ。介護に追われ、長時間労働にさらされ、就活にエネルギーを吸い取られる状況下で、地域福祉活動の担い手が育つはずもない。こうした課題は、地域福祉の範囲を超えて、社会のあり方を問い直さなければならないところまで来ている。

2　誰のための、何のための地域福祉計画か

　地域福祉計画の評価においては、地域住民のやむにやまれぬ「くらしの課題」を明らかにし、その解決方策を示せているかが論点となる。地域で何が問題となっていて、取り組む課題は何であるかを明らかにする研究が求められ

る。

　平野隆之は、地域福祉計画においては計画項目の達成とともに、「地域福祉の活動や実践が計画的でなく自発性に根ざして波及的に広がることも想定される点が、地域福祉の特性を表している」（平野 2014：23）と記している。ただこの場合、「波及的に広がる」ために必要な条件整備がまず問われなければならない。地域に集まる場所さえないことを嘆く住民の声には、「喫茶店があるだけでもだいぶ違うのに…」（大津市平野学区 2015：33）という言葉さえある。言い換えれば、喫茶店すらない空洞化した地域の中で、活動が「自発性に根ざして波及的に広がる」ことは極めて困難だろう。

　地域福祉計画策定において、岡知史の以下の指摘は極めて重要である。

　「プランニングが『時間かせぎ』に使われることがあることに注意しておきましょう。例えば地下鉄の駅すべてに、車イス利用者のためのエレベータを設置するという運動が都庁にせまったとしますね。しかし、都にはその予算はない。とすると、じゃあ計画を一緒につくりましょうと、その運動団体と日程を決めます。そうして計画を立てるために、『あの団体と話し合わなければならない』『これを煮詰めなければならない』というように計画を立てて時間をかせぐわけです」（岡 2004：159、傍点筆者）。岡はこれを「プランニングの潜在的機能」と表現している。計画づくりとはあくまでも手段・方法であり、何のためにそれが使われるべきかを明確にすべきであると鋭く指摘しているといえる。

3　「くらしの声に耳を傾ける」地域福祉計画策定

1　「くらしの声に耳を傾ける」とは

　「くらしの声」とは大牟羅良『もの言わぬ農民』のキーワードの一つである。同書には、農民たちの「くらしの声」ホンネが詰まっている。

　農民たちは、六三制の義務教育をどう思うかという調査に対して「これはお上の調べでがんすべか、アメリカさんの命令だべすか？なじょに書けばよがすべ？」と問う（大牟羅 1958：188）。調査の主体に応じて答えを変えるのだ。ま

た、熱があった赤ちゃんを、忙しいあまりに受診の機会を逃しているうちに亡くしてしまった父親は「百姓はじぇ、働がねぇば食えねぇじぇ。食うべぇと思えば、ワラス見られねぇ。見ないでれば、こっただことになる…」と嘆く（大牟羅 1958：8）。こうした農民たちの「くらしの声」に寄り添った本書から、学ぶべきことは多い。学術的なテクニカルタームでまとめてしまうのではなく、まずは日常語でモノを考える大切さを教えられるのである。

　地域福祉計画策定においても、どれだけ真摯に住民の「くらしの声」と向き合うことができたかが問われてくる。そしてその「くらしの声」を、いかに計画に反映させられるかが策定の成否を握るといってよい。次項からは、くらしの声を計画に集約していくうえで必要と考えられる視点を挙げていく。

2　三塚武男──「ヒト・モノ・カネ」の条件整備

　三塚は、社会福祉には地域福祉も含め、「事業的側面と運動的側面」があると指摘する（三塚 1997：23）。そして、「事業をすすめていくと、必ずヒト・モノ・カネなど条件整備の問題」が出てくるという。ここで述べられているヒト・モノ・カネとは、筆者なりに整理すると　①活動などの相談に乗ってくれる専門職：ヒト　②活動を可能にする施設や設備：モノ　③活動を支える資金：カネ　ということになる。これらは「行政が責任を持ってやるべき条件整備のひとつです」（三塚 1997：24）とされている。三塚のこの視点は、地域福祉計画が志向すべき方向性を示している。すなわち、民間にはできない（あるいは困難な）条件整備を、行政が積極的に行うことに意義があるということである。

3　井岡勉の公民協働論──緊張感をもった公民関係

　井岡勉は、「地域福祉は行政施策だけで、また民間・住民だけで発展・充実するものではない」（井岡 2003：34）と指摘したうえで、緊張感のある公民関係の重要性を説いている。それは、①対等平等の民主的なパートナーシップ　②公的責任を基本にすえた公民協働　③批判的協力関係　であり、21世紀に持ち越された課題でもあると指摘している（井岡 2003：34；井岡 2008：18）。公民

協働を説く研究者は数多いが、井岡はあくまでも公的責任を基本に据えている。また、批判的協力関係という表現からもわかるように、決して地域住民を地域福祉推進のマンパワーとして捉えているのではない。地域福祉をより発展・充実させていくための主体として捉えているのである。社会問題解決において強力なリーダー（首長）を求める風潮のあるこんにち、井岡の指摘は極めて重要である。

4　阿部敦の視点――地域福祉を公的福祉削減のエクスキューズにさせない

阿部敦は、生活保護の行き過ぎた引き締めにより「餓死事件」が発生した北九州市の福祉行政を批判した。一方で、当時北九州の地域福祉活動が全国的にも注目を集めるほど活発であるとされていたことにふれ、「『劣悪な福祉行政』→『住民活動への需要拡大』→『劣悪な福祉行政の継続』→『住民活動へのさらなる需要拡大』という悪循環」（阿部 2008：59）を指摘した。そのうえで、「問題は、市政が、こうした人々の善意を自らの姿勢を改めるきっかけにせず、単なる福祉行政の『含み資産』としてとらえていることである」（阿部 2008：59）と厳しく批判している。いくら「住民主体」を謳い、「住民参加」を強調したところで、「行政による適切な福祉政策が欠落していては、それは住民への単なる負担の転嫁に過ぎず、当然ながら限界を生み出す」（阿部 2008：71）という指摘は、住民のつくられた「主体性」へのしわよせに対する警告である。

国家の財政難が喧伝されるなかで、社会保障・社会福祉への財源配分は抑制的になりがちである。しかし「むしろ自治体こそは、国の抑制政策に対する人権保障の防波堤となるべき」（阿部 2008：152）という指摘は、地域福祉計画策定の上で一つの指針となりうるのではないだろうか。

5　「公民関係」は自転車の前輪と後輪

三塚、井岡、阿部の所説を検討してきた。三者に共通しているのは、地域福祉における公的責任（行政責任）を正面に据えている、ということである。一方で、地域福祉（活動）は「行政のみ（行政主導）」で行われるものではないと

いう視点も一致している。一般的には、公民の協力体制を「車の両輪」と表現することもあるが、それは正確な表現とは言えない。地域福祉における公民の責任の所在は、決して半々ではないからである。

　三塚や井岡の所説を踏まえて当てはめれば、「自転車の前輪と後輪」という表現がしっくりくるのではないだろうか。「後輪」が国・行政でありまさに動力の部分である。後輪がないとそもそも前進できない。そして「前輪」が地域住民やボランティア、NPO等の地域で活動する団体である。自分たちの街をどんな福祉の街にするか「方向性」を定めるのが役割である。行政には文字通り自転車の後輪の様に、地域住民の活動を「後押し」する役割が期待されている。

4　行政が後押しする地域福祉活動

1　吹田市地域福祉計画──「まちの縁側」

　大阪府吹田市は人口約35万人のベッドタウンである。幹線道路沿いや鉄道沿線に古くから住宅地が造営されてきた。また高度経済成長期には千里ニュータウンの開発もあり爆発的に人口が増加したが、いまは横ばいである。

　ニュータウンの高齢化の進展や新たな宅地開発などもあり、地域の抱える課題は多岐にわたる。特に高齢化の進む地域では、地域活動の担い手不足に悩んでいる。

　そうした中、吹田市の地域福祉計画の特徴としては、コミュニティソーシャルワーカーの計画的配置が挙げられる。地域住民のさまざまな相談窓口として活躍するのみならず、地区福祉委員会活動のサロンや昼食会への支援を行うなど、いまや地域に欠かせない存在となっている。

　また、交流の場や活動拠点の整備も掲げられている。地域のみんなが気軽に集まれる拠点を「まちの縁側」と名付け、「みんなが歩いて行ける距離に作ろう」と目標に掲げている（吹田市 2014：24）。活動内容を必ずしも狭義の福祉に限定せず、「日常的に交流することができ　誰でも立ち寄ることができ　くらしの問題などを発見できる場」としていることが特徴である（吹田市 2014：

3)。リーフレットも作ることにより従来、住民がコツコツと続けていた活動に光を当て、またその領域を福祉に限定しないことにより、さまざまな領域の専門家が集まり、さまざまな特技をもった住民が個性を生かせる「しくみ」を作ろうとする試みである。この試みはまだその途上にあるが、住民の活動を行政が後押しする一つの方法として注目できる。

2 摂津市地域福祉計画——地域福祉の拠点づくり

大阪府摂津市は人口約8万4000人の衛星都市である。縦横に幹線道路が走る反面、鉄道は市の西端をかすめるようにJRと阪急が走っているほかは、大阪モノレールが市の西部を縦断しているのみである。そうした地理的要因もあり、駅周辺の開発はある程度進み、若い世代も多く人口密度も高いが、鉄道のない市の東部は人口密度も低く、また高齢化率も高い。地域によって問題の現れ方が全く異なる面がある。

摂津市の地域福祉計画の特徴は「住民懇談会を丁寧に重ねていること」に加え、「日常的活動を可能にした拠点づくり(地域福祉活動に気軽に使える、集まれる場所)」に力を注いでいることである。摂津市などの交通の便が決してよいとはいえない市では、歩いて行ける距離、せめて自転車で行ける距離に気軽に集まる場所があることが大切である。また、市役所に近くに地域福祉活動支援センターも開設され、地域住民の集会・学習等の拠点として活用されている。

3 住民自ら手づくりの計画策定

本章で述べてきた地域福祉計画は、あくまでも社会福祉法107条で定められている「行政計画」についてである。しかし、わが国では地域の社会福祉協議会が「地域福祉(活動)計画」を先行して策定してきた実績がある。

大津市平野学区は、大津市の中南部に位置する、人口約1万8000人の小学校区である。区域が広く、学区単位では市内でも最多の人口である。地域の成り立ちから、琵琶湖沿岸の比較的新しいマンション群が立ち並ぶ「湖岸地域」、古い街並みが並ぶ旧東海道沿いの「中部地域」そしてJR以北の山の斜面に広がる「山手地域」に分けることができる。

平野学区社会福祉協議会では、地域福祉活動計画策定に当たり、まず地域住民対象にアンケートを行い実態把握に努めた。機械的に無作為抽出するのではなく、自治会の協力も得ながら役員に配布してもらった。顔と顔の見える関係の中で丁寧に協力を依頼した結果、対象の270世帯中252件回収という高い回収率となった。びっしりと書き込まれた調査票からは、地域住民のくらしに対する漠然とした不安や危機感が読み取れた。

また、調査結果を住民に返すべくタウンミーティングを上記の三地区で行った。調査結果を基にして話し合った結果、言いっぱなしや単なる思いつきではなく、「実態」を出発点に話し合うことができた。タウンミーティングという</p>いわば「あらすじのない、決め事のない話し合い」は、運営側にとっても緊張感を強いられるものであった。しかし、参加者の皆さんは「ひとごと」ではなく「わがこと」として議論に加わってくださった。顔の見える範囲での「対話、話し合い」こそが、地域福祉の原点であることを痛感させられる結果となった。

アンケートやタウンミーティングの企画・進行やそのまとめに関して、市の社会福祉協議会の職員や筆者がかかわったがそれはあくまでも「お手伝い」であり、地域住民の「手づくり」で取り組まれたことに意義があると考えている[7]。

4 地域福祉計画は何を大事にすべきか

これらの事例からは、地域福祉計画（行政計画）の役割は、住民の地域福祉活動を後押しすることにある、とあらためて教えられる。行事やボランティアへの「動員」ではなく、まずは住民が自由に集える場所を提供し、住民の対話と交流を図ることが大切であると、これらの事例は物語っている。

言い換えれば、地域福祉計画の「キモ」は条件整備にあり、住民が主体的に活動できる舞台装置を作ることである。その舞台で話し合われた声に応えてゆく。これらは、行政にしかなし得ない仕事である。

加えて、私たちのくらしの問題に対応するのは地域福祉だけではない。その前提となるさまざまな社会保障・社会福祉政策に問題を「投げ返していく」こ

とも重要である。計画策定において、関連するさまざまな行政計画との「整合性」をとることも重要であるが、一方で、地域に山積する生活問題を明らかにし、他の行政計画に問題提起していく役割も、地域福祉計画にはあるといえよう。

5　地域福祉計画を「空洞化」させないために

　自戒を込めて記すが、行政サイドの人間や研究者は、「住民の主体形成」を言う前に、住民のくらしから謙虚に学ぶべきである。「ボランティアの世代交代が進まない」「役員のなり手がいない」のはなぜか、深く考えるべきである。ある意味で「地域福祉の担い手がいない」実態は、地域からの悲痛な叫びと受け取るべきではないか。平野学区調査の自由記述欄に、次のような書き込みがあった。「ずっと母子家庭で、パート勤めのため、自治会の行事のために仕事を欠勤したり、早退するのは大変厳しいです。収入面でも、職場での待遇面でも負担が大きいので、土日の行事に参加するのは正直大変でした。無理なく活動できれば、地域福祉は必要と思います」（平野学区社会福祉協議会 2015：11）。「役員のなり手がいない」のは、果たして「地域のきずなが薄れてきた」というような抽象的なことが理由なのか。もっと具体的かつくらしに切迫した理由からではないのか、この書き込みはそう語っているように思えてならない。

　地域福祉計画を空手形にしないために以下の点についての点検が求められる。

①ヒト・モノ・カネの条件整備の視点から、気軽に相談できる専門職を増やす（少なくとも減らさない）計画となっているか

②地域住民に過大な負担を押し付ける内容になっていないか

③地域住民の要求や思いをくみとる仕組みをもっているか

　行政が「住民参加」「住民主体」を謳う場合、特に禁欲的であるべきである。良心的な地域住民の「善意」に寄り掛かり、誰かの犠牲や粉飾された数値で「評価」するのではなく、「プロセスゴール」の本来の意味に立ち返る時が来ている。

第2部　政策編　地域福祉の諸相と政策を問う

【注】
1）　市民委員を交えた計画策定のための委員会や、住民懇談会は平日の夜間や週末に行われることも多い。夜遅くまで灯りのともる庁舎を目にするにつけ、さまざまな行政計画策定自体が自治体の職員を疲弊させているのではないかという疑念を抱くことすらある。
2）　厚生労働省によると、2015年度当初の待機児童は2万3167人である。そして10月には育休明けに入所できなかった児童も加わり4万5315人となった。ただし、この中には認可外保育所を利用しつつ、認可保育所の空きを待っている子どもたちが入っていない。また、特養の待機者数は52万人を超えるともいわれている。保育所や特養ホームは今や生活インフラともいえるが、その深刻な不足は解消されていない。
3）　現在、「半期15回」の授業回数をこなすため、祝日をつぶして授業をしている状態である。筆者が学生の頃には平日昼間でもボランティア活動に参加できる時間的余裕があったが、それも過去の話である。一般にあまり認識されていることではないが、今時の大学生は、小中学生よりも夏休みや冬休みが短いことも稀ではない。
4）　故・三塚武男同志社大学名誉教授は調査を行う際、大牟羅1958を調査論として読む学習会を重ね現地に入った。
5）　ある農家の嫁さんが、何とか姑の許しを得て子どもを背負って医者のもとに走る。「そのときオレ、このあたりに医者様がいてくれたら、ほんに医者様がいてくれたら…と思ったナス。だども、どうにもならねぇノス。そのうちに背なかのワラス、のけぞるような気がしたったナス。ようやく医者様の門口についても、オレ息が切れていてなんにも口がきけねぇノス…。医者さまぁ背なかのワラスみて"なんでまた…、もう手おくれだ"と言ったったノス。死んでいたノス。それでもオレ、むりにたのんで注射してもらったったノス。…なに、死んだワラスに注射したって、助かるとは思わねかったどもス…」（大牟羅・菊池 1971：97）という言葉には、当時の農村の嫁の置かれていた状況、簡単に医者にかかれない状況、そして子を思う親の気持ちが凝縮されている。「くらしの言葉」に耳を傾けるという時、筆者はいつもこのくだりを思い出す。
6）　筆者は、大阪南部のある自治体の住民懇談会で聞いた住民の言葉が忘れられない。「"見守り見守り"と気安く言わないでください。私たちは、扉を開けたむこうに人が倒れているかもしれないという緊張感と闘っているんです」。地域福祉の名のもとに、いかに地域住民に責任がしわ寄せされているかを、この言葉は物語っている。
7）　アンケート結果とタウンミーティングの記録は（平野学区社会福祉協議会 2015）を参照されたい。
8）　先述の大牟羅良も、「啓蒙などというより、まず農民から学ぶことのほうが先ではないか」と指摘している（大牟羅　1958：127）。

〔参考文献〕
阿部敦（2008）『北九州市の地域福祉政策　強いられた支えあいネットの本質と新しい公共空間論』大阪公立大学共同出版会

井岡勉（2003）「地域福祉の現代的展開と基本理念・概念」井岡勉ほか編著『地域福祉概説』明石書店
井岡勉（2008）「地域福祉とは何か」井岡勉監修、牧里毎治・山本隆編『住民主体の地域福祉論——理論と実践』法律文化社
大津市平野学区社会福祉協議会（2015）『あなたも一緒にぽちぽちと——平野学区ふくしのまちづくり計画ができるまで』
大牟羅良（1958）『もの言わぬ農民』岩波書店
大牟羅良・菊池武雄（1971）『荒廃する農村と医療』岩波書店
岡知史（2004）『やさしいコミュニティワーク』自費出版
川村匡由（2007）『地域福祉とソーシャルガバナンス 新しい地域福祉計画論』中央法規
厚生労働省（2015）「市町村地域福祉計画策定状況等の調査結果概要」http://www.mhlw.go.jp/file/06-Seisakujouhou-12000000-Shakaiengokyoku-Shakai/0000102447.pdf, last visited, 29 June 2016
厚生労働省（2016）「平成27年4月の保育園等の待機児童数とその後（平成27年10月時点の状況）について」http://www.mhlw.go.jp/file/04-Houdouhappyou-11907000-Koyoukintoujidoukateikyoku-Hoikuka/0000078425.pdf, last visited, 29 June 2016
吹田市（2011）『第2次吹田市地域福祉計画』
吹田市（2014）『まちの縁側 人と人とをつなぐ場所』
摂津市（2010）『第2期摂津市地域福祉計画』
武川正吾（2005）「地域福祉の主流化と地域福祉計画」武川正吾編『地域福祉計画——ガバナンス時代の社会福祉計画』有斐閣
武川正吾（2006）『地域福祉の主流化——福祉国家と市民社会Ⅲ』法律文化社
中野雅至（2013）『公務員バッシングの研究——Sacrifice〈生け贄〉としての官』明石書店
平野隆之（2014）「市町村行政と地域福祉計画」平野隆之・原田正樹『改訂版 地域福祉の展開』放送大学教育振興会
三塚武男（1997）『生活問題と地域福祉——ライフの視点から』ミネルヴァ書房

第4章

地域包括ケアの課題
――ソーシャルワークからみた協働のネットワーク

田中希世子

1 地域の暮らしを支える専門職＝ソーシャルワーカー

　筆者が現場でソーシャルワーカーとして勤務していた頃、常に意識していたことは「ソーシャルワーカーとは、利用者の生きる力に大きな影響を与える仕事である」ということだった。当時、医療機関に所属していたので、余計にその意識が強かったかも知れない。"医師や看護師のような医療職でもないのに大袈裟な"と思われるかもしれないが、対人援助職の言葉は不思議な力をもつ。そしてその言葉は空中分解されることなく、無意識のうちに利用者の心に深く刻み込まれる。
　社会生活を支援するソーシャルワーカーにとって、問題や課題を抱える利用者の心を癒すことも、精神的に大きな打撃を与えることも可能な立場にあるということを、しっかりと肝に命じておかねばならない。時には利用者のライフラインともなり得る専門職、それがソーシャルワーカーなのである。
　そんなソーシャルワーカーが公に専門職として認められたのは、1987（昭和62）年のことである。社会福祉士という名のもと、社会生活を支援するプロフェッショナルとして国家資格化された。後に精神保健福祉士も誕生し、今では、高齢、障碍分野をはじめ、さまざまな分野でソーシャルワーカーは活躍の場を広げている。これまでも、そしてこれからも、ソーシャルワーカーは、常に利用者と向き合い、利用者が暮らす地域に眼を向け、住みやすい地域社会を目指して弛まぬ努力を続けていくことが求められている。
　しかしながら、生活支援という幅広い対象を扱うソーシャルワーカーは、時

として、何をしてくれる人なのか分かり難いという評価を受けやすい。国家資格化された専門職として、"どのような EBP（evidence-based practice、科学的根拠に基づく実践）を成し得るのか"といった疑問を、他の専門職のみならず、利用者からも抱かれることは少なくない。

現在、わが国では地域包括ケアシステムの構築が進められており、地域の暮らしを支えることを専門とするソーシャルワーカーの存在は大いに期待されている。実際に、地域包括ケアシステムの中で、その果たすべき役割は大きいと考える。

ソーシャルワーカーがどのように地域包括ケアシステムを捉え、専門性を発揮していくべきなのだろうか。本章では、現役ソーシャルワーカーのインタビューをヒントに、地域包括ケアシステムにおけるソーシャルワーカーの役割について考えていきたい。

2　地域包括ケアシステム——ますます求められる住民のチカラ

2014（平成26）年6月、「地域における医療及び介護の総合的な確保の促進に関する法律」（以下、医療介護総合確保推進法）が成立した。医療介護総合確保推進法は、地域において効率的かつ質の高い医療提供体制を構築するとともに地域包括ケアシステムを構築することを通じ、地域における医療及び介護の総合的な確保を促進する措置を講じることを目的として医療法や介護保険法等、19もの法律を一括改正したものであり、わが国の医療と介護の将来を方向づける大変重要な法律と位置づけることができる。そして、医療介護総合確保推進法のなかで重要なキーワードとして登場し、その大きな役割が果たされることを期待されているのが「地域包括ケアシステム」である。

そもそも地域包括ケアシステムとは、2025年を目途に、「住まい」、「医療」、「介護」、「予防」、「生活支援」の五つの構成要素が一体的に提供されることを目指した地域生活支援環境である。地域包括ケアシステムにおける地域生活支援環境とは、「生活における不安や危険に対して、住居の種別を問わずサービスや対応が提供される状況」であり、安心・安全・健康を確保するサービスが

当該利用者の状況に合わせて24時間365日連続して提供されることを目指したものである（筒井 2014：30）。上記の支援環境を整えていくため、自治体には、基本方針を決定し、地域のあらゆる関係者に働きかけて共有する仕組みによって、地域内に分散しているフォーマル・インフォーマル資源を統合しながら取り組みを推進していく努力が求められる（地域包括ケア研究会 2014：4）。なお、地域包括ケアシステム構想においては、補完性原則に基づいた自助、互助、共助、公助といった役割のあり方が問われている。そもそも補完性原則とは、1930年代、ローマ法王が社会回勅の中で示した「Principle of Subsidiarity（補完性原則）」に由来し、人間の尊厳と個人の自立を求めたうえで、「問題はより身近なところで解決されなければならない」という考えである。わが国においては、2000（平成12）年の介護保険制度開始に伴い、池田省三が介護保険制度と補完性原則の関係性について論じ、注目を集めた。[1]

　池田は「超高齢社会のなかで、すべてを自助で解決できるはずもない。すべてを公助に委ねれば自立は失われる。市民が行政に依存し、あらゆるサービスの給付を要求するならば、社会的コストの爆発的な増大を招くだろう。逆に、市民が負担を忌避する結果、租税収入の枠内の支出を抑え込み、困窮者に限定したサービスシステムとなるかもしれない。いずれの方向を選択するのかを巡って、公助は世代間対立を深めるおそれがある」（池田 2000：208）とし、補完性原則に基づく社会システム構築の重要性について論じたうえで、介護保険制度は、高齢者介護において補完性原則に基づく共助システムとして導入されたものであると述べた。上記、池田論は、国の果たすべき役割を曖昧にしたまま、国民の自己責任論を推奨しており、賛同し難い内容である。しかしながら、当時の国の政策意図と遠からず、否、むしろ同一の見解だったのではないかと推測する。

　介護保険制度導入から９年の月日を経た後、地域包括ケアシステムにおける考え方の基盤となった地域包括ケア研究会の報告書（2009；以下、地域包括研究報告書）の中で、地域包括ケアシステム構築に向けた「自助―互助―共助―公助」の必要性が述べられるとともに、それぞれの役割分担の明確化と実施の必要性について言及されたのである。

なかでも地域包括研究報告書で強調されたのは、自助及び互助の重要性である。その後、2015（平成27）年度介護保険法改正における大きなポイントである「介護予防・日常生活支援総合事業」においては、住民等の多様な主体が参画し、多様なサービスを充実することにより、地域の支え合いの体制づくりを推進することとし、自助と互助が前面に押し出された形となった。また、「介護予防・日常生活支援総合事業の適切かつ有効な実施を図るための指針」（2015年）では、市町村が中心となって、元気な高齢者をはじめ、住民が担い手として参加する住民主体の活動、NPO、社会福祉法人、社会福祉協議会、地縁組織、協同組合、民間企業、シルバー人材センター等の多様な主体による多様なサービスの提供体制を構築、高齢者を支える地域の支え合いの体制づくりを推進していくことが強調された。

3　ソーシャルワーカーが認識すべき課題

　地域包括ケアシステムが推進される背景には、右肩上がりの支出となっている社会保障費に対する抑制策が考えられる。特に、医療および介護にかかる費用においては、国費を圧迫し続けており、さらなる高齢化が進むと予測される現況においては、少しでも医療費および介護費用を抑制することが命題となっている。
　しかしながら、わが国の経済的課題を念頭に置かずとも、私たちは何歳(いくつ)になっても、そしてどのような状況に陥ろうとも、1日も長く、住み慣れたわが家で暮らしたいと願う。その願いは「家族に迷惑をかけたくない」、「これ以上、一人暮らしは難しい」といった理由で叶うことが難しくなる。そして、「自宅での生活」をあきらめ、自宅以外での生活（医療機関への入院、施設への入所）を選択するのである。
　社会福祉の領域では、これまでも「地域での在宅生活を可能にするためにどうすれば良いか？」の検討を重ね、その課題に向けてさまざまな取り組みを行ってきた。国が地域包括ケアを進めると、兎角、「切り捨て」と捉えて批判的に政策をみてしまう。しかしながら、地域での生活環境を整えていこうとい

う考えにおいては、本来の社会福祉における地域生活支援の視点となんら違わない。

そのことを念頭に置いたうえで、地域住民にとって有意義な「地域包括ケアシステム」の構築に参画していくことが、ソーシャルワーカーに課された命題ともいえるのである。

ただ、課題は山積である。厚生労働省が掲げる地域包括ケアシステムは、三つの社会資源として①地域資源の発掘、②地域リーダー発掘、③住民互助の発掘、を掲げている。なかでも、地域リーダー発掘および住民互助の発掘においては、地域住民の自主性を期待した文言といえる。専門職間の連携に加えて、住民もチームのメンバーとして主体的に参加していくことが必要であり、言い換えれば、住民参加なしには成立し得ないシステムなのである。

しかし、そんなに容易に住民は動くだろうか。野中は、チームワークや連携にとって最も大切なものとして「目的と目標」を挙げている（野中 2014）。人間は綺麗事だけでは済まされない。地域包括ケアシステムの構築といった長期にわたる取り組みを検討するにあたって、そこにかかわるメンバー全員にとって有意義な"メリット"がなければ、システムは長続きしない。

因みに、ソーシャルワーカーをはじめとした専門職の多くは、施設・機関に所属する一職員として給料を得ることができる。専門職にとって「給与」が大きなメリットであろう。一方、地域住民にとってのメリットを考慮した際に、「お互いに助け合う」「地域の環境を良くしよう」といった漠然とした目的では、着実で安定した動きは望めないだろう。より明確で具体的な目的や目標がなければ、遅かれ早かれ、地域住民同士の結束に歪みが生じ、トラブルが発生しやすい状況が生まれる。ボランタリーな気持ちに水を差す「何か（嫌な出来事）」が生じると、ボランティアに対するモチベーションは下がり、継続した活動は期待できない。

このような不安定型のインフォーマルな社会資源（地域住民）のモチベーションを保ち続けるためには、住民一人ひとりにとっての「具体的な目的・目標」が必要である。国は、住民を主体とした地域の見守りネットワークづくりを期待している。そして、その裏方としてネットワークづくりを支える役割を

担うものとしてソーシャルワーカーが存在する。しかしながら、地域住民の「優しさ」や「温かい気持ち」だけを当てにした取り組みでは、システムは長続きしない。住民グループは、少し体調を崩したり、また、住民同士のトラブルが発生したりすると、たちまち空中分解してしまう危うさ（儚さ）をもつ人たちなのである。

　地域住民の互助や共助を基盤としたグループは、とても壊れやすい可能性があることを、我々はしっかりと認識する必要があろう。十分認識したうえで、地域包括ケアシステム構築にむけた取り組みを行っていかなければ、決して遠くない将来に何らかの歪みが生じてしまう。

　ここで、しっかりと公的責任の所在を明確にすることが重要である。責任転嫁した形ではなく、地域包括ケアシステム構築の基盤は公的な組織、機関が担っているのだということを、きちんと地域住民に見える形で示していくことである。そのうえで、住民にとっての「具体的な目的と目標」を明確にすることができるよう、ソーシャルワーカーの支援のもと、じっくりと話し合える場を設けることが重要であろう。

4　ソーシャルワークの底ヂカラ

　地域包括ケアに係るネットワークの実際を知るべく、地域における相談支援を行うソーシャルワーカーにインタビューの協力を仰いだ。なお、お話を伺ったソーシャルワーカーは、社会福祉士として、長きにわたって相談支援を実践されておられる方々であることを明記しておきたい。

　インタビューから見えてきたのは、社会福祉協議会の役割の不透明さである。社会福祉協議会のコミュニティソーシャルワーカーが、住民の課題や問題について、○○相談支援施設・機関から△△相談支援施設・機関へ言付けを預かる「伝言者」の側面をもつ。その役割がクローズアップされているという現実がある。勿論、各地域の社会福祉協議会の取り組みには質的にも量的にも大きな違いや差があるので、一概にはいえない。しかし、少なくともそのような声が聞こえてくるのも事実である。

地域包括ケアシステム推進の中で、社会福祉協議会への期待は大きい。中でも、注目を集め、期待されるコミュニティソーシャルワーカーが受けるプレッシャーは如何ほどのものかとも思う。多大な業務に追われ、雁字搦めとなって普段以上に力が発揮できず、結果を出すどころか、ソーシャルワークらしい仕事を実践できない環境におかれているとすればとても残念である。

　各社会福祉協議会に配置されるコミュニティソーシャルワーカーはせいぜい１～３名である。このような少人数でできることは決して多くはない。あらかじめ、自身の職務を客観的に捉えたうえで、できることから実践していく必要がある。

　ここは一つお願いがある。社会福祉協議会だからこそできる「地域の拠点」としての役割を担って欲しいのである。まず中心に据えるのは、地域のことを一番に知る住民である。地域で暮らす住民は、地域の状況を詳細に把握する‘物知り博士’である。たとえば、隣人の変化に気付くのも、住民である。「隣に住んでいる人が夜中に大声あげていた」、「向かいの家のおばあちゃん、顔にアザができていたけど、どうしたのだろう」といったように、近所の住民はその異変に気づくことはできる。しかし、日頃から付き合いがない。付き合いがあっても、「役所に電話して、逆恨みされたらどうしよう」、「トラブルに巻き込まれるのは嫌」との思いから、関係機関に連絡しない人たちが大半ではないだろうか。

　「互助」という聞こえが良いコトバを使ってみたとて、現実に、自分に降りかかってくるかもしれない火の粉を未然に防ごうとするのが人間である。誰もが考える自己防衛に対して、非難することはできないし、本人にとってみれば当然の行為といえよう。

　そこにソーシャルワーカーが仲介役として存在する。住民の情報を受けとめることができるだけの関係を築こうとすれば、地域に根ざしたソーシャルワーカーの専門性の高さ（quality）と専門職の数（quantity）が必要である。

　インタビューを行ったソーシャルワーカーから、次のような提言をいただいた。

…市営住宅や公営住宅の2階以上の住居で暮らす肢体不自由で車いすを使用する住民は、車いすの上げ下ろしができないがために外出できずに閉じこもってしまう場合が少なくない。このような場合、たとえば、市営住宅や公営住宅の駐車場の一部に簡易な屋根をつけて「車いすスペース」とすると、上記のような住民の閉じこもり解決へとつながる。また、車いすの上げ下ろしをホームヘルパー等にお願いしなくても良い分、人件費の削減へとつながっていく…。

　当事者のニーズ（課題）をキャッチし、そのニーズ充足（課題解決）に向けて検討し、具体的なアイデアを構築していく。上記の提言は、まさにソーシャルワーカーという専門職の視点によってこそ生まれる貴重なアイデアだと感じた。

　このようなさまざまなアイデアは、地域で活躍するソーシャルワーカーが持っているはずである。もっと言えば、ソーシャルワーカーがかかわっている住民一人ひとりが、より具体的なアイデアを持っているはずである。しかしながら、そのアイデアがどれほど素晴らしくても、地域の一ソーシャルワーカーだけの情報発信では、具現化させるのは大変に困難である。さまざまなソーシャルワーカーをはじめとした専門職のアイデアを集約し、具現化に向けて、より地域に適したものへと醸成させる「場」の存在が必要である。ここで、"社会福祉協議会"が登場する。図表1で示すように、ソーシャルワーカー等の専門職が集う機会を定期的に設け、各専門職から得られたアイデアを集約し、醸成することができる環境をつくりあげられるよう、コーディネートするという重要な役割を、是非、担ってもらいたい。そして願わくは、その醸成されたアイデアを自治体に提言する存在であって欲しいのである。

　一グループ（一組織・機関）だけでは、できることは限られている。地域を包括した支援体制を構築するためには、段階に応じて網の目を張り巡らせ、役割を明確にしていくことが重要である。インタビューにご協力くださったソーシャルワーカーの方が、「正直、すぐに解決できない問題や課題が山積み。でも、すぐに解決できないからといって、終わりではない。私たちは、決して、課題を抱えている住民の存在を忘れてはならない、そして、その課題を解決することを諦めてはならない、いずれは解決するぞ！と思う気持ち。この気持ち

第2部 政策編 地域福祉の諸相と政策を問う

図表1 地域住民・ソーシャルワーカー・社会福祉協議会・自治体の連携
① 住民の意見を適切に聴くソーシャルワーカーの存在
② ソーシャルワーカーをはじめとする各種専門職の意見を発信する機会（専門職が意見を言うことができる場）を設ける社会福祉協議会の存在
③ 社会福祉協議会が取りまとめたさまざまなアイデアや意見をしっかりと受けとめる自治体の存在

出典：筆者作成（絵：竹岡紀子）

が私たちソーシャルワーカーには大切なのだ」とおっしゃった。常に住民の存在を念頭に置き、彼らが安心した生活を送るためには何が必要かを考え続ける。これこそが、地域包括ケアシステムを盤石化させるに必要不可欠なソーシャルワーカーの"ソーシャルワーク・マインド"なのだ。ソーシャルワーク・マインドを大切に持ち続けるソーシャルワーカーの存在こそが、ソーシャルワークの力を引き上げる。上記の言葉を、ソーシャルワーカーの方々と共有したい。

5　ソーシャルワーカーとして必要な視点とは

　最後に、医療や介護との付き合い方にふれる。高齢になれば病気を抱えたり、身体が動き難くなり、何らかの障碍を抱える可能性が高まったりするのは、至極、当然のことである。どれだけ予防に全力を注いだとしても、全く病気に罹らない、障碍を抱えない状態をつくり出すのは、到底、困難な話である。そのことをしっかりと認識したうえで、住民の自己責任論を推し進めることなく、病気や障碍を抱えた場合に、必要に応じて円滑に入院・入所できる医療・介護体制整備と、地域生活に係る心配事を安心して相談できる支援環境整備を行っていくことが求められる。

　そのためには、在宅生活の限界点をみての入院や入所ではなく、少し余裕をもった予防的視点で入退院や入退所を繰り返すといったシステムづくりも含めて検討していく必要がある（石松 2015：24）。なお、医療機関への入院のタイミングを検討する際には、医学的見地からの意見のみならず、「社会生活」という専門的視点をもつソーシャルワーカーが介入することによって、当事者、家族がともに過重負担にならない在宅生活や介護生活を可能としていかねばならない。

　その際、ソーシャルワーカーが意識しておくべき必須の視点がある。それは、当事者が当事者にとっての一番の「理解者」であり「専門家」であるということである。

人びとが自分たちにとって最善の決定をする能力があり、人々が可能な最善の道を歩むという信頼がある。他者がどのように最善の人生を送るべきか判断することは、もっともよく訓練を受けた専門職であっても不可能である。ワーカーは判断できないし、判断することを要求されてもいないのである。ワーカーは専門職であるが、クライエントがかかえている問題の第一の専門家はクライエントである。したがって、クライエントのパースペクティブを尊重し、クライエントに学ぶという姿勢が求められる。こうした認識によって、クライエントの表現する熱望とゴールを誠実に受容し、それに価値をおくことが、クライエントの実行可能性への懐疑に取って代わる。ワーカーはクライエントが自身の選択と行為の本質と影響を了解し、それらに責任を負うことを支援するのである。（久保 2014：29）

ソーシャルワーカーは、国が目指す地域包括ケアシステムの問題点を認識し、本来担うべき使命とソーシャルワーク・マインドを胸に、住民の安心で安全な暮らしを支えることを目指し、住民の言葉に耳を傾け、地域の生活ニーズを十分に把握し、必要な社会資源開発と確保に向けた取り組みを期待したい。今こそ、全ソーシャルワーカーが一丸となって、ソーシャルワークの底ヂカラを発揮する絶好の機会ではなかろうか。

※本執筆におきまして、Y.K氏、K.N氏に多大なるご協力をいただきました。お2人よりお話を伺うことによって、ソーシャルワークの素晴らしさを再確認させていただくことができました。心より御礼申し上げます。

【注】
1） 池田は、補完性原則について次のように論じている。「補完性原則は、自助—互助—共助—公助という支援の順序として理解できる。なにか問題が生じて解決を迫られるのが自助努力であることはいうまでもない。これに家族、隣人などが手を差し伸べる。このインフォーマルな援助が互助である。自助、互助でカバーしきれない場合、システム化された自治組織が支援する。この自治組織は、多くの国では社会保険という形態に収斂していった。これは行政とは区別された自治組織であり、共助と呼ぶべきシステムである。そして、この共助システムに包括されない者、あるいはなお解決し得ない場合のみ、行政の保護、すなわち公助が発動する。」（池田 2000：200）

〔参考文献〕

池田省三（2000）「サブシディアリティ原則と介護保険」『季刊社会保障研究』Vol. 36、No. 2

石松伸一（2015）「入退院を繰り返すのは悪いことなのか？」『Medical Alliance』vol. 1、No. 1

久保美紀（2014）「ソーシャルワークにおける当事者主体論の検討──援助されるということへの問い」『ソーシャルワーク研究』40‐1、25-33頁

公益財団法人日本都市センター（2015）『地域包括ケアシステムの成功の鍵──医療・介護・保健分野が連携した「見える化」・ヘルスリテラシーの向上』

地域包括ケア研究会（2000）『地域包括ケア研究会　報告書──今後の検討のための論点整理（平成20年度老人保健健康増進等事業）』三菱UFJリサーチ＆コンサルティング

地域包括ケア研究会（2014）『地域包括ケアシステムを構築するための制度論等に関する調査研究事業報告書』三菱UFJリサーチ＆コンサルティング

筒井孝子（2014）『地域包括ケアシステム構築のためのマネジメント戦略──integrated care の理論とその応用』中央法規

野中猛・野中ケアマネジメント研究会（2014）『多職種連携の技術』中央法規

宮本太郎編著（2014）『地域包括ケアと生活保障の再編──新しい「支え合い」システムを創る』明石書店

第3部　実践編
実践からみえてくる地域福祉の新しい力

第1章

住民主導型ボランティアセンター運営から考える「住民主体」

土田恭仁子

1　住民主導型ボランティアセンターとは何か

　宇治市では、住民と宇治市社会福祉協議会（以下、市社協）との協働で宇治ボランティア活動センター（以下、ボラ活センター）を運営している。その運営事例から、住民の思いを支える社会福祉協議会（以下、社協）の役割と住民主体を考えてみたい。
　なお、本章において、「住民主導型ボランティアセンター」とは、主体的に参加する住民と社協が、住民の意思決定に基づき、協働でボランティア活動の推進を図るボランティアセンターのことである。

2　地域福祉における「ボランティアセンター」の役割

　一般に、ボランティアセンターとは、「ボランティア活動の推進・支援拠点として設置されている。地域住民のボランティアに対する関心を高め、誰もが、いつでも、気軽にボランティア活動に参加できるような地域社会を作るための推進主体といえる。」（山縣文治・柏女霊峰編（2013）『社会福祉用語辞典第9版』ミネルヴァ書房）ボランティアセンターの設置主体は、社協、その他の民間団体（法人格の有無は問わない）、大学など多岐にわたる。歴史的な流れをみると、民間団体のボランティアセンターは戦後間もなくから活動を始めており、その代表格としては、1965年に設立された大阪ボランティア協会などが挙げられる。また、62年に徳島県と大分県で善意銀行が始まり、73年に都道府県社協

に、75年に全社協にボランティアセンターが設置された。同じく75年には、市町村社協にも「社会奉仕活動センター」が設けられた。85年、厚生省により「福祉ボランティアのまちづくり事業（ボラントピア事業）」が実施され、市町村社協のボランティアセンターの機能強化がより一層図られることになった。

民間団体のボランティアセンターや善意銀行の動きが広がる中で、「ボランティア育成基本要項」（全社協 1968）で、ボランティアセンターの役割がはっきりと打ち出された。「ボランティア育成基本要項」では、ボランティア育成機関の機能として、①調査活動、②広報活動、③相談斡旋、④研修訓練、⑤そのほか必要な活動を提示している。ここで示されるボランティア育成機関とは、ボランティアセンターといえるだろう。また、「ボランティア育成基本要項」において、ボランティアの育成機関としての社協は、①地域の育成機関の把握と連絡調整、②ボランティア・グループの育成とその連絡調整、③受け入れ側の態勢強化、④ニード発掘とボランティアの動員計画の策定、⑤育成機関の相互連絡に対する協力、が提示されている。

地域福祉を推進する社協におけるボランティアセンターの役割は、生活問題を解決するためにボランティアを求める人（当事者）と、ボランティア活動をしたい人とをつなぐことから、住民が地域に主体的にかかわりを持ち、くらしやすいまちづくりを進めるためにコーディネートを行うことと整理できる。

3　市社協における住民主導型ボランティアセンターのあゆみ

地域福祉を推進する機関としての市町村社協は、前節での役割を果たすために、どんな住民との協働が行われているのだろうか。本節では、地域福祉におけるボランティアセンターの実際として、ボラ活センターの活動事例を取り上げ、住民と市社協の協働のあり方を考えていく。

まず、宇治市の概況として、人口19万172人、世帯数8万1816世帯、高齢化率26.17％である。（2015年4月1日現在）。

ボラ活センターのボランティア登録者は990人（個人登録者が126人、グループ登録者が47グループ864人）である。（2015年3月31日現在）。

第 1 章　住民主導型ボランティアセンター運営から考える「住民主体」

図表 1　ボラ活センター　2015年事業計画

〈センター運営にあたっては、次の基本的要素を念頭において事業展開に努めよう〉
　市民啓発／ボランティア需給調整（コーディネート）／養成・研修／組織化／基盤整備

〈重点目標〉
・「共助」「協働」の市民啓発を促進し、ボランティア活動の拡がりと活性化を！
・センター機能強化に努め、信頼・期待度を高めよう！

〈各事業で留意すべき観点〉
①市民へのボランティア啓発を推進する。
②登録団体・個人等が円滑に活動できるよう支援する。
③ボランティアを志す人と、求める人へのコーディネート機能を向上させる。
④センターの機能強化（質的・量的に）
⑤登録団体・個人はもとより、社協をはじめ関係団体等との連携（情報交換）を密にし、ボランティア活動のネットワーク化を追求する。

〈主な取組み行事〉
・センターの自主的な運営強化／自主性、創造性を尊重し、みんなが面白く活動できるセンターへ。
・登録団体への備品貸出と活動費助成／要望を聞いて貸出の充足を目指す。
・登録団体・個人等の連携強化と登録者拡大／個々の登録団体・個人の要望を聞き、相互の活動に活かす。登録者の拡大は、各事業展開の中で、積極的に働きかける。
・ボランティアマッチングサロン／ボランティア人材の発掘とコーディネート。
・情報紙「パートナー」の発行／ボランティア活動のタイムリーな情報提供。
・各種情報ツールの活用／SNS などの活用。
・バリアフリー上映会／障がいの有無にかかわらず楽しめる場の提供。
・ボランティアの発掘／新たなボランティアの発掘を行う多様な取組み展開。
・センターでの研修／運営委員の役割などを考えるほか、コーディネート機能に関する研修
・登録者の交流／活動の相互交流。
・ボランティアフェスティバル／活動の相互交流と市民への PR。
・当事者支援「おもいの駅伝」／障がいのある人の様々な表現活動を支援。
・宇治市災害ボランティアセンターへの参画／運営委員としての参画。
・宇治福祉まつりへの参加／宇治福祉まつりでの市民への PR。
・宇治市共同募金会への参加協力／募金推進委員会、募金活動への参加。

出典：『宇治ボランティア活動センター　第21回定期総会』より抜粋

　ボラ活センターは、参加しているボランティア（以下、運営委員）と市社協の職員の合計25名でボラ活センター運営委員会（以下、運営委員会）を形成している。毎月1回運営委員会を開催し、ボラ活センターの重点目標に基づいてボランティア活動の推進にあたっている。

第 3 部　実践編　実践からみえてくる地域福祉の新しい力

1　ボラ活センターの自主運営に向けたあゆみ

　ボラ活センターは、1976年に市社協により、「宇治市社協ボランティアセンター」として設置されたことに始まり、93年に「宇治ボランティア活動センター」と名称が変更された。その当時、市社協の事務局において、ボランティアが主体的に活動できるようセンターのあり方について、議論がされるようになった。そうした中、94年 8 月、「住民主体による」ボラ活センターの運営委員会の組織化を進めることとなり、95年 5 月、本格的な運営委員会の体制づくりが開始された。この間、95年 1 月に、阪神淡路大震災が起こり、ボラ活センターは、「阪神大震災支援センター」を設置することとなった。特筆すべきは、この阪神大震災支援センターのスタッフとして、ボランティア 4 名と市社協の担当者がかかわって運営を行ったことである。

　こうした経過を経て、ボラ活センターは、住民が主体的に参加して構成された運営委員会を中心に、さまざまな啓発活動やボランティア講座を展開されるようになった。一例として、聴覚や視覚に障がいのある人たちと共に楽しむ映画会、「バリアフリー上映会」の開催が挙げられる。これは、聴覚障がい者を支援するグループが始めた映画上映会だったが、視覚障がい者から「副音声が付いたら、私たちも映画が楽しめる。」という意見があり、視覚障がい者を支援するボランティアグループも参加するようになった。その後、子育て中の親も楽しめるように、ボランティアで保育を行うなどの工夫がされるようになった。

　また、ボラ活センターでは、運営委員が中心になり「こんなことを学んでみたい」という思いのもと、ボランティア講座を自分たちで企画し、講師の準備、当日の運営などを行ってきた。このように、ボラ活センターの取組みは住民によって企画立案され、市社協はその側面的な支援を行う形で進められてきた。

　しかし、ボラ活センターの設置主体は市社協であり、ボラ活センターは「市社協の内部組織」との位置づけであった。そのため、市社協の理事会、評議員会での事業計画、予算の承認、決算の承認が必要であった。

　このような中、2004年秋、市社協からボラ活センターに対して、「自分たち

で運営をしていく方向を考えてはどうか」という提案を行った。その提案を受け、運営委員会において数回にわたる協議を重ね、05年4月、市社協の内部組織から独立し、住民による自主運営のボラ活センターとして歩み始めた。

図表2　市社協とボラ活センターの関係について

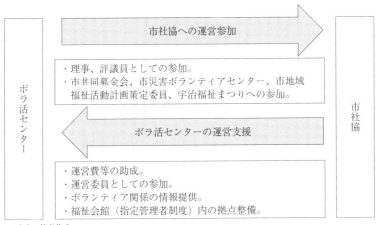

出典：筆者作成

2　自主運営を始めたボラ活センターの動き

2005年4月、運営委員において、新たにボラ活センターの会則を設けた。この会則第3条の「目的」には、「安心して住みよい地域社会をつくるために、社会福祉法人宇治市社会福祉協議会と協働しボランティア活動の発展と地域福祉の向上、ボランティアの社会的地位の向上ための取組を推進すること」と謳っている。これは、住民が自分たちの生活を通じて、地域で主体的にかかわり宇治のまちを作り上げていくことを目的としている。

市社協とボラ活センターの関係性は、図表2のとおりである。

3　試行錯誤の中から生まれた住民主導型ボランティアセンター

2005年以降、運営委員はこれまでの取り組みを継承しつつも、より「ボランティアセンターの機能」を強く意識している。また、その運営スタイルはあま

り事例がなく、まさに手探りで、運営のあり方、ボランティア活動の支援のあり方を、ボラ活センターと市社協の双方で考えていくこととなった。

(1) **ボランティア相談**　ボラ活センターと市社協が、独立以前から課題としていたことは、ボランティア相談についてである。ボランティアセンターには、相談機能が必要不可欠な条件であり、ボランティア自身の視点でボランティア相談機能を展開していくことが、運営委員会で協議されてきた。

これまで、市社協の担当職員のみがボランティアグループやボランティアの窓口として対応をしてきたが、ボラ活センター運営委員がボランティアを支援する仕組みの構築を明確に考え始め、「もっとボランティアグループの事情を知り、ボラ活センターとしても応援をしたい」「ボランティア活動をしたいという人たちを応援したい」ということが言われるようになった。その中で始まったのが、「ボランティアによるボランティア相談」であった。この相談は、月1回実施されることになった。

この取り組みは、独立前の2003年6月から10年3月まで続いたが、08年以降、相談者数が減少し0件である月が続いた。その事態を受け、運営委員会で協議を重ねた。協議の焦点は、「ボラ活センターとしての目的、必要性」と「取組みを支える運営委員のやりがい」のせめぎ合いであった。何度も重ねた協議の結果、最終的にはボランティアによるボランティア相談を中止、方法の変更などが決められた。方法の変更として、イベントなどに出かけ、そこでボランティア出張相談のブースを設けることとした。

その後も、ボランティア相談機能とボラ活センターの役割を協議する場が何度かあり、ボランティアコーディネートについての課題も改めて考えられるようになった。その課題から、14年に視察研修でボランティア相談とコーディネートの仕組みを学び、15年3月にボランティアコーディネート企画としての「マッチングサロン」という新たな活動をスタートさせた。

(2) **運営体制**　ボランティア活動への支援については、運営委員を中心に活動を進められてきたが、運営体制の強化の点について、本格的に議論を始めたのは、09年であった。2年に1度の運営委員改選において半数以上の交代があり、新たにボラ活センターの運営や役割を共に考える機会が必要になった。

このような課題に対して、研修会として、運営委員と市社協の職員が中心になり、京都府社協の「ボランティアリーダー養成事業」の助成を活用し、今後のボラ活センターのあり方を考える機会をもった。

　この研修会で、運営委員の中にも「自主運営」の共通認識に至らないまま、取り組みを進めてきているという漠然とした不安が感じられた。この点については、市社協も共に考える姿勢が不十分であったことを認識し、住民と協働する市社協の役割を見直すことができた。

　また、この研修をきっかけに、運営委員の中でも「組織運営」と「活動を支える取り組み」を分けて考える必要性も話し合われた。特に、組織運営の面では、活動財源の確保やボラ活センターの専任のコーディネートスタッフを配置についての課題も確認された。この機会を通じて、双方の抱えている不安がはっきりしてきたことで、お互いの役割分担や関係性をもう一度見直すことができた。

　2012年まで運営という難しいテーマを研修で取り上げることができたのは、運営委員の「自分たちの手でボラ活センターを良くしていこう」という思いがあったからである。そして、その気持ちに応えたいという市社協の思いもあってこその取り組みだったといえる。まさに、研修を協働で考えることによって、「住民主導型ボランティアセンター」の方向を共に考えることができたといえる。

4　住民主導型ボランティアセンターを支える社協の役割

　ボラ活センターと市社協の協働での「ボランティアセンター運営」の中で、住民の主体的な活動を支援する社協の役割を考えていきたい。

1　ボランティアの「意思決定」を支える

　ボラ活センターの意思決定の場は、運営委員が集まって会議をする「運営委員会」と、ボランティアグループや個人登録者等からなる会員が参加する「総会」である。さまざまな取り組みを推進していくことを決めるのも住民であれ

ば、休止や中止を決定するのも住民である。

(1) **宇治ボランティアフェスティバル**　ボラ活センターでは、ボランティア活動の支援としてボランティア室の整備などを行っている。ボランティア室という拠点を通じて、活動者や団体同士の横のつながりを目指しているが、顔見知りにはなっても、お互いの活動を知り、連携を取っていく関係性にまでは発展しきれていなかった。

その現状から、運営委員会で宇治ボランティアフェスティバルの企画提案が出された。この企画提案については、宇治ボランティアフェスティバルのイメージが、社協が実施している宇治福祉まつりと似ていることもあり、運営委員会で意見が分かれる場面があった。しかし、議論を重ね、ボラ活センターが中心となってボランティア活動者や団体の横のつながりを構築することを目指して、宇治ボランティアフェスティバルのスタートとなった。

宇治ボランティアフェスティバルは、その後、市民へのPRを目指す取組み方向も打ち出され、運営委員会で協議を重ねながら取り組みを発展させている。

(2) **ボランティアサマー体験事業**　若年層へのボランティア啓発を目的に、夏期に実施してきたボランティアサマー体験事業は、少子化、また、学校のクラブ活動の多忙などがあり、対象の児童、生徒の参加が少なくなっていた。一方、大学の単位取得や大学入試、就職活動のためにボランティア活動が必要という参加者も見受けられるようになった。運営委員会で、「事業目的の見直し」が協議され、この取り組みは中止する判断を下した。ただし、ボランティア活動への啓発は、ボラ活センターの目的の一つでもあり、他の取組みで目的を補完していくこととした。

これらの決定は運営委員会で協議し、総会で承認をするというプロセスがある。つまり、住民が決定をしている。会議終了後の運営委員は「決めたのは私たち。協議をして決めたのだから、それでいい。」と語っている。中止や休止の判断は、時には難しいが、自分たちが意思決定することで、その責任の所在も明確化し取り組みを進めてきている。そこに、市社協は寄り添い、応援する姿勢でかかわっている。

必要性だけを考えるのであれば、中止になった取り組みは、若年層へのボランティア活動への啓発という大きな目的や役割があり実施することが望ましい取り組みに違いない。しかし、市社協としては、そこにかかわる運営委員の主体性を大事にして取組みを進めることも大切であると考える。住民が決めるプロセスにかかわり、住民が決めた方向性を大切にしつつ、一方で必要性を伝えていくことが社協の役割といえるだろう。

2　ボラ活センターの「協働」を支える

　市社協には、「こんなボランティア活動がしたい」という相談が寄せられる。市社協は、その寄せられた相談を、運営委員につなげ、ボランティア活動者のすそ野を広げていく役割があるといえる。

　(1)　おもいの駅伝からの協働の広がり　ボラ活センターでは、「障がい者の余暇活動や趣味活動の発表の機会がほしい」という声を聴き、宇治市障害者生活支援センター「そら」と共催で、余暇活動や趣味活動の発表の場を設け、市民にPRしている。その取り組みに共感した一人のボランティアが、当日の様子を撮影し、その後、そのボランティアの所属するNPO法人が撮影や、取り組みをまとめたスライド作成を担当するようになった。

　このように、一つの声を活動につなげ、その活動に共感が生まれ、新たに団体との協働に発展していく取り組みとなっている。

　(2)　子育て中の親のボランティア活動への協働の広がり　2015年5月に発生したネパール大地震において、子育てサークル参加者の有志が「現地に支援物資と学用品を送りたい」と考え、市社協に支援物資を集める方法や場所について相談された。相談を受けた市社協では、ボラ活センターにつなぎ、ボラ活センターの事務所を支援物資の受付場所として提供することになった。

　市社協に寄せられた相談をボラ活センターにつなげることで、住民同士がつながるきっかけづくりになったといえる。

　(3)　地元大学のボランティアセンターとの協働と連携　07年4月より、ボラ活センターでは、地元大学から運営委員にかかわっていただいている。これは、運営委員と協議し、若い世代にもかかわってもらいたいという目的があった。

当初は、大学教員や大学職員だけのかかわりであったが、13年以降は、地元大学の大学内のボランティアセンターの学生スタッフが、運営委員会にもオブザーバー参加するようになった。学生スタッフとは、情報紙への寄稿や、宇治ボランティアフェスティバルでの学生スタッフ企画などを担当いただくなどの連携を行っている。

　ボラ活センターにとっても、学生スタッフにとっても普段の暮らしではなかなか出会うことがない世代との交流が生まれている。

　市社協は、ボランティア、住民の意見や思い、また、運営委員の意見や思いに耳を傾け、その意見や思いを実現するためのつながりづくりを行っている。ボラ活センターはそのつながりから、新たな協働の形を生み出している。

3　市社協との協働

　これまでは、ボラ活センターが主体的に決定をしたり、連携協働の幅を広げている事例の紹介だったが、ここでは、市社協とボラ活センターの協働について考える。

　(1)　**できにくい部分の役割を担う**　ボランティア講座やバリアフリー上映会などの取り組みを主体的に進めるのは、運営委員であるが、課題は「情報」であった。ボラ活センターには、専任のコーディネートスタッフが配置されていないこともあり、情報収集や行政への広報依頼、マスコミ関係への周知などの情報発信などの課題がある。ボランティアではできにくい部分を、市社協が行うなどの役割分担を行ってきている。

　また、傾聴ボランティアサークル立上げ時には、運営委員と一緒に地域包括支援センターを訪問し、活動先の調整も行った。市社協が住民と専門職のつながりをつくったことで、傾聴ボランティアサークルの活動の基盤整備を行った。

　(2)　**市災害ボランティアセンターへの支援**　市社協では、08年3月から「常設型」災害ボランティアセンターを設置している。その運営にも、ボラ活センターはかかわっている。災害が起こっていない時から、地域関係団体と連携、協働を育み、顔のみえる関係づくりを行うことを目的としてネットワークを構

築している。災害時には、そのネットワークを生かし、迅速な復旧や支援が展開できることにつながるとしている。運営は、ボラ活センターをはじめ、NPO、民生児童委員協議会、学区福祉委員会、大学、行政などと連携し取り組みを進めている。

12年8月、京都府南部地域豪雨災害が起り、宇治市では、2名の方が亡くなったほか、床上・床下浸水が2000棟以上の被害があった。ボラ活センターは、災害発生当初から、ボランティアグループ、NPO、学区福祉委員会などとともに25日間、延べ2000人を超えるボランティアの調整にかかわってきた。ボラ活センターは、宇治市災害ボランティアセンターの運営の重要な部分を、市社協とともに担った。

災害時活動のふりかえりの際には、ボラ活センターの運営委員から「社協の職員はもっと住民の力を信頼し、役割分担ができたのではないか。」という意見があり、市社協と住民の協働のあり方にも提起をしている。

5　住民主導型ボランティアセンター運営から考える住民主体の一つの形

宇治市の住民主導型ボランティアセンターの紹介と市社協の役割を述べてきた。そこから住民主体の一つの形を考えてみたい。

1　意思決定をもった主体

ボラ活センターは、運営委員会を中心とした場で取り組みの方向性、内容を決めている。つまり、ボランティア活動を推進する目標、目的なども含めた方向性を、住民が考え、決定をしている。そのことで、ボラ活センターの目標、目的も明確化されてくる。ボランティア活動を推進するしくみを住民が意思決定することは、住民主体の一つの形といえる。

2　くらし、まちづくりを考える主体

ボラ活センターでは、多くの取り組みを展開してきている。それは、ニーズのある人（当事者）、ボランティア活動をする人、双方の存在を広く知らせ、住

民に気づいてもらうことが必要だからである。そうして、多くの人が生活課題や社会問題を知り、「このままではいけない」という共感から仲間となり、制度や新たな取り組み創設の原動力となっていく。誰かのために始めた活動をきっかけにして、自分のくらすまちへの関心を高め、自分たちが積極的にまちづくりにかかわっていくことができる。まさに、くらしの主体としてのかかわりが、展開されていくことになる。

　ボラ活センターの取り組み方法が、すべての地域に当てはまるわけではないが、本章を通じて、ボランティアセンターのあり方や、住民主体について考えるきっかけになれば幸いである。

※末筆になりましたが、本章執筆にあたりご協力をいただいたボラ活センターの皆様、市社協の職員の皆様に感謝申しあげます。

〔参考文献〕
岩本裕子（2011）「社協と民間ボランティアセンターの関係に見る社協ボランティアセンターの課題──歴史的経緯と設立時の論争が、現代に問いかけるもの」『人間福祉学研究』4巻1号、105-117頁
岡本榮一（2011）「ボランティア活動の歴史的考察──時代の変遷からの園意義を問う」『社会福祉研究』112号、65-73頁

第2章

大都市の中での地域福祉の推進
―― 京都市における小地域福祉活動の支援を軸に

寺田　玲

1　京都市内の小地域福祉活動支援のあゆみ

1　大都市　京都市の伝統的な自治組織

　政令指定都市である京都市は11区の行政区をもち、一番人口規模の小さな行政区である東山区においても、京都府下の綾部市や南丹市を上回る規模を有しているほどである（図表1）。京都は、16世紀に道路を挟んで形成された町が集

図表1　京都市と京都府下の市部の人口

京都市の人口と学区のデータ

	人口（人）	元学区数	小学校数	学区社協数
京都市	1,474,015	221	183	219
北区	122,037	19	18	18
上京区	83,264	17	9	17
左京区	168,802	26	24	28
中京区	105,306	23	10	23
東山区	40,528	11	8	11
山科区	136,045	13	13	13
下京区	79,287	23	11	23
南区	98,744	15	13	15
右京区	202,943	22	24	22
西京区	152,974	17	18	17
伏見区	284,085	35	35	32

※人口は平成22年国勢調査結果
※学区社協数は平成27年度の数
出典：国勢調査より筆者作成

京都府の市部の人口

	人口（人）
京都府市部	956,711
福知山市	79,652
舞鶴市	88,669
綾部市	35,836
宇治市	189,609
宮津市	19,948
亀岡市	92,399
城陽市	80,037
向日市	54,328
長岡京市	79,844
八幡市	74,227
京田辺市	67,910
京丹後市	59,038
南丹市	35,214
木津川市	69,761

※平成22年国勢調査結果

まって地域的に連合した自治組織が、現在まで連綿とつながっている。明治政府が全国的に学制を発布する前に、その自治組織ごとに建てられた小学校と町組会所を併設する町組会所兼小学校が番組小学校と呼ばれ、単なる教育機関であるだけでなく、警察や保健所機能をも有する行政の総合庁舎のような機能を果たしてきた。そしてそのエリアは1941（昭和16）年まで、単なる通学区域でなく独自の財源を持ち教育経費を負担する自治団体であり、戦後、小学校が一部で新制中学に転用され、小学校の通学区とそれまでの学区が完全に重ならない状態になっても、京都独自の地域住民の自治単位として機能し、「元学区」と呼ばれている（京都市歴史資料館）[1]。京都市の社会福祉協議会（以下、社協）は誕生して以来、小地域の地域組織づくりを支援することに最重点を置き、その基盤を京都の町衆の悠久の自治の歴史に基づいた、概ね小学校区単位の「元学区（以下、学区）」に置いてきた。

2　社協活動の基本単位としての学区社協支援方針の確立

小地域の地域組織としての学区社協への支援活動が具体化していくのは、1967（昭和42）年に市社協独自で各区1ヶ所指定して「地域福祉推進地区」事業を実施してからであり、市社協の職員は精力的に学区社協に出向き、①調査活動、②住民懇談会、③広報活動、④学習活動を丹念に積み重ねる支援を行うことで、住民自身の意思決定に基づく住民主体のまちづくり推進の実績をつくっていったのである。

このような経験を踏まえ、市社協は、1971（昭和46）年・1972（昭和47）年には京都市における社協のあり方についてとりまとめ、3点の確認をしている。1点目には社協は住民が主人公であり、地域の福祉力を向上するための組織活動を行う組織であることである。2点目は、社協活動の基本的単位は住民生活と直結した学区の学区社協であることである。3点目には、学区―区―市段階において系統的に組織されるものであり、地域福祉活動の推進と市・区社協の基盤強化のために学区社協の育成強化を積極的に推進することである。この方針のもとで、区社協が法人化されるまでは市社協の職員が学区社協に入り直接、活動支援を図っていった（京都市社会福祉協議会基本構想委員会 1984：94）。

この時期、市社協は学区社協の育成方針として「地域福祉活動要領」を策定提示し、学区社協が活動を進めることによって必要な組織もつくられるという考え方のもと、問題把握→計画→実践→評価といったPDCAサイクルを、話し合い活動を軸に展開することを示している（京都市社会福祉協議会基本構想委員会 1984：114-118）。そして、調査活動による地域のニーズ把握によって、寝具クリーニングサービスや独居高齢者の会食会などの活動が学区から生まれてくるようになり、1978（昭和53）年には会食会を中心とした独居高齢者食事サービスの市補助事業が、寝具クリーニングサービス事業へのNHK歳たすけあい義援金の配分が始まるなど、学区社協の在宅福祉活動に対する助成が始まった。

3　学区社協活動の質・量ともの充実

　1981（昭和56）年から1984（昭和59）年にかけて再度、京都市の社協のあり方が検討され、大都市社協として、学区―区―市の重層の社協体制をつくり維持すること、全国の蓄積や情報も使いながら、区、学区の社協の活性化のために協力し援助すること、全市的または区間にまたがる企画・調査・研究活動および政策提起を行うことが提言された（京都市社会福祉協議会 1984：71-72）。そして学区社協支援において、社協職員活動の方針として次の点が掲げられた。
　①社協活動の中身が拡大し多様化・広範化しようと、小地域での地域福祉活動が社協活動のエネルギー源であることを確認し合うこと。
　②小地域活動は社協職員が行うものではないが、活動のきっかけをつくり活動を支援することが不可欠な地域の実情があり、きっかけと支援は地域の福祉課題をはっきりさせることと地域福祉活動を進めるための組織をつくることであり、特に住民主体の組織を地域に定着させる支援を重視すること。
　③社協職員による地域福祉活動の働きかけ・支援過程のあり方を明らかにし、これに即した職員の研修制度を確立し、地域担当者に限定しない職員による地域福祉活動の検討会議を定例化すること（京都市社会福祉協議会基本構想委員会 1984：6）。

この方針を受けて、市社協は、1987（昭和62）年度から翌年度にかけ京都市とともに調査研究[3]を行い、高齢者分野での学区社協の活動として、会食会・昼食会を中心とした独居高齢者への仲間づくりの活動促進に加えて、寝たきり高齢者世帯を支えるための配食サービスや介護講習会、介護者懇談会等も加えた活動メニューをパッケージ化し、「在宅老人ふれあいのまちづくり事業」を提起し、京都市からの補助をも引き出した。また、同時期に学区社協の障害のある人との交流の活動メニューパッケージである「障害者地域交流事業」も創設している。

　その後、1989（平成元）年から1994（平成6）年にかけて全区社協が法人化され、より身近なところで学区社協育成・支援の足場を固めた区社協[4]は、未結成地域の学区社協の結成を促進させるとともに、市社協が補助事業としてパッケージ化した「在宅老人ふれあいのまちづくり事業」「障害者地域交流事業」「寝具クリーニングサービス事業」を普及し、選択メニューに応じて助成を打つ方法で学区社協に提示したことで、学区社協活動の質と量は広がっていった。1996（平成8）年度には学区社協は219元学区中205学区で結成されており、そのうち「在宅老人ふれあいのまちづくり事業」の実施学区は200学区、「障害者地域交流事業」は100学区、「寝具クリーニングサービス事業」は169学区となっている（京都市社会福祉協議会 1998：43）。

　そして、2000（平成12）年の介護保険導入を機に、市社協は京都市より高齢者の介護予防事業の「健康すこやか学級事業」を受託し各区社協を通じて学区社協の活動メニューとして普及した。それまでの学区社協は一部に先駆的に頻度高く当事者への支援活動に取り組む地域はあったものの、全般的には単発的な行事活動を積み重ねる実施スタイルが多かったが、「健康すこやか学級事業」は高齢者の継続的・定例的な事業であり、さらに、市の事業を住民同士の取組として行うことにも大きな特色がある。また、この頃から著しい少子化を踏まえて、乳幼児を抱える親子の居場所である子育てサロンの取り組みについても、学区社協や学区民生児童委員協議会の活動として、市・区社協で振興を図り、全市的に実施学区が広がっている。

　このような経過で、京都市において小地域を基盤にしたボランタリーな地域

福祉活動の組織基盤が整備され、活動も質・量ともに充実が図られており、京都市における学区社協は、京都市の福祉施策の推進においても確固たる地位を築いている。

2 市・区社協の業務拡大

1 施設受託業務の拡大

学区社協の育成・支援に傾注していた市・区社協の職員業務は、一方で在宅福祉の推進における社会資源整備の必要性を受けて、1974（昭和49）年から京都市の受託による施設運営を手がけるようになり、それに伴い職員数は著しく増加し、法人全体における受託事業業務のボリュームが高まっていった。

1984（昭和59）年には市社協で受託事業のあり方についても検討・方針化しており、施設運営等の直接サービス事業も積極的に受け、地域福祉的展開を追求していくこと、ただし、そういった事業活動が小地域活動を衰退させない意識的な追求を行うべきであり、事業活動の拡充に満足して甘んじてしまわないこと、直接サービスや事業活動か小地域活動への支援かというのではなく小地域活動支援を基本として両者を結合して住民の福祉を実現していくことを提起している（京都市社会福祉協議会基本構想委員会 1984：50）。この方針に基づき、老人福祉センター事業や児童館事業、老人デイサービスセンター事業において、調査研究や政策提言を積極的に行っていった。

しかし、受託施設が飛躍的な増加の過程で、介護保険制度の導入など福祉の制度や施策の変化に加え、指定管理者制度の導入が京都市においては2005（平成17）年度から始まり、以降、4～6年という指定管理期間ごとに受託施設が公募されることになったため、地域福祉推進の観点からの施設運営が容易でないばかりか、競争の激化によって、運営の継続性すら危ぶまれる事態も生じている。

現在、老人デイサービスセンター17ヶ所、認知症ショートステイ1ヶ所、地域包括支援センター5ヶ所、児童館33館、老人福祉センター16ヶ所に加え、高齢者介護や認知症にかかわる市域センターである「京都市長寿すこやかセン

ター」、ボランティア活動の市域センターである「京都市福祉ボランティアセンター」、市民活動の拠点である「ひと・まち交流館 京都」の受託をしており、市・区社協の職員数は準職員も含め1000名を超えている（2015年現在）。

2　個別支援の拡大

　さらに、市・区社協において、低所得世帯が主な対象となる直接的な個別支援業務のボリュームも拡大している。福祉サービスへの利用契約制度の導入を見越して創設された「日常生活自立支援事業」は、1999（平成11）年度から市社協で事業開始した上で、「日常生活自立支援事業」の利用者の便宜供与のための身近な地域での展開方策と、区社協の基盤強化の意図もあり、2007（平成19）年度から全区社協で事業実施を図った。法人化当初から各区社協の正規職員は3名体制であり、各区で補助金の活用や自前の努力で準職員の増員はみられるものの、2004（平成16）年度まで基本的に3名体制のままであったが、日常生活自立支援事業の導入に伴って、4人目の正規職員を専門員として配置し、利用者の更なる増加に応じて準職員の専門員増員を図っている。

　専門員は支援プランの立案や関係機関との連絡調整の役割を担い、これに基づき具体的な支援活動を行うのが生活支援員である。京都市の場合、生活支援員は広く地域住民から募集し、一定の研修を受講の上で市社協の雇用労働者として、支援にかかる時間数の時給を支給しているが、資格を要件としておらず、専門職とボランティアの中間の、いわばセミプロ的な存在といえる。本事業は、全国あまねく実施されるものであるが、実際の運用にあたっては、当該自治体の負担額も要するので、自治体の財政状況によって、事業を担う専門員や生活支援員の処遇条件や利用者の利用料等、さまざまな様相を呈しており、政令指定都市の中でも、8都市（40％）が市域で市社協1ヶ所での実施にとどまっている（2014年4月現在[5]）。

　また、京都市では区社協が法人化するまで、各区の福祉事務所が区社協分室と位置づけられ、福祉事務所で「生活福祉資金貸付事業」業務が実施されていたが、1999（平成11）年度には、相談窓口業務が区社協に移管され、その後、2009（平成21）年度の「総合支援資金」創設を経て、12（平成24）年度には「総

図表2　政令指定都市における日常生活自立支援事業と生活福祉資金貸付事業
人口10万人あたりの実利用者数

日常生活自立支援事業

	全国平均	大阪市	静岡市	名古屋市	京都市	札幌市	神戸市	新潟市	川崎市	仙台市
実利用者/10万人	37.1	104.8	72.8	43.1	41.2	40.1	36.9	35.5	31.2	30.5
人口（千人）	1,391	2,665	716	2,264	1,474	1,914	1,544	812	1,426	1,046
実利用者数（人）	515	2,794	521	975	608	767	570	288	445	319
	福岡市	北九州市	堺市	広島市	浜松市	岡山市	熊本市	横浜市	相模原市	さいたま市	千葉市
	33.7	27.7	25.9	25.2	22.0	21.1	19.5	16.1	15.2	9.4	8.4
	1,464	977	842	1,174	801	710	739	3,689	718	1,222	962
	493	271	218	296	176	150	144	593	109	115	81

生活福祉資金貸付事業

	全国平均	京都市	堺市	福岡市	静岡市	大阪市	神戸市	北九州市	千葉市	岡山市
貸付件数/10万人	30.9	124.4	62.0	60.2	52.9	46.5	41.8	39.5	28.7	24.2
人口（千人）	1,391	1,474	842	1,464	716	2,665	1,544	977	962	710
貸付件数	430	1,834	522	881	379	1,238	646	386	276	172
	広島市	横浜市	札幌市	熊本市	川崎市	新潟市	相模原市	さいたま市	浜松市	仙台市	名古屋市
	17.2	16.8	15.8	12.7	11.7	11.3	11.1	11.1	10.0	6.3	3.7
	1,174	3,689	1,914	739	1,426	812	718	1,222	801	1,046	2,264
	202	621	302	94	167	92	80	136	80	66	83

出典：筆者作成　　　　　　　　　　　　　　　　　　　　　　　　　　（平成25年度実績）

合支援資金」も含めた全資金の相談窓口が区社協となっている。この「生活福祉資金貸付事業」や「日常生活自立支援事業」といった、低所得世帯が主な対象となる個別支援にかかわる事業は、政令指定都市の中で相談・利用件数ともに高く（図表2）、関係機関等と連携した区社協の個別支援の充実が求められている。

　このように、受託施設や個別支援業務の増大に伴う急激な組織の拡大により、直接的なサービスを担当するセクションと、地域支援やボランティア支援等の地域支援を担当するセクションや、区社協の各業務担当者、受託施設職員が各々の事業枠組みの中だけの展開に終始し、所期の最大の目的である小地域福祉活動振興の意義が十分に共有しきれぬままであった。

第3部　実践編　実践からみえてくる地域福祉の新しい力

3　地域福祉の新段階下における展開

1　新たな学区社協支援の提起と政策提言の強化

　介護保険制度開始から約10年、市社協が法人化して50周年にあたる2011（平成23）年に、市社協は「京都市における社協行動指針（以下、社協行動指針）」を策定した。指針では①地域活動、②相談支援（セーフティネット）、③指定管理事業（施設受託運営）の三つの役割の相互の連携と、市―区―学区の三層の組織が活動を通じて、所期目的の小地域における住民自身の地域福祉活動の充実と社会的孤立を防ぐことに重点を置いた。

　とりわけ219学区の学区社協活動支援においては、市社協で①居場所、②見守り活動、③相談活動を重点的に推進する「地域の絆づくり事業」の助成事業を創設し、区社協を通じて振興しており、助成対象学区数として①居場所は115学区、②見守り170学区、③相談活動95学区という実績となっている。居場所については、高齢者・障害者・子育てといった分野別のものに加えて、利用者がコーヒー等を飲みながら出入自由でくつろげる喫茶型の居場所が近年増加しており、70学区が実施している。そして、これらの活動とは別に先に述べた「健康すこやか学級事業」については、今や98％の学区である214学区で延べ12万6171名の高齢者が参加をしている（2015年度実績）。

　また、見守りについては、市社協が京都市に政策提言を行って、2012（平成24）年度から、京都市が管理している災害時要配慮者名簿の中で同意者の名簿について学区社協に貸し出され、災害時だけでなく平常時からの見守りにも活用できるようになっている。

　さらに、区社協は2012（平成24）年度に策定した「区地域福祉活動計画」に基づき学区社協への支援を強化した結果、2013（平成25）年度に全ての学区社協において重点目標を策定されるとともに、その年度から学区の概況や活動情報を学区社協で毎年更新し学区社協台帳として集約されるようになった。

2　近年の地域福祉をめぐる政策の変化

　2015（平成27）年度は地域福祉の推進をめぐって、多大な影響を与える社会福祉政策の変化があった。一つに介護保険制度の改正で、「新しい総合事業」への移行であり、要支援者等への対応として市町村の裁量でのNPOや住民主体のサービスも含めた生活支援サービスの整備が求められている。二つに生活困窮者自立支援法に基づく生活困窮者自立支援事業の実施であり、「日常生活自立支援事業」や「生活福祉資金貸付事業」の補助金が生活困窮者自立支援事業の「その他任意事業」に統合され補助の考え方が変更され、生活困窮者自立支援事業の必須事業となる自立相談支援事業については、全国およそ半数の社協が受託実施している。そして三つに社会福祉法人制度改革にかかわる社会福祉法の改正成立であり、社会福祉法人のいわゆる内部留保の活用による地域公益活動の義務化が求められている。これら、三つの施策変化について、全社協は地域福祉施策の再編と捉え、できうる限り総合的・横断的な事業展開となるような体制づくりを図り社協活動の強化につなげていくことを提起している。

3　「京都市における社協行動指針 2015」が目指すもの

　このような大きな情勢変化に的確に対応するため、市社協は社協行動指針を見直して「京都市における社協行動指針 2015」を策定した。この中であらためて、ボランタリーな住民組織である学区社協と、職員が配置されている市・区社協の三層の社協間や市・区社協のさまざまな部署間の横断的な連携である「総合力」と関係機関・団体との連携である「ネットワーク」の推進を重視している。

　そして、「新しい総合事業」の推進を踏まえて次の三つパターンのサービスや活動を整理している。一つは、専門職等といったプロの力による生活支援サービスであり、二つは、養成研修をして広く住民から新しい担い手を養成し、労働の対価としての報酬を伴うセミプロ的な非専門職の従事者による継続的な買物や掃除等の生活支援サービスである。三つは、あくまでもボランティアによる学区社協を中心として実施する「居場所」や、電球替え、家具移動などちょっとした単発的なお手伝いを行う「ちょいボラ」などの自主的活動であ

る。

　これまで、福祉施策に基づくサービスは、基本的には一つ目の専門職等のプロによって担われてきたが、制度・サービスが不足する場合、三つ目の住民の助け合い活動が主体的に生まれ、その経験をもとに市・区社協が拡充支援を行うとともに、政策提言等による制度・政策化を進めてきた。「健康すこやか学級」事業は、このような実績が評価され、市の施策の一翼を学区社協が担うまでとなっている。「新しい総合事業」ではサービス充足のため、端から住民同士の活動が制度の中に組み入れられているが、専門職のサービスに加え住民同士の活動で、今後の需要の充足は容易ではないと考えられる。そこで、市・区社協では2015（平成27）年度から専門職とボランティアの中間にあたる、二つ目の非専門職の従事者を養成し独自に「お助け隊」として組織している。

　三つ目のボランティア活動としての学区社協活動においては、「居場所」や「ちょいボラ」が広がるために、市社協の誘導策として、「地域の絆づくり事業」をリニューアルし、これまで地域の中で当然のようになされてきた日頃からの助け合いの中身を可視化した助成メニューの提示を進めるべく作業を進めている。そして、今後ますます地域の絆が希薄になっていく中で、学区社協の組織活動としての助け合い活動の拡充の意義や必要性を、学区社協に認識してもらうとともに、学区社協活動の担い手が利用者（参加者）の何気ない言葉から引き出した困りごとを組織として共有し、専門職との連携のもと、その地域状況に応じた解決に向けて活動内容をカスタマイズするための話し合いの場の重要性を学区社協の役員層に浸透させていくことが必要である。さらに、これらの活動を継続的に実施できるよう、担い手の確保や担い手の中でリーダーとなりうる人の育成支援といったマネジメント支援が必要となってこよう。さらには、町内単位やマンション単位、あるいは複数学区など、元学区の範域とは異なる住民の組織活動とのかかわりが必要になってこよう。そのために、区社協は積極的に学区社協の話し合いの場にも参加しファシリテートしていくことが求められる。

　また、図表3のように、市社協では、貧困の課題に対して生活困窮者自立支援事業の任意事業である就労支援事業にあたる「チャレンジ就労体験事業」を

図表3　京都市における社協行動指針2015

出典：京都市社会福祉協議会作成

受託実施し、区社協と連携して就労体験先の確保と対象者のコーディネートを実施している。「ネットワーク」力を駆使し、多くの社会福祉施設に働きかけ体験先となってもらい、対象者の状態に寄り沿った声かけや体験内容の提供などの支援がなされており、対象者の生活が改善され、一般就労も含めた新たな活動へのステージアップの事例が多数みられている。区社協においては、これまでから実施している「生活福祉資金貸付事業」との連動性確保のため、生活困窮者自立支援事業の必須事業である「住居確保給付金」の事業事務を受託し実施している。

　さらに、孤立の課題に対しては、市社協の政策提言に基づいて2014（平成26）年度から市で開始された「地域あんしん支援員設置事業」を市社協で受託し区社協との連携のもと実施している。区社協に配置された「地域あんしん支援員（コミュニティソーシャルワーカー）」が、制度の狭間やサービス利用を拒否する人に対して粘り強く、寄り添いの個別支援を行うだけでなく、福祉事務所がしっかり関与して専門職とともに地域住民も含めた個別支援チーム形成による

問題解決の促進がなされていることが京都市のCSW設置事業の特筆すべき特徴となっている。さらに、区社協の地域担当のコミュニティワークによる地域の問題へと共有化や、問題の再発防止の実践もみられており、市社協は京都市に対してこの事業の全区実施を要望している。

貧困や孤立の両方の課題に対して取り組む社会福祉法人の地域公益活動に関わっても、「ネットワーク」力の発揮し、2014（平成26）年度に京都市老人福祉施設協議会と「社会福祉施設の地域貢献・社会貢献に関する協定」を締結し、学区社協等の地域福祉活動の拠点として利用できる施設スペースや専門職のノウハウの提供等の促進を区社協と連携のもとで行ってきた。京都市社会福祉施設連絡協議会では地域公益活動推進委員会が設置され、市社協は、老人福祉施設との協定締結の経験を活かして、他の種別施設とも地域公益活動の実施体制の調整等を図るとともに、地域におけるニーズの把握や地域公益活動の実施状況の把握・共有の枠組を京都市に対して政策提言している。

4　今後の課題

今日、深刻な福祉課題の中でもとりわけ、2025年問題[7]が重要である。この対応策として、住民主体の活動を制度的に取り込んだ「新しい総合事業」は、現場サイドにとっては"上からの押し付け"的感覚で受け止められることが多く、住民同士の支え合いが広がっていくことは容易なことではない。

社協はこれまでから住民をサービス提供主体に動員することを支援目的とするのではなく、住民が孤立することなくつながり合い、地域の生活課題に対して住民が主体となって、専門職を活用しながら自らの発案によって活動を発展させていくという一連の営みを支援し、行政との連携のもとで住民福祉活動の発展が遂げられてきており、この局面において社協がこれまで培ってきた力を発揮できるのではないかと考える。

冒頭に京都の自治組織の歴史についてふれたが、明治に入って上から、なし崩し的に東京遷都が実行され、京都において商工業が衰退し急激な人口減少が起きており、この危機を立て直すために町衆の手で小学校の創設に着手し、京都の復興の人材育成拠点が整備された。[8]

第 2 章　大都市の中での地域福祉の推進

　私たち京都市社協としては、こうした明治維新下の危機的な状況を住民パワーで乗り切ったという京都の歴史の上に立ち、支援する側の職員は小地域の福祉活動支援業務と受託施設業務、個別支援業務の経験を結集させ、住民が住み暮らす地域をステージに相互に活かしながら、「あんしん」を創造する「福祉刷新」を目指して住民主体の地域福祉活動の推進に取り組んできたい。

　※本章執筆にあたり、鹿島郁弘常務理事には、ひとかたならぬご指導と叱咤激励をいただいた。この場を借りて厚く御礼申し上げる。

【注】
1）　京都市歴史資料館「年表と解説シート　町組改正と小学校」『京都市歴史資料館　情報提供システム　フィールド・ミュージアム京都』https://www.city.kyoto.jp/somu/rekishi/fm/nenpyou/htmlsheet/toshi26.html, last visited, 27 September 2015
2）　原文は「援助」となっているが、筆者で「支援」と置き換えている。
3）　厚生省補助事業「地域老人福祉システム開発育成事業（プラン80）」を京都市の委託のもと実施し地域福祉活動を基盤に関係機関の連携をシステム化していく方策を検討し、学区社協活動のメニュー化も図った。
4）　京都市の場合、市区社協の統一性・一体性を担保するため、当初から各法人区社協の人事を市社協で一体的に行い、区社協へは市社協の職員を出向させている。
5）　現在、全国的には20政令指定都市のうち、区社協の法人化がなされているのは、政令指定都市としての歴史のある10都市にとどまっており、後発都市の場合、区社協は市社協の支部となっている。
6）　2015（平成27）年4月厚生労働省調査結果による。
7）　厚生労働省は、「ベビーブーム世代」が後期高齢者に到達する2025年は高齢者が3500人になると試算し、従来とは異なる種々の問題が顕在化するとしている。
8）　一般社団法人京都経済同友会HP「京都再発見」に詳しい。http://www.kyodoyukai.or.jp/rediscovery/rediscovery001, last visited, 27 September 2015

〔参考文献〕
京都市社会福祉協議会基本構想委員会（1984）『京都市社会福祉協議会基本構想委員会答申　京都市の社会福祉協議会の現状と発展課題』
京都市社会福祉協議会（1990）『人のふれあいと地域福祉　プラン80京都市地域老人福祉システム開発育成事業報告書』
京都市社会福祉協議会（1998）『21世紀・人が輝く福祉のまちづくり　京都市社会福祉協議会基本指針策定プロジェクト会議研究報告書』

第 3 部　実践編　実践からみえてくる地域福祉の新しい力

京都市社会福祉協議会（2013）『京都市社会福祉協議会創立60周年誌』
京都市社会福祉協議会（2015）「京都市における社協行動指針 2015」
京都市歴史資料館「年表と解説シート　町組改正と小学校」『京都市歴史資料館　情報提供システム　フィールド・ミュージアム京都』https://www.city.kyoto.jp/somu/rekishi/fm/nenpyou/htmlsheet/toshi26.html, last visited, 27 September 2015

第3章

相談からはじまる地域福祉活動
——「聴く」が「効く」

山口　浩次

1　大津市社会福祉協議会の相談活動

　大津市社会福祉協議会（以下、市社協）の相談事業の位置づけが大きく変わるのは、1997年4月に熊澤孝久[1]が心配ごと相談事業の相談員として着任したことがきっかけである。市社協では、55年から生活福祉資金貸し付け事業を実施、63年度からは心配ごと相談事業を開始し、民生委員児童委員を担い手とした地域での出張相談所を展開していた。しかし、筆者が入社した90年度当時、心配ごと相談事業も生活福祉資金事業も、担当者のみがかかわるだけで、市社協の基幹事業である学区社協支援事業とかかわらせて展開することはほとんどなかった。特に生活福祉資金事業は、利用条件が厳しかったこともあり、貸し付けを断ることが多かった。
　市社協の心配ごと相談員として赴任した熊澤は、「市社協の相談活動はこれで良いのか」という問題提起をした。熊澤は、相談現場での実践を通して、私たち市社協職員に相談とは何かを身をもって伝えた。相談場面では、相談員が正論でアドバイスするのではなく、相談者に寄り添い、話しを「聴いて、聴いて、聴いて」いくことで、「誰が何に困っているのか」が整理でき、やがて相談者が自分で方向を決めていくようになる。これが、相談現場では「聴く」ことが「効く」という熊澤の教えである[2]。
　それ以降、市社協では、心配ごと相談や生活福祉資金の相談を市社協の大切な事業として意識的に位置づけ、地域福祉活動につなげるように取り組んできた。例えば、生活福祉資金の対象にならない人の相談は、「お断りしてからが

市社協の相談のスタート」と考えるようにしてきた。こうした実践が、多重債務者の相談や困難な問題を抱えた相談を市社協の総合相談として受け止めることにつながり、毎週のように市内の弁護士事務所に相談者と同行するようになった。こうした取り組みが、当時の先輩職員のアドバイスにより市社協に「顧問弁護士」を導入するきっかけになった[3]。

　現在では、個人の相談を大切にし、そこから見えてくる問題を市社協の地域福祉の課題として位置づけて実践をしている。具体的には、個別の相談から始まる地域福祉活動を「プロジェクト」として実験的に実践し、次年度の事業計画や、地域福祉活動計画に位置づけてきた。例えば「権利擁護プロジェクト」の実施は、法人後見を担う「NPO法人あさがお」の設立に繋がった。また、「生活困窮者自立促進支援モデル事業プロジェクト」は、学区社協を推進役とする「寺子屋プロジェクト」や「生活支援物資プロジェクト」の推進に繋がっている。本章では、こうした「プロジェクト」がなぜ大津でできたのか、背景や仕組みについて述べることにする。

2　相談現場から生まれた実践

　市社協には、1960年代からすべての小学校区で、学区社協活動に取り組むという住民参加の基盤がある。また、市社協は、民生委員児童委員協議会の事務局を担っており、合わせて介護保険事業を実施していないことなど、地域福祉活動に専念できる条件を要しているということができる。自治体とは、市の地域福祉計画の作成に伴う協力関係や、市社協の人件費の支援、委託事業の実施、予算要求時期の関係部局との勉強会など、一定の信頼関係と協働関係がある。

　私たちは、相談現場から生まれた市社協発の地域福祉活動の実践を「プロジェクト」として実施してきた。「プロジェクト」のきっかけは、相談場面での職員の気づきや職場の上司のアドバイス、職員同士の検討会などさまざまである。

　以下に三つの主な「プロジェクト」の実践を報告する。各実践の記録方法と

第3章 相談からはじまる地域福祉活動

して、①きっかけ、目的、課題、②拠り所となった考え、③職場での討議・意見、④問題把握の方法、⑤取り組む体制、⑥自治体への働きかけ、⑦前進面、課題などを記述した[4]。

1 生活困窮者支援プロジェクト

　2012年度、国の社会保障審議会の特別部会で、社会的孤立と生活困窮対策の議論が進んでいた。当時、市社協の相談窓口では、「失業保険が切れてからも仕事が見つからなくて生活が苦しい」、「失業保険が出ない職場で働いていたが次の仕事を見つけるまでの間の生活費がない」、「今月から仕事をしているが給料が出るまでの間の生活費を借りたい」という相談者が増加していた。生活福祉資金の総合福祉資金や緊急小口資金の貸し付け利用者も増加してきた。職員は、生活困窮者に対する就労支援に対する何らかの取り組みの必要性を実感していた。

　市社協では、総合相談事業、相談機関連絡会や相談員セミナーを実施しており、何よりも36ヶ所の学区社協の日常的な活動が基盤にある。

　市社協は、これまでも相談者に寄り添う相談方法を大切にしてきた。こうした伴走型支援を一層充実させるためには、生活困窮者の問題に、市社協として取り組むことは、当然であると考えた[5]。

　同じ取り組むなら、生活困窮者自立支援促進モデル事業（以下、モデル事業）から取り組み、2015年度実施に向けての準備をしたい。相談体制の充実を図ること。生活福祉資金の相談の中では、就労を希望する人が多いが就労に結びつかないで困っている人が多いこと。モデル事業を通して、就労支援にも力を入れようという意見が出た。

　市社協では、障害者支援・児童虐待支援・高齢者支援の専門職員に困窮者世帯の把握のためのアンケート調査を実施した。生活保護は未受給であるが、現に困窮している世帯が約130世帯いることに加えて、このままだといずれ困窮世帯になるだろうと予測される世帯が推計で1000世帯以上もいることがわかった。

　また、市社会福祉事業団に依頼して、ホームヘルパーが訪問している家庭に

ついて「引きこもりの息子・娘がいる世帯の事例調査」を実施したところ、80歳代の要介護高齢者と、無職の50歳代の息子や娘が同居している事案が多数寄せられた。

2014年度のモデル事業時は、職員4人体制（前年度から3人増）であった。15年度からは7人体制（前年度から4人増）となり、必須事業の自立相談支援事業と就労準備支援事業、学習支援事業の二つの任意事業を実施している。

12年度に国からモデル事業が提案された時、市社協の呼びかけで、市の担当部局の幹部職員を交えた勉強会を開催した。この勉強会が、モデル事業の実施のきっかけとなった。市の担当部局との間では、モデル事業を進める中で、生活保護を必要とする世帯には、生活保護の活用が不可欠であるということの共通認識を持って進めた。

15年度からは、生活困窮者自立支援法による事業がスタートした。市社協では、必須事業の自立相談支援事業、任意事業の就労準備事業、学習支援事業を市から受託した。この事業を通して、就労支援のためにNPO法人や、学習支援事業に取り組むNPO法人等との新たなネットワークが広がった。市社協への相談者が増えたこと、その人にあった就労先の開拓、就労支援の幅を広げる必要性があることなど新たな課題がみえてきた。

2　生活支援物資プロジェクト

2007年度のリーマンショック以降、外国籍住民の生活困難の相談が倍増した。その際、滋賀県社協からの提案もあり、目の前で困窮している外国籍住民に対して生活支援物資の提供を市民に呼びかけた。市社協では、その後も困窮者の相談が続いたため、生活支援物資の提供の呼びかけを続けている。

市社協に寄せられる市民からの相談内容を分析したところ、生活苦による生活費の相談が多かったことから、生活支援物資の受け入れを継続して行い市社協版のフードバンクをもつ必要があった[6]。

当初、職員が手持ちの食材を相談者に提供していたが、職員が自分で買った食材を相談者に提供していては、問題は顕在化しない。地域の皆さんにSOSを出して、生活支援物資の提供を呼びかけることにした。生活支援物資を相談

者に提供する時には、声のかけ方に気をつけないと傷つけてしまうことになる。また、依存関係を作るのはよくないと考えて、提供に際しては、おおよそのルールを決めた。

利用者が希望する物資の種類を聞き取る。お米は必要な人と必要でない人に分かれる。すぐに食べることができるレトルト食品や缶詰、麺類が好まれていることがわかった。

夏と冬の2回、学区社協会長会、地区民児協会長会で、生活支援物資の依頼を行う。レトルト食品や缶詰など、現金換算で毎年100万円以上の寄付物品を預かっている。また、利用者には、年間200回前後の提供を行っている。提供に際しては、福祉事務所、地域包括支援センターとも連携して実施している。生活支援物資を担当する職員を決め（兼務1名）て、受付、お礼状、物資管理を行っている。

生活困窮者に対しては、市社協が生活困窮者自立支援事業の受託を受けていること、当面の生活支援物資の提供をしていることの情報を伝えている。福祉事務所や税の徴収窓口、地域包括支援センターからの問い合わせも増えている。

目の前で困っている人が、生活支援物資の提供を受けることで、落ち着きを取り戻し、その後、相談を継続してくれるようになるという事案が増えた。また、生活困窮者の状況を学区社協や地区民児協の会長会を通して、地域の課題として提案してきた。生活支援物資の提供の呼びかけの際には、具体的に求めている物資の品目を挙げることに加えて、困窮者の事例の報告をすることで理解を深めるようにしている。

3　寺子屋プロジェクト

子どもの貧困問題対策を検討していた2014年度、市内の唐崎学区社協が同年に実施した子どもの学習支援と居場所づくりとしての「唐崎学区寺子屋プロジェクト」に大いに学ぶところがあった。

生活困窮者自立促進モデル事業を実施する中で、地域福祉的な実践を模索していたことから、唐崎学区が先行して実施していた「寺子屋プロジェクト」を

市内の学区社協に広げていきたいという意見が職員から出された。

「学区社協の事業で、生活に困窮している子どもたちを対象にすることは難しい。」「対象を限定せずに、広く呼びかけて、先生やケースワーカー等から必要な子どもたちに個別に声をかける方法がいい。」「学習と居場所づくりの両面を目的に進めたい。」

2014年度は、生活困窮者自立促進モデル事業として、学区社協を主体とした寺子屋プロジェクトを市内の7学区（全36学区）で実施した。参加した子どもたちの反応、実施した学区社協、ボランティアの事業に対する評価は、とても高かった。中でも学校の先生の評価が高く、「継続して実施して欲しい」、「協力したい」という声が多数届いた。

時期は、夏休みや冬休みの長期休暇中の5日間とした。会場は、市民センターや自治会館、お寺などで実施した。対象は、小学生から中学生に絞り、チラシ等で広く呼びかけた。2015年度は、18学区社協で実施した。地域担当者の13名の職員ができる範囲で参加した。ボランティアとして学生や住民の参加が広がった。補助金は、1学区社協に10万円とした。

関係者の協力のもとで、困窮世帯に限定せずに、広く呼びかけ、長期休暇中の宿題支援と居場所づくりを行った。この方法が良かったこともあり多数の学区社協に波及した。寺子屋プロジェクトを通して、学区社協の新たな可能性を感じることができた。

また、夕方から夜にかけての居場所を必要としている子どもたちを対象に「トワイライトステイプロジェクト[7]」を進めることとなった。

以上のほか、ユニークな取り組みとして、今回紙幅の都合で割愛した「相談機関連絡会プロジェクト」や「権利擁護プロジェクト」がある。後者については、2003年度の調査で、市内に約300名程度の利用希望者がいると推測されている[8]。「権利擁護プロジェクト」では、知的障害をもつ人が安心して暮らすために、実際の現場の事例を基にした権利擁護ハンドブック作りに取り組んでいる[9]。

また、「異分野に学ぶ研修プロジェクト」、電車を借り上げ、障害者の社会参加を行う「電車と福祉プロジェクト」や、元気なうちに大切な人へのメッセー

ジを考える「エンディングノートプロジェクト」などが職員の発案でスタートしている。

3 「プロジェクト」をどう位置づけるのか

　市社協の行う「プロジェクト」は、実験的な取り組みからスタートし、やがて予算がつき、事業計画に位置付き、評価、見直しを繰り返して地域福祉活動計画に位置づけられる事業となる。こうした実験的な「プロジェクト」を進めることができるのは、民間団体としての市社協の特徴といえるだろう。制度を運用し、議会の承認が必要である行政組織では、市社協のような柔軟な「プロジェクト」を行うのはなかなか難しいのではないだろうか。
　「プロジェクト」として実験的に実施した取り組みは、市社協の仕組みになり、今では、重要な地域福祉事業になっている。言わば、「プロジェクト」は、現場の職員発の「こういうことができたらいいなあ」という「夢実現プロジェクト」である。「プロジェクト」は、どのような方法で進めているのか。職場内で、どのように位置づけてきたのかをフローチャート図（図表１）をもとに解説する。
　まず、第１段階は、職員の気づきが出発点となる。相談事業や地域支援事業、ボランティアや地域活動、異分野とのコラボレーションなど、職員が出会う問題に対して、目の前の解決だけでなく、同じような問題を抱えた人の課題を何とかして改善したいという思いからすべてがスタートする。
　職員が相談活動等を通した気づきを各自が所属するグループのミーティングに提案するためには、日頃からのコミュニケーションが不可欠となる。そうした雰囲気を職場内に広げるのがグループリーダーや管理職の重要な役割となる。
　第２段階は、職員の気づきを形にする段階である。グループでのミーティングを経て、幹部会、役員会、そして、次年度の予算のためのヒアリングを通して形になる。
　第３段階は、「プロジェクト」の具体化に向けて、年度内に試行的に実施す

第3部　実践編　実践からみえてくる地域福祉の新しい力

図表1　職員提案のプロジェクト実現のためのフローチャート

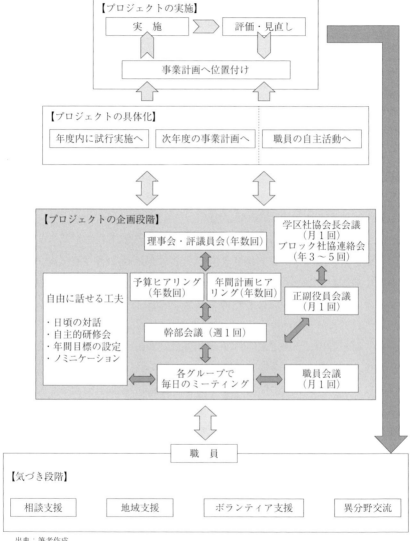

出典：筆者作成

るのか、次年度の事業計画とともにスタートするのか、それとも職員の自主的な活動で進めるのかという調整の段階となる。主に、中間マネージャーやトップマネージャーとの調整の中で、実施に向けての後押しをすることとなる。

最終段階は、実際に「プロジェクト」を実施し評価をする段階である。実施後、1年で「プロジェクト」の評価をして、見直しをする。小さな見直しから、大きな方向転換まで、「プロジェクト」によって見直しの幅は大きい。

こうした「プロジェクト」の具体化を通して、職員は新たな気づきや事業提案を行うことで力をつけていく。職員は、気づきが「プロジェクト」として実施され、評価、見直しのサイクルを経験する中で、成長をするのである。

4 市社協職員のモチベーションを高めるには

市社協の職員のモチベーションを保ち、高める取り組みを図表2にまとめた。これらは、日々、積み重ねることが大切である。

図表2 職員のモチベーションを上げるための大津市社協の取り組み一覧

取り組み	効　果
毎朝、朝礼当番が今日の一言を話す	聴く訓練。人前で話す楽しさの実感
「職員6か条」[10]の作成	自分たちで作った愛着の持続
毎週1回、朝礼で職員6か条を唱和	市社協職員としての自覚
毎週の幹部会議	全体の日程や課題の共有
熊やんとの愛言葉[2]の唱和	熊やんの哲学や心を受け継ぐ
職員会議は複数の担当で準備	ケース検討など有意義な会議内容
グループごとに年間計画を作成	常に見直しを促すことで自覚的に
年度当初に各自による「ちょっと背伸び年間目標」を設定する	自分で決めるので頑張れる
半年間、京阪電車の車体に市社協のラッピングを施す電車を運行する	市社協の宣伝とともに、職員が市社協に誇りをもつようになる
利用者・相談者に必ずお茶を出す	相談者の相談にのる覚悟をもつ
県内外の研修会や災害ボランティアセンターに職員を派遣する	大津市以外の社協職員、NPO、ボランティアとの交流をする

出典：筆者作成

第3部 実践編 実践からみえてくる地域福祉の新しい力

5 市社協の新たな課題と使命

　滋賀県には、糸賀一雄による「この子らを世の光に」という実践に基づいた有名な考え方がある。私たちが実践している「プロジェクト」方式による実験的な取り組みの背景には、熊澤の「聴くが効く」をはじめとした相談の考え方とともに、糸賀の「この子らを世の光に」、「自覚者が責任者」という哲学がある。一人の相談者に寄り添い、自立の支援を通して、職員が学び、その学びをもとに職場で討議を重ね、必要な取り組みに繋げていくことを心がけてきた。

　市社協の職員は、今ある活動を例年通りに進めるだけではなく、新しい問題に対して提案力をもって対応しなければならない。そのための手段が「プロジェクト」である。地域の問題は変化していくし、市社協に期待される自治体からの要請も多様化している。

　2015年度には、全国的に介護保険制度の改正に伴う地域支援事業の検討や、生活支援コーディネーターの設置に向けた検討が始まった。また、社会福祉法の改正により社会福祉法人の社会貢献が位置づけられている。こうした現在の地域福祉を取り巻く重要なテーマに対して、私たちは、過去の取り組みを見直し、今後の大津市の地域福祉をどのように進めるのかを検討し、当事者とともにチャレンジ精神を持って取り組んでいく。後輩職員が、どのような新しい「プロジェクト」を提案して来るのか、そして私たち中間マネージャーが後輩たちの提案をどう後押しをするのかが大切と考えている。市社協は、これからも一人ひとりの相談を大切にして、住民主体を基盤とした地域福祉活動を広げることで、住民や行政、関係機関にとって頼りにされる存在であり続けたい。

【注】
1）　熊澤孝久・享年82歳。市社協の名誉相談員であった。2014年4月に死亡。82歳まで現役の相談員。アルコール依存症、薬物依存症の当事者。滋賀県断酒同友会顧問、びわこダルク理事長。
　　2013年『聴くが効く―熊澤孝久物語―』熊やんプロジェクト自費出版
2）　熊澤の教えは、相談場面で熊澤が大切にしたものであり、「熊やんとの愛言葉」とし

てまとめ、職員全員が継承している。「聴くが効く」。「困ったときはまあええか」。「みんな一緒にぼちぼちいこか」。
　『まいにち熊やん』日めくりカレンダー　熊やんプロジェクト作成
　お問い合わせは、大津市社協　電話077-525-9316　山口

3）　2003年度から導入。月2回、弁護士を交えた相談会をもっている。市社協職員が事前に相談を整理し、当日は、相談者と市社協職員、民生委員や地域包括支援センター等の関係専門職が同席する。評判が良い。

4）　三塚　1992：32「実践記録にもりこむべき主な内容」

5）　三塚　1992：199

6）　2013年『大津市社協第4次地域福祉活動計画』18頁「目標2市民一人ひとりが生きる力を高め合う関係づくり」

7）　トワイライトステイプロジェクトは、モデル事業として1ヶ所でスタート。2015年度には3ヶ所に広がり、小学生から中学生を対象としている。時間は午後5時から8時まで。食事を作ったり、勉強をしたりしてすごす。スタッフとしての大学生の役割が大きい。補助金事業としてNPOが実施し、市社協が事務局役を担っている。

8）　2003年『大津市・大津市社協の権利擁護の取り組み報告』（高齢者・障害者の権利を擁護する組織の設立に向けた調査・研究会編）5頁。

9）　権利擁護ハンドブック VOL. 1改訂版（2013）『知的障がいのある人が地域で安心して暮らすために～逮捕の連絡を受けてから起訴まで～』大津高齢者・障がい者の権利擁護研究会。
　権利擁護ハンドブック VOL. 2（2015）『知的障がいのある人が地域で安心して暮らすために～逮捕の連絡を受けたら（少年編）～』大津高齢者・障がい者の権利擁護研究会。
　お問い合わせは、大津市社協　電話077-525-9316　山口

10）　市社協の職員手作りの職員6か条。市社協60周年に作成した。
　　1．住民よし、地域よし、社協よし、三方よしを大切に。
　　2．目配り、気配り、心配りを大切に。
　　3．スピード感を持って取り組みます。
　　4．つながりを大切にします。
　　5．笑顔で人と接します。
　　6．頼りにされる存在を目指します。

11）　糸賀一雄（1965）『この子らを世の光に──近江学園二十年の願い』柏樹社／【復刻版】NHK出版、2003年

〔参考文献〕
右田紀久恵・井岡勉編著（1984）『地域福祉──いま問われているもの』ミネルヴァ書房
孝橋正一編著（1982）『現代「社会福祉」政策論──「日本型福祉社会」論批判』ミネルヴァ書房

第 3 部　実践編　実践からみえてくる地域福祉の新しい力

中垣昌美編（1995）『社会福祉対象論』さんえい出版
三塚武男（1992）『住民自治と地域福祉』法律文化社

第4章

生活支援と福祉コミュニティの形成
——改正精神衛生法の時代の大阪府保健所の実践

加納　光子

1　福祉コミュニティ

1　コミュニティと福祉コミュニティ

　1970年代から始まるわが国のコミュニティ政策を受けて、中央社会福祉審議会は、その答申「コミュニティ形成と社会福祉」(昭和46年12月11日)(中央社会福祉審議会 1971：289)で、「地域社会という生活の場において、市民としての自主性と主体性と責任とを自覚した住民によって、共通の地域への帰属意識と共通の目標をもって、共通の行動がとられること」と「これを支える態度」をコミュニティの要件として挙げている。つまり、①地理的規定（同一地域に生活している人々の集群）、②作用的規定（その人々の生活上の相互関連の体系）、③施設的規定（その生活相互行動を一定地域内で果たさしめている所の生活環境諸施設の体系）、④態度的規定（この人々がもつであろう生活利害と行動の共通性を生み出す可能性に満ちた人々の共通行動体系）をコミュニティの条件として挙げ、「生活環境を等しくし、かつ、それを中心に生活を向上せしめようとする方向に一致できる人々が作り上げる地域集団活動にこそ、コミュニティが醸成される」と定義している。

　社会学の奥田道大は、コミュニティ意識の構造として、①「地域共同体」モデル、②「伝統的アノミー」モデル、③「個我」モデル、④「コミュニティ」モデルを挙げ、④を新しい類型として位置づけ（奥田 1983：28）、「コミュニティ」モデルを「地域社会は自分の生活上のよりどころであるから、住民がお互いにすすんで協力し、住みやすくするよう心がける」というパターンイメー

ジであらわしている（奥田 1983：31）。

　次に、福祉コミュニティについて述べると、周知のように、岡村重夫は、地域福祉概念を構成するものとして、地域組織化活動、コミュニティ・ケア、予防的社会福祉の3要素を挙げ、そのうち地域組織化活動——地域福祉にとって望ましい地域社会構造と社会関係を作り出す活動（岡村 1981：67）——を、一般的地域組織化（＝一般的なコミュニティづくりの組織化活動）（岡村 1981：68）と福祉組織化に分けた（岡村 1981：65）。そして、福祉組織化活動の目的を「福祉コミュニティ」づくりであるとし、「福祉コミュニティ」は、従来、伝統的に考えられてきた「機能的コミュニティ」のような利益集団的なものではなく、その構成者は、地域社会における社会福祉サービスの対象者やその関係者、またそれと同じ立場に立つ共鳴者、代弁者と、社会福祉その他の生活関連制度に関係する機関・団体であり、一つの地域集団の中に統合されるのではなく、下位集団ないし構成メンバーとしてインターグループを構成する、としている（岡村 1981：86）。

　永田幹夫は『在宅福祉サービスの戦略』を引用して福祉コミュニティ形成の必要を、「在宅福祉サービスの効果的な展開のために、ニーズの充足に必要な社会福祉の施設・サービスが、同意され、これらの在宅福祉サービスを地域住民が受け入れ、何らかの形でこれらのサービスを支持、協力、参加する態勢がつくられることが重要」と述べており、これらを満たすものを福祉コミュニティとみなしている。そして、福祉コミュニティは、地域福祉構成の主柱の一つである在宅福祉サービスに関する研究の進展に伴い、いっそう大きな関心をよぶことになったという（永田 1997：129-130）。

　和田敏明は、仮に地域を基盤とした社会福祉が構築されたとしても福祉コミュニティづくりが行われなければ、真の地域福祉とはいえないとし、福祉コミュニティづくりは一般的コミュニティづくりに貢献することになるとしている（和田 2006：318-319）。

　大橋謙作は岡村のいう一般コミュニティと福祉コミュニティとの使い分けは今日ではあまり意味をもたないとし、従来の地域コミュニティ型組織とアソシエーション型組織が市区町村と言う地域を基盤にして、相互の良さを生かした

活動を組織化し、コーディネートして推進して行くことが大切であるとしている（大橋 2006：24-25）。

社会学の奥田は「福祉コミュニティとは、コミュニティの特殊な側面における型を意味するのではない。コミュニティの本質課題が福祉コミュニティである」（奥田 1982：162）としているが、筆者はこの「コミュニティの本質課題が福祉コミュニティである」という捉え方は、コミュニティが人間の生活する場である以上、福祉的課題からは免れ得ないので、的確な捉え方であると考える。そして、大橋のいうアソシエーション型組織がその中で力を発揮していける、（福祉）コミュニティづくりが重要であると考える。

2　福祉コミュニティの基盤にあるもの

和田は、福祉コミュニティは、①社会福祉施設ないし在宅福祉サービスや地域福祉活動、②それを支えている公私のネットワーク、③それに参加・協力する住民の意識・態度の変容、の三つが、①の利用圏をベースに作られるとして、重要な点は住民や公私のネットワークが具体的なサービスや活動と結びついている点であるという（和田 2006：319）。

筆者は、和田の③に関連する福祉コミュニティの活動の形成・維持・発展の基盤を支えるものが「意識態度」であり「規範」であり「ミッション」であり「哲学」であると考える。これらがしっかりと基盤にあることによって、①や②が実現する。実現の過程で、これらの基盤がより強固になってくるともいえる。

近年、「ニードに直面する人の苦しみを共有し、悩みを分かち合いながら」なされるという阿部志郎の福祉思想や（阿部 1997：9）、「他者の痛みを自己のものとすることであるコンパッションが、対人関係という限定した二者関係だけではなく、開かれた公共空間の中で創造することが社会福祉学の新しい課題となるであろう」という木原活信のコンパッション論（木原 2005：11）や、「人と人の間柄は共感の世界であり、自分さえ存在すればいいという考え方ではない。その中で「愛」が育っていく」と述べた糸賀一雄（糸賀 2009：42-48）の教育観や、「援助者は基本的に共感する他者である」という窪田暁子

(2013：53-56)の援助観が影響を与えている。こうした主張・考え方が、"共感性の深まりに無関心でいる人たちの間に広がって、無関心をなくし、他人事を我が事とする意識・気づきを生じ、当事者性をもたらす"ことに貢献することを期待したい。この苦しんでいる他者への共感を伴った当事者性が、福祉コミュニティを創造し支えていくことになるであろうからである。

次節において、福祉コミュニティの形成へと進み、その形成を通して展開した改正精神衛生法時代の大阪府の精神衛生相談員（当時）の実践を紹介して、このことを説明したいと思う。

2　保健所地域精神保健医療福祉実践と生活支援

1　精神障害者の置かれた状況

まず、西欧の精神障害者医療の歴史をみると、西欧では、ギリシャ・ローマ時代はひたすら自然治癒力に頼った。精神病者は多くは病者としてみなされていたが15世紀から19世紀にかけては狂者としてみなされ、魔女狩りの対象となったり、巨大施設に犯罪者などと一緒に無差別収容された。19世紀には、精神病者は狂者ではなく再び病者とみなされるようになったが、自然科学の進歩により、マイナスイメージが強まり再び大規模施設に収容された。しかし、この期の終わりには家庭介護が広がりジーモンの作業療法が始まった。大規模収容と反省を繰り返して20世紀となり、現在につながる開放の時代に入った。

日本では、精神障害者の歴史は大きく3期に分けられる。一貫して中世ヨーロッパにあった組織的な迫害はなかった。第1期の律令制時代には精神病者は病人とみなされ、養老律令（718）にはその人たちの犯罪に対する刑罰の減免の規定もあった。鎌倉期以降は、治療を行う所として密教系水治療型と浄土真宗系漢方治療型の寺院が存在した。第2期の江戸時代になると、軽症の人は放置され重症の人や家族が対応できる人は寺院等の付属施設に収容された。日蓮宗系読経と規則的な参籠生活型治療も始まった。第3期は明治時代以降である。精神保健行政は明治初期までは全く法的規定がなく、明治政府は、富国強兵政策により精神科病院建設よりも軍事費その他に費用を使うことを選び、政

府の責任としての精神科病院を設置せず、家族に私宅監置を許可することで対応しようとした。吉川武彦（2000：42）のいうように、規制をかけることによって被拘禁者を保護しょうとした面はあったにしても、精神障害者が政府の富国強兵政策の犠牲になったことは事実であった。石原邦雄（1988：19-20）のいうように、明治政府は家族・家長に政府の機能を代行させてこれに依拠して秩序維持を図ろうとした。「隣保相扶、親族相救」の理念のもと、国家としての社会福祉・社会保障施策に取り組もうとしない政治体制であり、為政者の側にも、家制度に組み込まれた国民の側にも人権意識が十分に育たなかったことなどが、現在の民間病院に依存した精神科医療問題の要因をつくったといえる。

　こうして、日本独特の精神科医療の特色をもったまま、1964（昭和39）年のライシャワー事件を契機に、保健所精神衛生相談員（現・保健所精神保健福祉相談員）が保健所に配属された。保健所精神衛生相談員は知事の許可があればさまざまな職種がなることが可能であったが、その中に、福祉職採用もあり、後述するようにいくつかの保健所にPSWが誕生した（以下、福祉職の保健所の精神衛生、精神保健、精神保健福祉相談員を保健所PSWと呼ぶ。この職は法律が変わるたびに、その名称を変えた）。保健所PSWは社会福祉学をその基盤としており、生活支援がその業務の主たる目的となった。

2　保健所PSWの生活支援業務

　保健所PSWの生活支援業務を、主として2008年から2014年に至るまで筆者の行った大阪府を中心とする「改正精神衛生法時代の保健所精神衛生相談員（当時）」の業務に関する聞き取り調査[1]を通してみていくことにする。

　(1)　**保健所PSWの置かれた状況**　保健所PSWたちが置かれた当初は、地域には社会資源と呼ばれるものが、生活保護以外には皆無に近く、精神障害をもつ人たちが地域で生活しようにも、支える術のない状況であった。

　この頃の社会福祉の状況は、永田（1997：17-24）によれば、実体内容をもった概念としての地域福祉形成の基盤となる事象が生じた頃といわれている。高度経済成長によって国民生活に多くの歪みが生じ、地域社会に多様かつ深刻な

第3部 実践編 実践からみえてくる地域福祉の新しい力

福祉課題が累積したことや、高度成長によるパイの分け前が増えて、1960年代から社会福祉が急成長した。すなわち措置費の強化と相まって施設関係事業が拡大したことを背景に、一つには、障害別のいくつかの親の会の全国的組織の活動を含むコミュニティ・ケアの台頭があり、もう一つには、住民運動の台頭があった。住民運動は、物価高騰などの社会経済体制の根本にかかわるものから、悪臭・騒音被害に関するような身近に限定された範囲のものまでさまざまであったが、地域ぐるみ運動であった点に特徴があった。永田はこうしたことが地域社会連帯の素地を形成することにつながったという。またこの頃は、高齢者問題がクローズアップされ、在宅福祉サービスが盛んになろうとする時期でもあった。

そして、コミュニティワークの視点から見れば、1960年代は住民主体・住民参加重視のコミュニティワーク理論の展開の時期でもあった。ただ、1962年に策定された「社会福祉協議会基本要綱」では、「直接的サービスはコミュニティワーク活動プロセスの一環として有効である場合のみ行うこと」とされていた。

以上述べてきたように、保健所PSWたちは、高度経済成長を背景にして、住民主体・住民参加のコミュニティワーク理論が展開される中で、業務をスタートさせた。そして、精神障害者支援のために地域で何をどう行えば良いかわからない状況で、精神障害者たちが地域で普通に生活できるために必要なことを考え、作り出していった。

なお、1963（昭和38）年の厚生省（当時）精神障害者実態調査によれば、全国の精神障害者数は124万人であった。そのうち、医療を受けている者は30.1％、在宅のまま保健所、精神衛生相談所、その他の施設から指導を受けている者は5.2％で、在宅で放置されている者は全体の67.4％もいたのである（加藤1969：40）。

(2) **保健所PSWの生活支援業務**
(a)保健所精神衛生相談員の配置状況

改正精神衛生法の時代に保健所に配置された保健所相談員は大きくは、a．昭和41年からPSWの相談員を専任で配置した自治体（神奈川県、川崎市、大阪

府、新潟県など)の相談員、b．保健婦(現・保健師)に精神衛生相談員資格取得講習会を受けさせ、専任ではなく保健婦業務の一つとして、精神保健の業務をするとした自治体の相談員、の2種類があった(天野 1997：19-21)。そして、加藤薗子(1969：43)によると、1967年6月1日現在、5名以上の相談員を配置したところは、大阪(19名)、東京(11名)、愛知(10名)、名古屋市(8名)、川崎市(6名)であった。

(b)保健所 PSW の支援業務の特徴とその進展状況

在宅の精神障害者がなす術もなく放置されていたといっても過言ではない状況で、保健所 PSW がまず行ったことは、精神障害者のグループ作りであった。保健所にグループワークの場を置くことの是非もいっておれない社会資源の乏しい中で、とりあえず居場所を作る必要があった。グループワークの前提には、当然、個々人のニーズに対応するケースワークが行われていた。そして後述するように、グループワークは、地域での作業所作りに発展して行ったので、現在でいうコミュニティソーシャルワークを、すでに業務の最初のこの頃から始めていたのである。

前述の最初から保健所の精神衛生相談員として PSW を配置し、かつ最多数の19名の人員配置をした大阪府は、その後も、全国で飛びぬけて多い PSW の相談員の配置を継続して行った。よってここでは大阪の保健所 PSW を例として、その業務形成がどのようなものであったかを明らかにし、それらがいかに共通の価値や倫理や当事者性を有して福祉コミュニティ形成とかかわって行ったかを、前述の「改正精神衛生法時代の保健所精神衛生相談員(当時)」の業務に関する聞き取り調査からみていくことにする。

調査では、被面接者(社会福祉学そのものが黎明期にあった当時の大学で教育を受けた人たち、初期の保健所 PSW)の、"優秀な実践があると聞けばすぐにそこに出かけて、地域での生活支援の方法を学び、実践に取り入れて行った"という積極的な業務の進展の促進要因が明らかになった。

1970年に始まった谷中輝雄のやどかりの里の試みは、障害者の中でも最もひどい差別を受けてきた精神障害者に「ごく当たり前の生活」を保障しようとするものであった。この理念は、当時の保健所 PSW たちに大いに影響を与え

第3部　実践編　実践からみえてくる地域福祉の新しい力

た。しかし、谷中より先にすでに実践を行っていた上記の聞き取り調査の被面接者の中のある人は、訓練・治療に明け暮れる障害児の生活を見て、「医療だけ受けて子どもの生活がないのはおかしいと思った」「この子たちには生活がない。他の子どもたちと同じように過ごすことができるようにしよう」と、まさにノーマライゼーションの発想をしていた。また、別の人は「病気になっても生きていけるには何があればいいか（という視点から業務を行うの）が私たち（PSW）に課された役割」と捉えて、長期精神科病院入院者が外泊しても、すぐに病院へ戻りたがる状況に、地域に受け皿がないせいであると、胸を痛めていることなど、「ごく当たり前の生活」を求める谷中の思想に、共鳴できる価値観や感性をすでに有していた。

　こうした先駆者たちの価値観や感性が、大阪府においても、大阪府と同様に保健所PSWの活躍した神奈川県においても、PSW同士の実践と研修によって一種のPSWコミュニティの形成を助け、さらに同じ価値観、業務観が強化され、それが、家族、地域の人にも伝えられていき、次なる地域の福祉コミュニティ形成へ進んだものと考えられる。実践①→福祉コミュニティ形成①→実践②→福祉コミュニティ形成②→実践③→　というように、弁証法的に発展して行ったものと考えられる。

　具体的には、その業務の発展段階は大阪府保健所相談員会による区分（1992：65-68）を参考にすると、下記のように分類される。

①開拓期前期（相談員会区分　第1期）……相談員会活動の前史としての1970（昭和45）年以前。児童（特に障害児）を中心として業務を行った時期。

②開拓期後期（相談員会区分　第2期の前半）……1970（昭和45）年の相談員会設立から1974（昭和49）年頃まで。児童を離れた相談員活動の試行錯誤の時期。

③定着期前期（相談員会区分　第2期後半）……1975（昭和50）年頃から1979（昭和54）年頃。相談員会活動の社会化の時代であった。アルコール問題関連対策、成人精神障害者対策の定着時期でもあった。

④定着期後期（相談員会区分　第3期前半）……1980（昭和55）年頃から昭和1984（昭和59）年頃。本来的な保健所精神保健業務展開の時期。

⑤発展期（相談員会区分　第3期後半）……1985（昭和60）年頃から1994（平成6）年頃。保健所精神保健業務の外に向けての展開の時期。全保健所複数制（1987年に精神保健法制定）。

⑥拡充期（相談員会区分　第4期）……1995（平成7）年頃から1999（平成11）年頃まで（1995年に精神保健福祉法制定、2002年に都道府県から精神保健福祉業務の一部が市長村へ移行）。

⑦変容期（相談員会区分　なし）……2000（平成12）年頃から現在まで。保健所精神保健がチーム制になり、業務が保健へ特化してくるということになる。

業務対象は、障害児からアルコール依存症者、成人精神障害者へと拡がり、その働きかけは、個別から、患者グループ・家族会へ、そして地域へと行われた。つまり、個別を基盤とするグループ活動・家族会活動が地域作業所形成へ拡がり、地域作業所形成には地域の人たちの協力が不可欠なものとなった。精神障害者の生活支援業務が、同じ福祉的課題の解決を目指す福祉コミュニティの拡大と相互に影響し合いながら、進展してきたといえる。

（3）**支援業務の推進要因**　支援業務の推進要因には大阪府保健所相談員が得ることのできた①（置かれた立場の）自由、②（府庁主管課の方針によって尊重された）主体性、③（相談員会の構成員間の強い）連帯、④（自己研修・研鑽を求めて行った強い）意欲、⑤（府庁主管課、嘱託医、優れたリーダーたち、その他の人による）育成、⑥（保健所、大阪府という）環境、⑦（地域に向かった）時代、があったと思われる。中でも⑤育成の、育成する「人」の問題は大きいと思われる。それぞれの要因は相互に影響を与え合いながら、PSW実践を支えていた（加納 2015：241-246）[3]。

精神障害者への対応として民間精神科病院中心の長期入院医療が常態であった頃に、地域での精神障害者の生活支援を支えていたものは、上記の実践者に保障された「自由」、「主体性」、「連帯」、「意欲」、「育成（者の存在）」、福祉職を設置した「環境」（精神衛生相談員として福祉職採用を行った大阪府、公衆衛生領域に初めて置かれた福祉職としての困難はあったが、専門職としては行政においては機能しやすい保健所）、治安を目的とした面はあったが、地域精神衛生へと政策が

シフトされた「時代」があった。そしてさらに、その基盤にあったものは、「精神障害をもつ人にもごく当たり前の生活を保障したい」という人間としての共感から出発した当事者性を有する業務観・業務意識であった。

こうして、同職種や、他職種、他機関、地域との強い連携もと PSW としては当然の帰結である生活支援業務が、前述の福祉コミュニティを通して精神科デイケア（1974）、社会生活適応訓練事業（1981）、職場適応訓練事業、精神科ナイトケア（1986）、精神障害者共同作業所への府の補助（1989）、グループホームへの府の補助（1993）、心の健康総合センターの設置（1994）、などの社会資源の創出につながることとなった。

3 福祉コミュニティを形成・推進するもの

第2章で述べたように、相談員、あるいは保健所 PSW はその実践の中で、一種の福祉コミュニティ（アソシエーション型である）を形成していた。それが、岡村重夫（岡村 1981：88-101）のいう①住民参加ないしは対象者参加、②地域福祉に関する情報活動、③地域福祉計画の立案、④コミュニケーション、すなわちコミュニティ構成員間で共通の価値観や共通理解の範囲を広げてゆく過程、⑤地域社会における社会福祉サービスの新設と運営、という機能を充足する形で行われていたということである。保健所 PSW は精神障害者やその家族、地域の人たちへと対象を拡大しつつ、より大きな福祉コミュニティを形成して業務展開を行ってきた。

そして、福祉コミュニティを育て、生活支援業務を進展させる基盤になっていたのは、「自由」、「主体性」、「連帯」、「意欲」、「育成（者の存在）」、「環境」、「時代」という要因に加えて、ごく当たり前の生活の保障という「深い共感を伴った当時者性」を有する業務観・業務意識であったということである。

このように、生活支援には福祉コミュニティの形成が必要であり、そして、福祉コミュニティの形成・推進には、それに関わる人たちの共感を伴った当時者性が不可欠なものである。

【注】
1） 調査協力者は、改正精神衛生法ができて最初に保健所に配属された初期前期（＝開拓期前期）の人3名、初期後期の人1名、その後の、少し保健所精神衛生相談員業務が落ち着いてきた頃の後期（＝定着期）の人6名、計10名であった。インタビューは、業務、業務環境、PSWの3項目を中心とした半構造化面接によって行った。タイトルは、「改正精神衛生法時代の地域精神保健医療ソーシャルワーク──保健所における開拓型支援モデルの形成過程と推進要因」であった。
2） 日本PSW協会編集（1998）『改訂これからの精神保健福祉　精神保健福祉士ガイドブック』ヘルス出版、92頁によると、1995年1月1日現在の大阪府の保健所精神保健福祉相談員（大阪府の場合は専従のPSW）は、44名であった。
3） 一部加筆

〔参考文献〕
阿部志郎（1997）『福祉の哲学』誠信書房
天野宗和（1997）「精神保健福祉相談員の現状と課題」日本障害者リハビリテーション協会『ノーマライゼーション　障害者の福祉』17巻（通巻196号）、19-21頁
石原邦雄（1988）「Ⅰ─2─4　医療モデルによる処遇と戦後日本の家族関係」岡上和雄ほか編著『日本の精神障害者──その生活と家族』ミネルヴァ書房、13-32頁
糸賀一雄（2009）『改訂版　糸賀一雄の最後の講義──愛と共感の教育』中川書店
大阪府保健所相談員会（1992）大阪府精神保健相談員会『こころ・大阪・25年──大阪府保健所精神保健業務25周年記念誌』平成4年
大橋謙策（2006）日本地域福祉学会編集、編集代表大橋謙策、編集幹事上野谷加代子ほか『新版　地域福祉事典』中央法規出版、24-25頁
中央社会福祉審議会（1971）『コミュニティ形成と社会福祉（答申）』
岡村重夫（1981）『社会福祉選書①地域福祉論』光生館
奥田道大（1983）『現代社会学叢書　都市コミュニティの理論』東京大学出版会
奥田道大ほか編（1982）『コミュニティの社会設計』有斐閣
加藤薗子（1969）「精神衛生相談員制度に関する研究」『佛教大学社会学部論叢』3号、37-54頁
加納光子（2015）『改正精神衛生法時代の地域精神医療ソーシャルワーク──保健所における開拓型支援モデルの形成過程と推進要因』博士論文
吉川武彦（2000）「第2編第1章　精神病者監護法から精神病院法へのあゆみ」精神保健福祉行政のあゆみ編集委員会編集『精神衛生法施五十周年（精神病者監護法施行百周年）記念　精神保健福祉行政のあゆみ』中央法規出版、39-44頁
木原活信（2005）「福祉原理の根源としての『コンパション』の思想と哲学」『社会福祉学』46巻2号、3-16頁
窪田暁子（2013）『福祉援助の臨床　共感する他者として』誠信書房
永田幹夫（1997）『改訂　地域福祉論』全国社会福祉協議会

第3部　実践編　実践からみえてくる地域福祉の新しい力

和田敏明（2006）日本地域福祉学会編集、編集代表大橋謙策、編集幹事上野谷加代子ほか
　　『新版　地域福祉事典』中央法規出版、318-319頁

第5章

若年貧困層を地域の一員に
—— 漂流と定住を超えて

小田川華子

1 住まいと地域福祉

1 なぜ住まいに注目するのか

　住まいは私たちの暮らしの基盤である。私たちが日常を安全に、健康的に過ごし、家族を形成し、ある程度の将来見通しをもって暮らしていけるための条件として、安定的に住み続けられる住まいは、なくてはならないものである。また、人生のさまざまな場面で利用する保健、福祉、医療、教育などの社会サービスは、人間らしく安定的に生活できる住まいがあってこそ、その効果を発揮するものである。

　しかしながら、安定的な住まいを確保することが難しい人々がいる。ホームレス状態にあった人は言うに及ばず、賃貸住宅に住んでいた人が、建物の老朽化に伴う取り壊しや売却などといった事情で転居しなければならないといった場合、あるいは、長期入院していた人が退院するにあたり、アパートを探さなければならないといった場合に、入居契約でつまずくことがある。連帯保証人が必要だが頼める人がいない、緊急連絡先がないといったケースはよく聞くところである。精神障がい者を支援する首都圏のあるNPO職員によると、精神障がいのある就労支援利用者が転居した際、数十件もあたらなければならなかったそうである。

　財団法人日本賃貸住宅管理協会が2010年に実施した調査によると、入居者制限を行っている家主は2割にのぼり、その対象は単身高齢者（40.6%）、外国人（39.1%）、高齢者のみの世帯（34.9%）であった。では、なぜ入居者を制限する

のであろうか。入居者制限をする理由として、家賃の支払いに対する不安（59.6%）、居室内での死亡事故等に対する不安（53.9%）、他の入居者との協調性に対する不安（50.6%）が上位を占めている。

　このことから、生活の基盤となる住まいの確保は、そこに生活する人が周囲と関係をもちながら健やかに生活できる人なのかどうか、また、経済的不安を抱えていないかどうか、といった側面と強く関係していることがわかる。このような点で不安を抱えがちな人々は、高齢者世帯、外国人のみならず、生活保護受給者や生活保護水準にまでは至らない若年低所得者や障害者もしかりである。

　住まいを確保して地域コミュニティの中で暮らすことができず、はじき出されるようにして、職場にあてがわれた寮や劣悪なアパートを転々とする人々もいるが、非常にみえづらい存在になってしまっている。一方で、自立して住まいを確保することが難しい若者が実家に住み続け、別の意味でみえづらい存在になっている実態もある。

2　地域福祉に求められる新たな視点

　地域とのつながりが希薄なこれらの人々のうち、特に働いている層の人々は、高度成長期以降の地域福祉の中では、その対象として認識されてこなかったのではないだろうか。従来の支え合いの地域福祉活動で取り組まれてきたのは、社会的孤立への不安にスポットを当てた、「つながり」（ソーシャル・キャピタル）の形成により対処できる課題への対応であったといえる。これまでの「つながり」づくりは内面的なウェル・ビーイングを高める点で評価されてきたと考えるが、「信頼できるつながりのなかにある人」として周囲からも評価されるほどまでではなかったのではないだろうか。住まいの安定や生活困窮者支援に求められる「つながり」づくりは、アパートの家主が安心して部屋を貸せるくらい信頼に足るものでなければならないだろう。それには、どのような仕組みが求められるのであろうか。本章では、低所得の若者の住まいの問題に対する地域の草の根セーフティネットへの期待と可能性について考えていく。

2　定住と漂流

1　非正規雇用の増加

　低所得の若者の住まい問題の前提となっている雇用環境についてまずみてみたい。

　1990年代初頭のバブル経済崩壊後、企業経営政策の転換が図られ、企業の維持、再建のためとして、賃金切り下げ、新規採用の抑制、中高年労働者の解雇、有期契約雇用制の導入、などが図られてきた。とりわけ、新規採用の抑制や有期契約雇用制度の導入は若年層の雇用事情に大きな影響を及ぼすこととなった。新規採用の抑制は、新卒の段階で安定的な就業機会を得ることができず、パートやアルバイト、派遣、日雇いといった非正規な仕事に就かざるを得ない、あるいは失業状態に追いやられるという状況を招いている。また、企業の倒産、解雇により、あるいは自らの意思で、正規職に就いていた若者が失職して不安定就労層に流入するという現象もみられる。その背景には景気のみならず、本人の健康状態や仕事との適性などの問題が絡んでいるとみられる。

　こういった有期契約の就業は、契約期間が切れるたびに失業すなわち無収入に陥るリスクを抱えており長期的な展望をもって生活設計することが難しい就労形態なのである。『労働力調査平成28年1～3月期平均（速報）結果の概要』によると、2016年1～3月、非正規雇用者は2007万人で、雇用者の37.6％を占める。そのうち、正社員として働ける会社がないという理由でやむを得ず非正規で働く人は2016年1～3月に314万人、非正規雇用労働者の16.6％であった。非正規雇用労働者の中には家計を助けるため第2の稼ぎ手としてパート就労をする人々や年金だけでは生活できない高齢者も含まれる。しかし、正社員として就職することを目指していながら不本意にも非正規雇用に甘んじなければならない人の多くは若者であり、ここに若者の間での貧困の広がりをみることができる。

　若者が有期契約雇用に就くことの弊害として、高橋（2011）は次の3点を挙げている。第1に、契約期間が満了すると、失業状態になり、貧困化していく

こと、第2に、キャリア形成の機会をもつことができず、技能、技術、専門的知識を身につけることができないこと、第3に、キャリア形成をしていないために就職、再就職が困難になり、失業期間が長期化することである。

労働市場の規制緩和は非正規雇用の若者を増やした。非正規雇用労働者は安定的な生活基盤の獲得に決定的に不利な立場にあり、それが世帯形成をも難しくしている。

09年の大規模な派遣切りを契機として、失業者に対する就労支援の一環に住宅手当等の住まい支援策が組み込まれるようになり、15年4月からは生活困窮者自立支援制度の中に住宅支援給付が組み込まれるようになった。しかし、そのような施策の網から漏れているのが、働いてはいるが非正規雇用で収入が不安定であったり、低所得の人々である。就労支援制度の利用を条件としない住まい支援、すなわちハウジングファーストの考えにのっとった住政策が必要であるというのが筆者の立場である。

2　実家を出られない若者

非正規雇用の単身の若者のうち、親世代が安定的な生活基盤を確立することに成功した階層の出身者で、通勤圏内に実家があり、なおかつ家族との関係が良好な者の場合、親世代の持ち家に保護されることができ、問題は表出しにくい。

14年12月にビッグイシュー基金の住宅政策提案・検討委員会が、首都圏、関西圏の年収200万円未満の20～30代、未婚の若者を対象とする居住実態と生活状況に関するインターネット調査の結果を公表した（回答者数1767人）。回答者の雇用形態は、無職が非求職、求職中を合わせて4割を占め、パート、アルバイト、臨時・日雇い38％、契約・嘱託・派遣社員9％と非正規雇用が47％、正社員8％、自営業・自由業が6％である。

この調査が示す最もショッキングなことは、回答者の実に4人に3人が親と同居しているという事実である。親と同居の1368人の個人年収をみてみると、収入なしが30％、50万円未満が24％、50～100万円未満が19％、100～150万円未満が17％、150～200万円が11％であり、独立することが困難な経済状況にあ

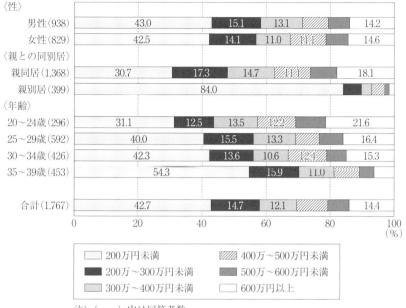

図表1　性・親との同別居・年齢別　2013年の世帯年収

注）（　）内は回答者数。
出典：認定NPO法人ビッグイシュー基金　住宅政策提案・検討委員会（2014）

る人が多いことがわかる。親の家に住む理由としてもっとも多く挙げられたのが「炊事・洗濯・掃除などの家事の負担が軽い」、「親の家を出ても、住居費を自分で負担できない」（いずれも54％）であった。

　親同居のグループは世帯収入を見ても低収入であることが多く、200万円未満が31％を占め、500万円未満の世帯が74％に及ぶ（図表1）。回答者（全体）の世帯収入を年齢別にみてみると、200万円未満が年齢が上がるごとに増えており、20〜24歳が31％であるのに対して、35〜39歳では54.3％にもなる。これは、親の所得が定年退職などによって下がったためと推測されている。

　低収入とはいえ、親と同居している若者は実家という比較的安定的な住まいに「定住」することができている。しかしながら、見方を変えると、親の住まいの中に若者の貧困が隠されてしまっているともいえる。実家から出て独立し

たいのにできないのであれば、「定住」は必ずしも肯定的な状態とはいえない。前述の報告書の中で委員会メンバーであった藤田孝典氏は「実家という名の牢獄」と表現しているほどである。

　ここで把握された若者の中には引きこもりや何らかの疾患や障がいがあり、労働市場への参加に困難を抱える若者も含まれているとみられる。こういった若者が実家住まいのまま高齢化すると、親の年金に依存するようになったり、家族内のストレスが高まり、家庭内不和がさまざまな問題を引き起こすことにもなる。福祉的なケアを担ってきた実家がこれら低所得の若者を包摂しきれなくなったとき、次に述べる漂流状態、あるいはもっと深刻なホームレス状態に陥るリスクが高まる。

3　漂流する若者

　不安定就労、低所得の若者が必ずしも実家に身を寄せることができるとは限らない。実家のある地域では就労機会がない、実家が困窮している、実家の家族と不和であるといった場合、自分の力で住む場所を確保しなければならない。

　自力でアパートを借りようとした場合にぶち当たるのが、初期費用が払えない、家賃が払えない、転居費用が払えない、保証人を立てることができない、といった借り手側の問題および、家賃滞納リスクが大きいとして貸し渋りをする家主側の問題がある。そこで、初期費用や賃料が安く、連帯保証人不要などで入居契約の敷居が低いシェアハウスの需要が大きくなっている[1]。

　大都市（主に首都圏）の低所得の若者の受け皿となっているとみられる、非常に狭小あるいは窓がないといった違法なシェアハウス入居者の実態について、2013年に国土交通省が調査している[2]。ネット調査会社に登録する関東圏の20歳以上の男女を対象とするインターネット調査によると、「狭小・窓無し」シェアハウス入居（経験）者146人の雇用形態は、4割が正社員である一方、派遣社員、契約社員、パートタイマー、アルバイト、日雇い労働者といった非正規雇用と自営業・自由業を合わせた収入が不安定な人が4割強である。

　入居前と退去後の住居形態（図表2）をみてみると、約半数は戸建て住宅または分譲住宅が直前の住居で、おそらく実家とみられる。大きな流れとして、

図表2　狭小・窓無しシェアハウス入居前・退去後の住居

出典：国土交通省住宅局『シェアハウス等における契約実態等に関する調査報告書』平成26年3月

実家から劣悪なシェアハウスにいったん出たものの、また実家に戻るというパターンがあると思われる。その一方で、2割余りがシェアハウス・ゲストハウス、あるいは寮・社宅、ネットカフェ・漫画喫茶、カプセルホテルといったような非常に不安定なところから「狭小・窓無し」という劣悪なシェアハウスに移ってきている。そして、2割弱の人々がその後もまたそういった不安定なところに転居していることが明らかとなった。直前に実家やアパートに住んでいた人が「狭小・窓無し」退去後に不安定な住居に移ったケースもあるだろうことを勘案すれば、およそ3割が不安定な住居形態を渡り歩いていることが推測される。

また、筆者らは2014年から15年にかけて、首都圏の不安定就業または生活保護受給の賃貸住宅に住む単身の若者を対象に、住まいと仕事の変遷および現在の住まいの実態について聞き取りを行った[3]。そこで聞かれたのは、非正規の仕事を転々としながら所持品や生活費を極力抑えてシェアハウスからシェアハウスへと転居を繰り返した経験、自力でアパートを確保したものの、だんだん仕事が減って収入も少なくなり、家賃が払えなくなって寮付きの派遣の仕事に移った経験や、寮付きの正社員の仕事を転々とした経験などである。

これらの人々は仕事と住まいの両方が定まらないため、生活の基盤が非常に

弱い。必然的に漂流せざるを得ず、けがや病気、解雇などをきっかけとして住居喪失状態に陥ってしまうリスクも高い。いったん漂流のサイクルに入ってしまうと、そこから抜け出すのは容易ではない。

　生活困窮者が、人間が生活を営むのにふさわしい一般的な住居に住めるような施策が求められる。また、地域の中の住まいからじわじわと押し出され、悪魔の碾き臼のような不安定就労、不安定居住で心身をすり減らす生活に陥るのを防止するセーフティネットが必要である。

3　草の根セーフティネットへの期待

1　社会保障の不備がある中で

　前節でみた低所得の若者がおかれている状況は、根本的には、雇用政策と住宅保障政策で対処されるべき問題である。雇用政策としては、非正規雇用が増加し続ける構造にメスを入れて正規雇用を増やし、若者が安定した収入を得て目標や夢をもって生きることを支える施策が求められる。かりに不安定就業の広がりが所与の社会的条件であるとするなら、住まいだけでも安定的に確保できる施策が必要である。住宅政策では、家賃補助のような経済的な問題への対応に加えて、賃貸住宅市場で排除されがちな困窮する勤労者や保証人などを立てられない、「つながり」の希薄な人々を受け入れる、適切な質の公的賃貸住宅の供給が求められる。

　2015年に始まった生活困窮者自立支援制度における住まい支援は、就労支援を受ける期間（3ヶ月）の家賃を補助する住宅支援給付事業のほか、一時シェルター事業が任意事業としてある。家賃補助は漂流する若者の住まいの安定化を図る助けとなる制度であるが、3ヶ月という期間は生活を立て直すのに短すぎるという問題があるほか、仕事をしている低所得者は、そもそも本制度の対象とならない可能性が高い。不安定ながらも一般的な労働市場で働くことのできる人々がその仕事を辞めて就労支援から再出発という道を選ぶことは考えにくい。これら一般就労をしている低所得者の住まいを安定させるためには、就労支援とセットではない純粋な住宅保障施策としての家賃補助制度がまずもっ

て必要である。

一方で、生活保護レベルの困窮者は生活保護制度で包括的に所得保障をおこない、住宅扶助で住まい確保を支援すべきである。

2　入居制限に対応する地域づくり

では、家賃補助制度が整備されれば、問題は解決するだろうか。筆者らの聞き取り調査では連帯保証人や緊急連絡先がないためにアパート確保が難しい、不安であるという声が聞かれた。親との関係が切れている、あるいは保証人を頼める関係ではないといったケースは多い。貧困に陥ると人との関係が希薄になり、孤立傾向が強まるという指摘もある。生活保護受給者に対する入居制限があったり、条件の悪いアパートが生活保護受給者向けに敷居を低くして提供されたりという例が多く聞かれるが、生活保護受給者の入居を制限する理由はたいてい孤立と関連している。こういった問題に対し、後述する居住支援協議会という仕組みで何らかの対応をしていくことはできないだろうか。

すでに述べたとおり、アパートの家主は、「信頼できるつながりの中にある人」であることを入居者に求める傾向がある。「無縁社会」ともいわれる時代にあって、この状況を打開し、家主が安心して部屋を貸せるような仕組みづくりが課題である。入居者の後ろ盾となって家主との間をつなぐ保証人事業を行うNPO等の取り組みは有望な解決策の一つであろう。

雇用政策および住宅保障政策ともになすべきことは多くあるが、地域での生活を受けとめ支援するというアプローチ、あるいは地域の関係者をコーディネートするという観点からの対応も必要であるとの認識がなされるようになってきている。

生活困窮者自立支援制度では、経済的困窮のみならず、その要因となるさまざまな要素が絡み合った状態として生活困窮を捉え、それへの対処の方法として、「地域づくり」が挙げられている。厚労省の担当官は講演の中で、当制度は、「生活困窮者の自立と尊厳の確保」と「生活困窮者支援を通じた地域づくり」を目標に掲げ、「新たな支援体系は、地域社会の住民をはじめとするさまざまな人々と資源を束ね、孤立している人々が地域社会の一員として尊ばれ、

多様なつながりを再生・創造できることを目指す」ものであると述べている（熊木 2014）。

　当制度の根幹にあるのは就労支援であるが、支援を受けた若者が就職し、転居資金を貯めて実家から出ようとした時、地域のアパートにうまく入居できるだろうか。市場のアパートに問題なく入居できるということが支援の成否を測る一つの目安になるといえよう。

3　居住支援協議会への期待

(1)　**居住支援協議会**　アパート入居で困難を抱えがちな高齢者、障がい者、外国人や低所得者など（住宅確保要配慮者）が円滑にアパート入居できるようにする仕組みとして住宅セーフティネット法（2007年施行）に基づいて導入されたのが居住支援協議会ある。自治体の住宅や福祉関係部署、アパート供給側の家主や不動産業者、社会福祉協議会などが構成員となることが多い。現状では都道府県単位の協議会が主流であり、市区町村単位で設立している自治体はまだ少数であるが、地域の実情に合わせた活動展開をするには、市区町村単位での組織化が望ましい。

　高齢者に対する入居制限に対処するとして、家主や不動産会社など供給側が抱く不安を払しょくさせて高齢者を受け入れる物件を増やし、物件情報を活用しやすくして高齢者とマッチングする従前の仕組みを、その他の住宅確保要慮者にも拡大したのが居住支援協議会である。しかしながら、実態としては高齢者向けの対応に特化している居住支援協議会が多いようである。滞納リスクのある生活困窮者への対応はさらにハードルが高い（小田川 2014c）。したがって、家賃補助のような経済的側面に対応する施策が前提として必要であるし、低所得、非正規雇用の若者が入居できる公的賃貸住宅の整備があれば居住支援協議会が機能しやすくなると考えられる。

(2)　**若者自身も参加する草の根セーフティネットの模索**　今後、居住支援協議会に求められるのは、一人の生活困窮者を支えるネットワークを福祉専門職や地域のサポーターが形成して、アパート供給側に理解を求め、アパート入居を支援する仕組みづくりである。福祉専門職や地域のサポーターをいかに組織化

するかが課題といえる。さらには、住宅セーフティネットを地域のなかに形成することを目指す、若者たち自身の参加を得た運動の展開もあり得るだろう。こういった観点から、生活の中のリスクに自分たちの力で備える草の根セーフティネットの育成に期待が寄せられる。

　生活困窮者自立支援制度は厚生労働省管轄の制度、居住支援協議会は国土交通省管轄の制度であるが、実際の個別支援から仕組みづくりにいたる現場レベルで、両者の連携が望まれるところである。

【注】
1) 「シェアハウス市場調査 2013年度版」(日本シェアハウス・ゲストハウス連盟・シェアシェア、2014)によると、2013年8月末現在、シェアハウス運営事業者は598社にのぼり、(1ヶ月以上の中長期型滞在向け)シェアハウスは全国に2744件、首都圏(東京都、神奈川県、埼玉県、千葉県)だけで9割を占める。
2) 最低居住面積基準は単身の場合25m^2であるが、シェアハウスの場合、建築基準法上、「寄宿舎」の基準が適用され、最低専有面積は東京都の場合7m^2である。国交省によるシェアハウス調査の分析については小田川 2014b を参考されたい。
3) 大都市の住まい実態調査プロジェクト (2015)「生活困窮者の住居の在り方に関する実態調査報告書」2014年済生会生活困窮者問題調査会調査研究助成事業。(恩賜財団済生会ホームページで公開)

〔参考文献〕
飯島裕子・ビッグイシュー基金 (2011)『ルポ若者ホームレス』筑摩書房
小田川華子 (2014a)「脱法ハウスから見る若年層の住宅困窮問題——不安定就労の住まい保障を」『建築とまちづくり』No. 429、20-23頁
小田川華子 (2014b)「不安定な住まいに滞留する生活困窮者——狭小・窓無しシェアハウスからみえるもの」『貧困研究』Vol. 13、66-75頁
小田川華子 (2014c)「低所得層の住まい保障の課題」『社会政策』6-1、83-93頁
熊木正人 (2014)「政策担当者が語る『制度早わかり』講座」『生活困窮者支援事業及び支援員の育成事業報告書.pdf』14頁
国土交通省「民間賃貸住宅に係る実態調査(家主)」2009年6月、http://www.mlit.go.jp/kisha/kisha07/07/070629_3/03.pdf, last visited, 21 August 2015
高橋保 (2011)「若者の貧困化と雇用・社会保障」『創価法学』40(3)、1-22頁
認定NPO法人ビッグイシュー基金　住宅政策提案・検討委員会 (2014)『若者の住宅問題——住宅政策提案書［調査編］』
(財)日本賃貸住宅管理協会「民間賃貸住宅の管理状況調査」(H22年実施)

第6章

地域福祉拠点としての福祉施設
―― 孤立や制度の間に対峙する実践からその可能性を探る

片岡　哲司

1　福祉施設への批判と新たな動き

1　福祉施設と地域社会――批判や課題

　ここで福祉施設の歴史を紐解くことはできないが、多くの先人が築いてきた慈善事業、社会事業は、当時の社会で最も弱い立場の人々とともに歩む実践であった。100年余が経過し、現在では福祉施設は全国に約6万ヶ所存在する。入所施設もあれば通所施設もあり、近年ではグループホームや宅老所などに代表されるような小規模・多機能・地域密着の施設まで幅広く、その運営主体も社会福祉法人からNPO法人、営利企業、住民組織や当事者グループによるものまで多様である。

　福祉施設は多様な福祉ニーズに応えるべく発展してきたわけであるが、一方で福祉施設への批判からも目を背けることはできない。たとえば、1950年代には福祉施設の閉鎖性への反省から地域福祉の増進のための福祉施設のあり方が論じられている。(秋山 1996：143-144) その後も、ノーマライゼーション思想の理解の広がりの中で、厳しく福祉施設の閉鎖的・差別的・人権抑圧的な側面への批判があり、福祉施設の社会化や脱施設化が進んだものの、いまだに、一部の福祉施設とはいえども人権を侵害する事案が後を絶たない。直近では2015年6月に山口県の障がい施設で施設職員による虐待の実態を撮影したビデオ映像がニュースで流れ世間に衝撃を与えたのは記憶に新しい。

　また、基礎構造改革以降、福祉施設の経営・組織運営への批判も盛んである。特に、社会福祉法人に対する税制優遇が民間との間で公平でないとするイ

コールフィッティング論や、社会福祉法人・福祉施設が多額の内部留保を有しているにもかかわらず福祉事業・活動に還元していないとの批判もある。こうした社会的背景をもとに、2015年2月には厚生労働省の社会保障審議会福祉部会において「報告書（社会福祉法人制度改革について）」が取りまとめられ、社会福祉法人制度改革の方向性が示され、2015年4月、国会に法案が提出され、2016年3月末には社会福祉法等改正法が成立した。

さらに、地域社会に目を向けても、施設建設反対の住民運動にみられるように、地域住民、地域社会の側からも、福祉（施設）に対する理解不足、偏見や差別の構造が根強く残っており、これも古くて新しい課題である。

2　福祉施設の新たな動き

福祉施設をめぐる動向は社会福祉基礎構造改革の前後に大きな転換がみられる。福祉施設の課題について、坪山は1991年の総務庁行政監察局の指摘を引用する形で、①公共性の欠如、②人権感覚の欠如、③社会福祉法人・施設の運営が閉鎖的であること等を紹介し、「社会福祉法人の原点に戻って、これまで制度の隙間を埋めて、また制度を越えて働いてきたことの意味を考え」かつ、「社会から疎外された人々に暖かいまなざしを向けてきた社会福祉法人の特性」を踏まえ、社会福祉法人・施設が「自らの属する地域社会に対してこれまで以上に責任」をもち、ニーズに柔軟に応えていくことで公益性のある事業を展開していくことが今後の役割であるとしている。(坪山 2007：34-36)

また、旧厚生省がとりまとめた「社会的援護を要する人々に対する社会福祉のあり方に関する検討会」報告書（2000年）も、福祉施設が地域社会において果たすべき役割を提示した一つの大きな転換点となった。この報告書では、「心身の障害や不安」「社会的排除や摩擦」「社会的孤立や孤独」といった問題の重複・複合化があり、そうした問題が解決に至らない要因の一つとして、「社会福祉法人などの社会福祉サービスを提供する側においても、行政から委託される社会福祉事業の執行に努めるあまり、困窮した人々の福祉ニーズを把握できず、見落とすといった問題も発生している」と指摘している。そのうえで、具体的提言として「社会福祉法人などが創設の趣旨に立ち返り、地域の福

第3部　実践編　実践からみえてくる地域福祉の新しい力

祉問題を発見・対応する取り組みを強化。この場合において、社会福祉法人としての自主性・自発性を確保・強化する観点から、独自の財源確保に努めることが望まれる」としている。

こうした動向・指摘の中で、近年の福祉施設の新たな動きとして、生活クラブ風の村が取り組むユニバーサル就労の実践や、「なぎさの福祉コミュニティ論」で紹介されている福祉施設を拠点とした実践、そして次節で紹介する「社会貢献事業（生活困窮者レスキュー事業）」など、多くの地域、施設で工夫した実践が新たに開発・展開されてきている。

このように、福祉施設への批判の歴史や現状を踏まえ、1990年代から2000年代にかけて、国においても、現場においても改めて社会福祉法人が原点に立ち返った新しい実践が多く生まれてきている。そこで、本章では「福祉施設」が地域福祉の新たな展開を生み出す可能性やその役割、課題について、大阪での二つの実践を踏まえて論ずることとする。

2　実践①——福祉施設の共同事業で制度の狭間に挑む

1　大阪府「社会貢献事業（生活困窮者レスキュー事業）」の概要

地域福祉拠点としての福祉施設の可能性を探る一つの実践として、まず大阪府の「社会貢献事業（以下、生活困窮者レスキュー事業）」を取り上げる。この事業を取り上げる意義は、大阪府社会福祉協議会（以下、大阪府社協）の会員施設の老人福祉施設から構成される大阪府社協老人施設部会と大阪府社協との共同事業として、大阪府内全域にわたって総合生活相談体制を構築した点にあり、単なる施設スペースの開放や施設機能の地域展開の域を超えた、地域に根差したソーシャルワーク実践がなされているからである。二つ目の意義は、2004年の事業創設から10年以上の事業継続の実績があり、現代の貧困や制度の狭間と向き合った事例の蓄積や分析、検証が続けられ、既存制度の矛盾や不備、構造的な問題（雇用問題や女性や若者の貧困、孤立の実態等）について、調査研究によって社会に問題提起してきていることが挙げられる。

相談事例は約10年間で3万件を超え、この事業の特徴でもある経済的援助

第6章　地域福祉拠点としての福祉施設

図表1　相談援助のながれ

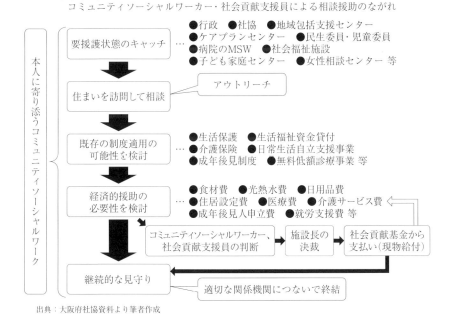

出典：大阪府社協資料より筆者作成

（現物給付）の実績も4000件を超えている。福祉施設に所属する相談員（コミュニティソーシャルワーカー。登録者数は約1600名。以下、CSW）は養成研修を受講するとともに、事例検討会で多くの研究者・実践者からのスーパービジョンのもとスキルアップを重ねている。また、彼らとともに相談活動を行っている大阪府社協所属の社会貢献支援員（23名。以下、支援員）が福祉施設に駐在している点も特徴的である。

さて、あらためてこの事業の概要を整理すると、「数日間何も食べていない」「滞納のために電気やガス、水道が止められた」など、緊急かつ窮迫した困窮状況に陥った世帯（個人）に対して、CSWや支援員が訪問相談することで生活問題の状況を把握し、利用可能な制度・サービスへのつなぎを行うとともに、既存制度・サービスでは対応ができない、あるいは時間的な猶予がない場合には、概ね10万円以内の現物給付による経済的援助による支援も活用し、当

199

面の生活安定を図るものである。こうした緊急支援は概ね3ヶ月以内を目安に支援プランが立てられ、支援後の継続的な見守りも行っている。この経済的援助を賄う財源には、社会福祉法人（施設）が拠出する特別会費で構成する社会貢献基金を充てている。2015年度からは、老人施設部会だけではなく、すべての種別が参加した「オール大阪の社会福祉法人による社会貢献事業（大阪しあわせネットワーク）」の展開へと発展し、総合生活相談事業に加えて、それぞれの種別・施設ごとに特別会費の拠出と、施設の特性を活かした地域貢献事業（子どもの学習等支援や居場所づくり、中間的就労、社会参加支援など）を行っている。次項では、そうした実践事例の一つを紐解きながら、地域福祉推進の条件を探っていく。

2　ある実践事例より

桜井さん（仮称／女性、30歳代後半、子どもあり）は、夫からのDVに悩まされていた。夫はギャンブル癖があり不安定な就労であったがついに失業し、引きこもりがちな生活となり、家庭内はますます不和となった。桜井さんはパート就労で家計を支えるも、度重なる借金で親戚関係も悪くなり、学資保険も解約。さらに多重債務状態に陥り、家計は火の車。次第に桜井さんの心身にも不調の兆しが見え始めていた。夫からのお金の無心、暴言をはじめとしたDVがエスカレートし、耐えられない限界に達して、女性の相談機関を通じて婦人保護施設へ入所することとなった。数週間して精神的に落ち着きを少し取り戻し、夫から離れての新生活を準備。家を見つけるところまではこぎつけたが、①契約すると貯蓄がほとんどなくなる（子どもを抱え生活ができない）、②新生活に必要な生活用品すら用意できない、③見ず知らずの土地で暮らすことの不安、など難題に直面していた。

そこで、婦人保護施設から生活困窮者レスキュー事業へ相談が入った。施設のCSWと支援員はすぐに桜井さんを訪問して面談。当面の支援内容を本人と相談のうえ、①子どもの健康・安全を考え、就労できる環境が整うまでを目安に生活保護申請を検討し、行政との調整を図ること、②警察との連携・立ち合いのもと、旧住所から一部家財道具を新居に持ち出すこと、③地域の民生委

第6章 地域福祉拠点としての福祉施設

員・児童委員や自治会、施設職員や施設利用者の協力を得て、リユース可能な電子レンジや洗濯機、ガスコンロ等を無償提供いただき、生活用品を順次整えること、④同様に提供いただいたエアコンの取り付け工事費用について、本事業で桜井さんに代わって支払（現物給付）すること、といった支援を行った。これに並行して、CSW や支援員は「カレーがあまったから持ってきたよ」「近所でアイス買ってきたから一緒に食べない？」といった具合で何度も様子を見に家庭訪問し、慣れない土地での暮らしの不安の軽減に努めた。

　こうして数ヶ月が経過した頃に、CSW や支援員が桜井さん以外にも精神疾患を抱えているひとり親家庭など数世帯に声かけし、母親と子どもと一緒に参加できる「親子クッキング」イベントを企画・実施。食事づくりを通じて、子どもの成長を感じ取ってもらったり、子ども同士の交流、親同士も同様の悩みを抱えている者同士でほっとできたり、少し悩みも話せたり、と桜井さん含めて、「ひとりぼっちじゃない」という思いをもっていただくことができた。

　その後も桜井さん親子に対して見守り・声かけを継続する中で、桜井さんも心身ともに落ち着きを取り戻し、少しずつ前向きな気持ちとなることができ、資格取得のために学校に通い、見事合格し、就労自立することができた。

3　実践事例からみえる地域福祉推進の役割

　本事例は、「女性の貧困」の象徴的な事例の一つである。生活困窮者レスキュー事業では、桜井さんの不安な気持ちに寄り添い、生活保護申請までの道筋を整え、本人や子どもの生活の継続性や安全を考慮して家財道具を何度となく旧家から引越先まで運ぶ柔軟な支援を行った。たとえば「子どもの勉強机を運んでやりたい」という母親の思いに応える、こうした当事者の目線で、関係機関（ここでは警察）を説得し、社会福祉法人・福祉施設の責任において車を走らせ、新たな地域での再出発を支え、就労までの希望をつないでいった。社会の底辺で本人が生きる意欲すら失ってしまわないように、しっかりと一人ひとりの気持ちに向き合い、いま必要な具体的な支えを行い、少しでも希望を見出してもらうことが重要である。

　福祉施設が共同で総合生活相談を展開し、共同出資による大きな基金をもと

に即応性のある「問題解決の仕組み」を構築しているからこそ、一人ひとりのニーズに柔軟に応えていくことができ、かつ事業の継続性や安定性を生んでいる。加えて、広域での対応を可能としている点が共同事業の強みであり、支援の面的な広がりを可能としている。

また、福祉施設として、あるいはCSWや支援員が専門職として個人を支えるだけではなく、リユース可能な生活用品の提供を通じて、地域の関係者との関係づくりを行っている点でも、地域福祉推進の役割を果たしている。

加えて、個別支援にとどまらず、同様の悩みを抱えたひとり親世帯（DVや精神疾患等が背景にある）に呼びかけ、悩みを話し合える環境をつくり、同じ境遇、思いの方がいることを互いに実感してもらうなど、交流や自己実現の場づくりを支援し、当事者組織化を含め、地域支援へと取り組みが広がってきている点も大いに評価できる。

ここまでにみてきたように、福祉施設には、アウトリーチによる総合生活相談の展開の中で、個別支援の中からさまざまな地域福祉課題を見出し、福祉施設の有する専門性や民間性、柔軟性、その他諸機能を発揮して、地域支援に至る展開の可能性があるといえる。

3 実践②——地域と施設が連携して「孤立」を防ぐ見守りの仕組みづくり

1 大阪府寝屋川市「緊急時安否確認（かぎ預かり）事業」

大阪府の東北部に位置する寝屋川市は約24万人の大都市近郊のまちである。社会福祉協議会および小学校区ごとに組織された校区福祉委員会[1]の活動が活発であり、大阪府の地域福祉を常にリードしてきた実績のある地域である。

近年では小地域ネットワーク活動を積極的に取り組んでおり、地域ごとにケース検討の場を定期的に開催するなど、個別の福祉課題の解決から地域全体での支え合いの仕組みづくりまで、住民主体によるまちづくりが特徴的である。

この寝屋川市において、いま「緊急時安否確認事業（以下、かぎ預かり事業）」が注目を集めている。この事業を取り上げる理由は、社会的孤立をテーマに地

域での見守り活動のあり方としてモデル的・開発的な実践であることに加え、この事業が市社協と地域、福祉施設の三者によって共同運営されている点がユニークであるからである。以下にその背景や事業内容、効果等を確認していく。

2　かぎ預かり事業が生まれた背景

　2010年、市内の24校区福祉委員会が集まって2ヶ月に1回開催されている校区福祉委員長協議会において、孤立死や安否確認時の問題について、多くの意見が寄せられた。「近所の家の様子がおかしいことに気付いても、鍵を壊して中に入るわけにもいかない」「普段の暮らしぶりから、家で倒れているのではとわかっていても、警察も躊躇してしまい、様子を確認するのに時間がかかった」「緊急時の連絡先がわからない」といった声が多く上がり、「なんとか孤立死を未然に防ぎたい」「早く発見できるように」と検討を重ねたことがきっかけとなった。

　一方で、ひとり暮らし高齢者から「家族も遠方で、もしもの時が不安だから」と民生委員・児童委員（以下、民生委員）や自治会長へ個人的に鍵を預かって欲しいと頼まれるケースもあり、場合によってはお預かりしている実態もあったようである。しかし、預かる側も自分が留守の時に何かあったら責任が取れない、といった不安や負担感があった。

　校区福祉委員長協議会での1年近くの話し合いの中で、「近くで、24時間、安心して預けられるようなところ」として、福祉施設が候補にあがった。ちょうど、同じタイミングで、ある福祉施設からも「在宅サービス利用者の緊急時の対応で、鍵がかかっていてすぐに入れなかった。なんとかしなければ」との声があり、それを社協職員がキャッチ。ひとり暮らし高齢者（本人）も、サービス提供者（施設）も、地域（校区福祉委員会≒支援者）も、「いざという時に対応できる、見守りや発見の仕組みが欲しい」という願いが一致し、福祉施設に鍵を預かってもらう仕組みづくりの検討がスタート。2012年にモデル校区を指定し、ひとり暮らし老人を対象に声かけして説明会を開催したところ、さっそく申込を希望する方が三十数名もあり、確かな手応えを感じる結果となった。

図表2 「緊急時安否確認(かぎ預かり)事業」(イメージ図)

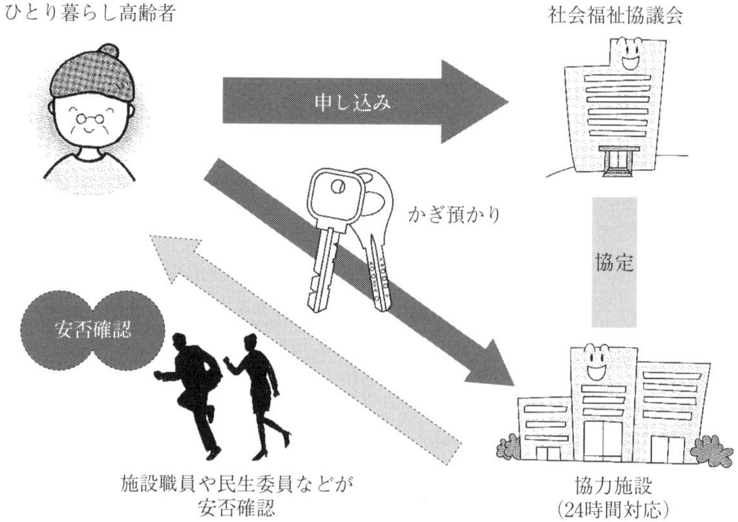

出典:寝屋川市社会福祉協議会作成資料より

3　事業の実際と効果

　モデル事業として約1年半が経過し、利用契約者は100名近くまでになり、実際に衰弱している高齢者を救助し、事なきを得た事例も多数報告され、事業検討から4年経過した2014年4月には、市内全校区(24校区)での実施へと事業を拡大。2014年7月末時点で520名を超える利用契約にまで広がっている。鍵を預かる福祉施設は21施設が協力に応じ、特別養護老人ホームや老人保健施設、グループホーム、ケアハウス、有料老人ホームなど多岐にわたり、経営主体も社会福祉法人から医療法人、株式会社と幅広い。

　あらためて事業の仕組みを解説すると、鍵を預けたいと希望する利用者(ひとり暮らし高齢者)に、事業内容を民生委員等が同席して説明し、本人が利用を希望する場合には申込書に緊急連絡先等を記入いただいて契約し、鍵を近隣の協力施設に保管。「様子がおかしい」等の緊急時には、事前に預かった鍵を使って複数人で安否確認を行うこととしている。安否確認のパターンも地域や施設の実情を考慮して3パターン用意し、①地域住民や民生委員等が鍵を施設

まで受け取りに行き、安否確認も自分たちで行う場合、②昼間は施設職員も駆け付けるが、職員体制が十分ではない夜間は地域の方に対応してもらう場合、③昼間でも夜間でも、勤務している施設職員や施設近辺に住む施設職員が当番シフト制で緊急時に駆けつける体制をとって対応する場合、に分かれている。

　実際の事例としては、遠くに住む親族が電話で異変に気づき、時間をおいて連絡をとったところ電話に出なくなり、「心配だから、様子を見に行ってほしい」と協力施設へ連絡が入り、預かった鍵で入室したところ本人は衰弱して動けない状況を早期発見できたケースや、ケアマネジャーやヘルパーが異変に気づき、預かった鍵を使い、民生委員や福祉委員等関係者と一緒に入室して救急搬送するなど、効果を発揮している。

4　本事例から考察する福祉施設の地域福祉拠点としての展開の鍵

　多くの福祉施設は「地域のために何か貢献したい」と考えていても、「どのように地域のために活動すればよいのか、具体的な部分（内容・方法）がわからない」ことが多い。本事例では、地域での困りごと、ひとり暮らし高齢者やその家族の不安を出発点に、地域と福祉施設を結ぶ役割を校区福祉委員会や民生委員、社協が間に入ることによって実現していることに注目したい。

　ひとり暮らし高齢者をはじめとした当事者も、地域住民も、実際にサービス利用している場合を除いては、案外と地元の福祉施設のことは知らないものである。福祉施設側も逆はまた然りである。そこで、民生委員や校区福祉委員会、社協など、日頃からひとり暮らし高齢者の実態調査や地域の福祉活動等で顔なじみの地域の関係者が本事業の利用開始にあたって説明の際に同席することで当事者は安心し、利用契約の促進につながっている。福祉施設だけで地域に呼びかけて利用申し込みを待っていたとしても、ここまで事業が広く浸透するまでには至っていなかったであろう。

　また、この事業を通じて、民生委員や校区福祉委員会関係者と福祉施設職員とが日頃から顔をあわせることで「なじみの関係づくり」が徐々にすすみ、相互の交流が活発となっている。お互いによく知らない関係であった状況から、「よろしければどうぞ」「ちょっとお願いできる？」と声をかけあえる関係がで

きていることが本事業の効果の一つである。
　こうした地域との関係性の土壌があってこそ、本当の意味で地域の中の福祉施設となりえるのであり、福祉施設が有するさまざまな専門機能が地域で活かされることとなる。
　このように、本事業を通じて地域住民は福祉施設を身近な存在として知る機会となり、福祉に関する理解が地域に広がるという意味において有効である。そして、福祉施設にとっても、地域とつながり、施設機能を活かして具体的に地域に貢献できる事業として定着しつつある。当事者（家族含む）、地域関係者、福祉施設の三者それぞれに安心を生み出しているところに本事業の魅力がある。

4　福祉施設の地域福祉拠点としての可能性と限界

　地域に潜在化した福祉問題や貧困問題等は山積している。その背景には構造的な問題が潜んでおり、結果として制度や実践の狭間を生じさせている。一方で、地域でのつながりは希薄化してきており、孤立死や虐待などさまざまな問題が地域で発生しており、加えて、専門職のみならず福祉活動を行うボランティアの人材不足や後継者育成も喫緊の課題となっている。
　福祉施設の地域福祉拠点の可能性を論ずる際には、こうした地域社会の現状に積極的に向き合う中でその役割を考えなければならない。今日的なテーマである、制度の狭間の問題や社会的孤立への対峙の中で、地域社会や制度の構造的な問題を浮き彫りにし、その変革を社会に訴え、地域とともに福祉施設自らも問題解決の実践に取り組んでいくことが求められる。
　生活困窮者レスキュー事業の事例でみたように、福祉施設は制度の狭間の福祉問題から目を背けないで、まず問題を受け止めていく姿勢をもつことが必要である。福祉のことを安心して相談できる、敷居の低い相談窓口が地域に多数点在し、暮らしの困りごとをキャッチできるアンテナとして機能することで、問題の深刻化を防ぐことに一役買うことができるであろう。
　また、発見された福祉課題に対して、福祉施設の機能を活かしつつ、生活用

品のリユースの取り組みや寝屋川市の見守り事例で確認したように、地域と共同で問題解決の仕組みづくりを進めることが重要である。

　いま、生活困窮や複合的・重層的な福祉課題など、地域としては対応が難しい、重たい事例が多い。さらに、行政の課題として、待ちの姿勢では地域の福祉課題は発見しづらく（申請主義の壁）、制度の枠があって個別・柔軟には対応しづらい、という限界も確認されてきている。一方で、専門職や福祉施設だけでも、すべての問題の早期発見は不可能であり限界がある。だからこそ、福祉施設は地域とともに予防や啓発、問題発見から解決の仕組みづくりまでを一緒に考え、ともに行動することが求められる。そのためには、これまで以上に福祉施設と社会福祉協議会や地域との共同実践の開発が都道府県域にとどまらず市町村域、小地域においても具体的に展開しなければならない。

　ここまでに福祉施設の地域福祉拠点としての可能性を整理したが、現状としての課題、限界も確認しておきたい。福祉施設から積極的に地域へアウトリーチしていくためには、その役割を主に担う職員の育成が必要であり、その職員を支える職員集団としての理解の広がりが不可欠である。しかし、多くの福祉施設では人員不足の中でそんな余裕はない、というのが実態としては近いだろう。だからこそ、福祉施設職員の労働環境の整備や職業倫理の向上、職員集団としての理念の共有などの条件整備が重要であり、そのためには、人材確保や魅力ある職場づくりに向けた制度的な後押しも大事だが、何よりも福祉施設の理事長や施設長といった経営陣のリーダーシップや理解が欠かせない。

　また、実践の記録化と「見える化」も大きな課題である。いかに地域社会に普遍化していくことができるかが今後の重要な実践課題であり、ここでは都道府県社協の役割が問われているともいえる。

　今後は、福祉施設は、その所在する地域の福祉課題解決のための役割を果たすだけではなく、福祉制度や地域社会の課題についても分析し、福祉施設も含めた地域社会のあり方を問題提起していく、そうした責任を果たしていくことが、最も孤立し、排除されてきた当事者に寄り添ってきた福祉施設の役割ではないかと考える。

　いま、行政からはやたらと「地域づくり」「地域での支え合い」が方針とし

て示されている。その責任の所在や行政のスタンスをしっかりと地域福祉関係者はチェックし、「安上がりの福祉」「安易な地域任せ」とならないように、待ったなしの地域課題の解決に取り組んでいかなければならない。そして、地域、行政、福祉施設（専門職）それぞれの限界を踏まえ、一人ひとりの生きづらさに対し真摯に向き合い、枠を超えて福祉施設が地域と連携をとっていくことが重要である。

　昨今の社会福祉法人制度改革の議論の中で、上から地域公益活動の責務化が迫られ、経営組織のガバナンス強化が一律に求められているが、本章でみてきたような福祉施設の地域実践が広がっていけば、自ずと地域関係者の参加・協力による経営組織づくりが進められることにつながるだろう。まずは実践し、その成功や失敗を含めて蓄積・分析し、地域社会にその取り組みを積極的に発信していくことで、福祉施設が持つポテンシャルを示し、当事者や地域住民に安心して共同利用される施設として地域に開かれていかなければならない。福祉施設の可能性と限界は、この点にかかっているように思う。

【注】
1）　地域によっては、地区福祉委員会ともいう。大阪府内すべての市町村で設置され、小地域ネットワーク活動を中心にさまざまな福祉活動の推進や予防や啓発の取り組みを行っている。

〔参考文献〕
秋山智久（1996）『社会福祉施設運営論』全国社会福祉協議会
大阪府社会福祉協議会編著（2013）『社会福祉法人だからできた　誰も制度の谷間に落とさない福祉——経済的援助と総合生活相談で行う社会貢献事業』ミネルヴァ書房
大阪府社会福祉協議会老人施設部会（2015）『中間的就労事例集』大阪府社会福祉協議会老人施設部会
岡本榮一監修・新崎国広ほか編著（2013）『なぎさの福祉コミュニティを拓く——福祉施設の新たな挑戦』大学教育出版
社会福祉法人生活クラブ風の村監修・池田徹編著（2015）『挑戦を続ける「生活クラブ風の村」地域でだれも孤立させないしくみづくり』中央法規出版
坪山孝（2007）「社会福祉法人の発展と果たしてきた役割」『社会福祉法人の在り方研究会報告書』大阪府社会福祉協議会
水口英一（1991）「障害者から見た施設チェックポイント」『季刊福祉労働』51号、42-51頁

第7章

ひとと自然、歴史と文化が育つ地域社会
——岐阜県美濃白川共生センターの取り組み

大友　信勝

1　地域創生へのオルタナティブ

　本章はこれからの中山間地域におけるまちづくりについて問題提起することを目的にしている。従来型の地域開発、過疎対策は生産機能、施設整備（ハコ・モノ）に向けられ、企業誘致、観光等の市場経済、外部依存型に偏重してきた。つまり、中山間地域の「ひとと自然」、「歴史と文化」をいかし、「生活原理」をキーワードに、次の世代を育て、安心して老いることのできるまちづくりに、地元の「ひとと自然」をいかす道が二次的にされてきた。
　中山間地域は水源の里であり、豊かな森林をどういかすのか。里山の食と文化を守るのか。これらをさらに経済効率で後景におしやるのか。ここでは、この論点を中山間地域にある社会福祉法人サンシャイン福祉振興会理事長（高齢者施設、年間予算6億6000万円、職員数150人、以下、サンシャイン福祉振興会）としての取り組みから、内発的に、持続可能なまちづくりの構想を問題提起してみたい。折しも、白川町がサンシャイン福祉振興会の隣接地を対象に「島地区利活用事業」として「活力あるまちづくり」に資する事業提案を求めるプロポーザルを2015年5月に公募した[1]。この点を中心に論じてみたい。
　プロポーザルは、民間事業者等が対象物件を白川町および民有地所有者から借り受け、施設を設計、建設又は改修、所有、運用するものであり、事業は、①教育的または福祉的な事業、②地域に溶け込み、良好なコミュニティを形成する事業、③新たな定住促進、雇用を創出する事業、④地域貢献等に資する事業、のいずれかにそった提案となっている。

第3部　実践編　実践からみえてくる地域福祉の新しい力

　サンシャイン福祉振興会はプロポーザルを中山間地域のまちづくりとして積極的に受け止め、「ひとと自然」の循環型社会を持続的に進めようと、社会福祉法人の連携で取り組めないものかと考えた。中山間地域における社会福祉法人は、事業目的の実施とともに、安定した雇用や消費・購買力においても地域における社会的位置と役割に大きなものがあり、法人の枠を超えてどう連携していくかが鍵を握っている。しかし、まちづくりへの実践は緒についたばかりである。ハコ・モノからヒトを主人公に住民の自治を組織化した新たなネットワークを形成し、多世代交流を進め、暮らしの基盤である「災害、水源、食料、エネルギー」を生活原理と結びつける方法を作り出したい。社会福祉法人が今日的に中山間地域でなすべきことは何か。それは安心して暮らせる方向を内発的に住民とともに多世代が参加し、創造するまちづくりへと舵を切ることへの発想の転換である。本章は、その実践記録であり、試論としての提起である。本章で取り上げる立地市町村は「極点社会の到来─消滅可能性都市896の衝撃」に含まれ、さらに「そのうち523はさらに深刻」とされているが、そこにも入り、岐阜県で深刻さの第1位にランクされている[2]。本章は地方中核都市（コンパクトシティ）へ「中高年の地方移住支援」が提唱される中、消滅可能性の大きい地域において、"「ひとと自然」を市場原理から生活原理に編成し直す"視点と方法の提起でもある。

2　社会福祉法人と地域貢献

1　これからの社会福祉法人の在り方と法人連携

　社会福祉法人の在り方が転換期を迎えている。おりしも、社会福祉法人の「社会貢献」が焦点になっているが、新たな「まちづくり」に貢献する事業を関連事業として組み込みたいと考え、サンシャイン福祉振興会はプロポーザルに応募した。その理由は、これからの社会福祉法人は、①立地する地域の安心・安全なまちづくりを担い、暮らしと文化を発展させる社会貢献事業に取り組むことが求められている。②島地区には、当法人の地域密着型特別養護老人ホームあいらんど美濃白川があり、サンシャイン福祉振興会として、これから

第7章　ひとと自然、歴史と文化が育つ地域社会

の新たな福祉エリアとして再編・発展させることが課題となっている。しかし、それにとどまるものではない。白川町が新たな福祉ゾーンとして期待をかけプロポーザルを行い、これからのまちづくりの拠点にしようと構想している。この点を高く評価し、高齢化・過疎に負けないまちづくりを前面に打ち出し、今後の在り方を企画・構想してみたい。

　これからの中山間地域のまちづくりをどう進めるか。それは公共事業を財政主導でハコ・モノ中心に事業化し、外部の資本や企業に依拠する発想を退け、町内の社会資源や人的ネットワークを掘り起し、高齢化に負けないまちづくりを自らが主体となり、力を合わせて取り組めるかにかかっている。そのためには、まず、町内の社会福祉法人がお互いの独自性を尊重しあいながら、連携・協力してこそ、地域に役立つ社会貢献ができるのではないかと考えている。その理由は、①それぞれの社会福祉法人は、専門的な人材をもっており、しかも女性職員の割合も高い。職員が中山間地域で働き続けるために居住や子育ての環境、日常生活の利便性を高めるまちづくりは、法人にとっても必要な課題である。②しかし、今までは各法人が個別に事業展開し、共通の目的に対して連携・協力してきた実績は多くない。③地域福祉、障害者福祉、児童福祉、高齢者福祉領域の4法人が福祉のまちづくりに連携・協力できるならば、地域における最大の事業体となり、この地域の暮らしと文化を守り、創造的に発展させることが可能となる。④また、福祉のまちづくりは、これまで東白川村の支援を受け、共同で取り組んできた実績があり、東白川村の協力や参加を働きかけ、このプロポーザルを構想・実施していきたいと考えている[3]。

2　プロポーザルへの提案──地方創生とは何か

　サンシャイン福祉振興会は福祉のまちづくりについて次のように考えている。中山間地域としての白川町は、今までさまざまなまちづくり、まちおこし事業に取り組んできた。しかし、必ずしも十分な成果を上げることなく今日に至っている。一方で日本創成会議は「地方消滅論」を打ち出し、人間を人口として管理し、これからの財政と行政効率から東京圏一極集中と地方分散のバランスをとる提言を行い、国土を一定規模の都市を基準にした将来構想を考えて

いる。人口と資源の「選択と集中」を行い、全国にコンパクトシティをつくり、「人口のダム」(コンパクトシティ)に移るか、そうでなければ消滅する可能性があるとしている[4]。

　地方創生とは何か。中山間地域の高齢化・少子化は、コンパクトシティへの移住、集中で解決するか。むしろ逆に、人口減少や高齢化問題を促進させるのではないか。中山間地域創生の意義と役割は、「ひとと自然」の共生であり、第一義的には、①食の安全と安定。②災害からの地域、国土の保全、環境の保全。③水源の安定的保全と確保、等がある。また、第二義的には、中山間地域で暮らす人々の生活の営みを守っていくことに軸足を置き、暮らしの安心と安全を事業化していくことである。そのために必要なことは、住民の力と知恵、地域の社会福祉法人、社会福祉団体を活用し、内発的に持続可能で発展的な循環型モデルをつくっていくことである。つまり、①暮らしの原点である地域社会の支え合い、つながりにみる伝統と文化を守る。②暮らし続ける人々の買物・交通・生活と健康を支援する。③子どもや若者への将来の選択肢を広げる。④都市にかわる豊かな自然と生活環境で安心して暮らせる地域社会をつくる、ことである。以上の点については、後に述べる「美濃白川水源の里共生基金」をつくり、都市との交流を図り、移住や雇用の開拓、受け入れを進めていくことだと認識している。白川町観光協会との連携を図り、水源の里を都市にアピールしていくことが地方創生につながる。

　地方創生は、要はまちおこしであり、拠点となる一次的生活圏のインフラ整備、そこに地域ネットワークの活動が結びついて初めて実現できる。サンシャイン福祉振興会は、白川町が「元・美濃白川スポーツスパランド」(以下、元・スパランド)等、島地区利活用事業に正面から取り組むか、あるいは相当のインフラ整備に向けた助成(条件づくり)がまず行われるべきであろうとみていた。そのうえで、そこに社会福祉法人連携が全面的に参加し、運営に責任をもち、持続的で継続・発展可能なまちづくりを展開していくことが望ましいのではないかと考えていた。しかし、「島地区利活用プロポーザル」という形で、施設整備(ハード)と運営(ソフト)のすべてを「事業主体」とする方式を打ち出してきたことに戸惑いをもった。しかし、今回の募集要領をよく読むと「事

業費について白川町が助成する必要がある場合は、建設費・改修費について助成を検討します」という一文があり、財政が厳しい中で、まちづくりにかける町当局の並々ならぬ決意を読み取り、そこに期待しながら以下の提案を行った。

3 島地区利活用プロポーザルにおけるまちづくりの視点

　ここで目指すのは、市場原理で経済的な利益をあげ、人口増を図るという成長発展型のモデルではない。観光や温泉リゾート、スポーツ、娯楽、あるいは企業誘致というような外的要因に依存し呼び込む、従来型の地域開発の発想を採らない。他の都市や企業との「競争」、ユニークさを勝負する地理的・環境的条件を揃え、抜きんでることが不可欠だという「開発」の立場に立たない。時代は転換期にあり、中山間地域がこのようなやり方で成功しないことは歴史的に実証されており、何がキーワードになるかといえば、住民の主体性と自治が決め手になる。内部から、持続的に人材育成できる方法を取り入れ、継続と発展を積み重ねることである。白川町は村歌舞伎の伝統が引き継がれている黒川の東座や佐見歌舞伎など歌舞伎のまち、パイプオルガンの地、温泉や有機農業、特に、豊かな里山をもつ中山間地域として、東濃ヒノキや白川茶の伝統と文化がある。この伝統と文化の土台を耕し、"ひとと人"、"ひとと自然"、"歴史と文化"のつながりを育てていく、共生の機会と場をつくることが課題である。この点を都市に呼びかけ、賛同する方々をいかに組織し、ネットワークを形成するかを考えている。

　これからのまちづくりは、内発的な、循環・持続型地域社会を目指すことだと考えており、"ひとと人"に夢と希望、安心を与える場と活動の拠点を創り上げ、キーワードを「地域の社会福祉法人連携」、「公私の協働」、「住民参加」におきたい。人口減少の進むまちで、単一のキーワードではなく、暮らしを支え、ひとと人がつながり、気軽に誰もが参加できる取り組みを現代に生かす視点を大事にしたい。「戦後70年」の節目に当たり、地域の変容や人々の歩みを次の世代に伝え、残し、これからのまちづくりの担い手に繋いでいく課題がある。われわれは、この公共性の高い課題をプロポーザルの応募ではサンシャイ

ン福祉振興会が担っているが「社会福祉法人連携」という方法で取り組みたいと考えている。

4　美濃白川共生センター設置の視点と「元・スパランド」

1　設置の視点

　サンシャイン福祉振興会は、地域密着型特別養護老人ホームあいらんど美濃白川を2015年4月に「河岐島平」に開設している。今回のプロポーザルは、隣接する「元・スパランド」とその周辺にある町有地、民有地が利活用の対象になっている。当法人が、白川町における新たな福祉ゾーンの形成と発展に重大な関心を寄せ、自らの責務と考えるのは、社会的に広く理解され、同意が得られるのではないかと思っている。島地区は、いまや地域密着型特養の開設に伴い、利用者ご家族、職員、ボランティア、関係者の新たな動線が形成されつつある。「元・スパランド」は「島地区」のシンボルとして建設され、町民にも親しまれてきた経緯がある。しかも、近くに白川病院やサンシャイン福祉振興会の特養やグループホームがあり、国道41号線の沿線に隣接し、ピアチェーレ（道の駅）や温泉も生活圏内にある。この沿線は美濃白川四季彩街道として岐阜県から日本風景街道の一つとして認定（2009年）されている。これからの白川町のまちづくり、特に福祉のまちづくりにとって、島地区利活用事業は、この町の将来構想を描くうえで大きな意義をもっており、団塊の世代が後期高齢者となる「2025年問題」はもとより、さらに先を見据えた基本計画が必要だと認識している。つまり、白川町のプロポーザルは、これからの福祉のまちづくりという公共性の高い事業を要請しており、景気や政策動向、事業所の都合による損得で中止、撤退するリスクのあるような企画は許されず、内発的であり、持続的なものとして白川町民が世代を超えて、長期的に交流、活用できるものを求めている。

2　「元・スパランド」の改築か新築か

　美濃白川共生センターの開設には、「元・スパランド」の改築か、解体した

第7章　ひとと自然、歴史と文化が育つ地域社会

うえでの新築かという二つの方法がある。「元・スパランド」は改築し、活用することが白川町から期待されている。開設が1994年3月、営業中止（閉鎖）が2011年12月からである。鉄骨・鉄筋コンクリート造り、2階建て、一部地下を含み、延床面積1602.87㎡である。最初に「元・スパランド」の原形や骨格、活用できるものを設計会社を中心に、現地視察を行い、改築の可能性を検討した。その結果、①外壁の傷み、屋根や外まわりの防水のやり直しが必要である。活用するには、この「外まわり」の工事に相当な費用が必要である。②「温泉」関連設備は「安い改修」が難しい。③空調が全館冷暖房になっており、今後、この改修と吹き抜けのその後のメンテナンス、維持費が相当なものになる。つまり、用途に対して過剰なランニングコストがかかる。④改築をしても何年もつか。少なくとも30年もたないと中途半端になる。「元・スパランド」の原形（規模）を維持する必要があるか、という問題がある。⑤地下の配管、設備は温泉関連のものであり、利活用は困難である。

　以上から、改築がそもそも絶対不可能ということはないが、極めて難しく、改築した場合のリスクやランニングコスト、その後の新たな将来への夢のある持続的な活動を考慮し、解体したうえでの平屋建の新築が妥当ではないかという結論に達した。

　新たな共生センターは、できるだけ東濃ヒノキなどの岐阜県産材を使ったぬくもりのある建築で、利用者への癒しが安心と心地よさを引き出すように、すべての世代に、障害の有無にかかわらないユニバーサルな設計を考えている。内部機能は多目的に、相互の活動が乗り入れできるような柔軟なものとし、小さなイベントを顔のみえるように展開し、交流できるものとする。美濃白川共生センターの主な事業と特徴は次に説明する。

5　美濃白川共生センターの主な事業と特徴

1　美濃白川福祉文庫と読書活動

　美濃白川福祉文庫は暮らしと自立支援を行う社会福祉学の歴史、制度、理論、公的扶助や高齢者福祉、地域福祉、福祉のまちづくり、地方創生等を中心

とする文献・資料で約1万冊の蔵書によって構成される。蔵書寄贈者の大友信勝は社会福祉学の研究者であり、東洋大学、龍谷大学等における研究・教育歴をもち、社会福祉法人の役職者として白川町にかかわり、蔵書を町に寄贈する。しかし、文庫は蔵書の保管・保存が目的ではない。この蔵書を活用し、NPO法人等をつくり、運営を行う。白川町および教育委員会と連携し、「母と子の読書活動」をはじめ、全国によびかける方法で、「農山村児童作文コンクール」を企画し、読書発表会をはじめ、社会福祉や生活支援の講座、セミナー、研修等を行う。児童作文コンクールについては、優秀作品への「美濃白川福祉文庫賞」も検討したい。白川町から全国の農山村児童に発信し、その拠点の役割を果たしたい。

　ここには、住民をはじめ、白川町や東白川村における社会福祉法人の職員や関係者、また、広く全国や東アジアから大学等の研究者や専門家等が集まり、福祉のまちづくりや地方創生、読書を生かした活動を行う。福祉のまちづくりのシンクタンクの役割・機能を果たし、社会的発信を行い、小規模なセミナーやシンポジウム等が共生センターで開催される。

2　美濃白川美術館と芸術発表

　古瀬和寛は創作画人協会に所属し、「ハート　アート　イン　メキシコ・日墨芸術祭名誉作家認定証（タンゴ炎）」をはじめ、「A.M.S.C. スペイン　フランス　ジャパン　現代日本代表芸術家賞（白い夢）」、「ビブロスト国際芸術家大賞（雲の上の結婚式）」や「タヒチ大統領賞（元気に行っておいでよ）」等を受賞し、国際的に高く評価されている。特に「天女を探して旅をする」シリーズに特徴がある。古瀬は元・名古屋大学医学部助教授であり、元・中津川市民病院長として、医学の研究と実践のキャリアをもっている。その一方で、東濃地方の文化運動を担いながら、白川町の社会福祉法人の嘱託医を担当している。古瀬（画伯・医師）の美術コレクションを集大成して文化活動の拠点とするのが当美術館の特徴である。

　しかし、古瀬自身の講演や絵画教室だけではなく、子どもたちや住民の芸術発表会、作品発表会、同好会による絵画教室等をここで行っていく。優秀作品

に「美濃白川美術館賞」も検討したい。世代間の文化交流の機会と場をつくることが当美術館の目的である。

3 キッズルーム（託児所）

託児と子どもたちが遊び、楽しめる空間をつくる。飛騨川あいらんど公園や体験農場、共生センターを訪れる母親や町民が自由に子どもを保育し、交流することができる空間をつくる。美濃白川の天空を駆け巡り、時に本を読む子どもたちを「天女」の絵がみつめている。そのような子どもたちと自然が溶け合う空間をつくりたい。教育委員会をはじめ、保育園・小学校・中学校と活用について協議し、運営を工夫していきたい。

4 ボランティアセンター

白川町はボランティアがそれぞれの社会福祉法人ごとに組織され活動している。町内の社会福祉法人が連携を深めることに合わせて、組織別の垣根を越えたボランティアセンターをつくる。特に、社会福祉協議会が地域福祉分野から積み上げてきた実践を尊重し、社会福祉協議会からの出向職員がセンター運営を行う方法もある。まちづくりの人材育成ができるようにボランティア相互交流からはじめ、講座、研修、実践発表等につなげていく。また、ここには、社会福祉施設を利用する家族、関係者や職員等も自由に出入りし、多世代交流の拠点にし、次の世代を育てていきたい。

5 歴史資料室と語り部

高齢者や町の歴史に関心をもつ人々の自主的に運営する活動拠点をつくる。既に、町内に民俗学を掘り起こす学習グループもある。「戦後70年」の節目に当たり、一人ひとりがどう生きてきたか。このまちを作り上げてきた方々が「自分史」を語り、まとめ、次の世代、子どもたちに伝える集いを企画する。特に、「自分史」のブックレットを順次発行し、展示、配布、伝承していく。また、歴史資料室をつくり、「白川町の100年の歩み」を資料展示し、次の世代に伝えていく。特に、戦時下、戦後の歩みを実証的に取り上げる。たとえば、

黒川の満州開拓分村、俳句と川柳の特徴をいかした「漫俳」のルーツにつながる疎開の実情等、高齢者の「自分史」を子どもたちと話し合う企画等を重視したい。

6　学習会や発表会

　共生センターの運営は、NPO法人を考えているが、小規模の学習会や講座、発表会を開催することに特徴をもたせる。大規模なものは、町内の町民会館や学校等の別の機関や施設の利用が考えられる。お互いの顔が見える関係の中で、個の尊重や理解、ネットワークが育ち、この町の伝統と文化を創造的に切り拓いていくことが重要である。

　講座等は、社会福祉協議会、清流会（障害者福祉）、サンシャイン福祉振興会（高齢者福祉）、役場、教育委員会、有機農業グループ、ボランティアグループ、等が担い、連携して開催する。それぞれの法人やグループが個を尊重し、生かしあい、今までの分散から力を合わせて全体の活性化を図っていくのが向かうべき方向である。特に、社会福祉協議会は研修、講座等の実績を多くもっており、その実践を創造的に取り入れたいと考えている。また、東白川村にも広く呼びかけ、共に取り組んでいきたい。

7　認知症カフェおよびレストラン

　共生センターは新しいひとと人の動線がつくられ、ここが暮らしと自立支援を支え、交流する拠点となる。その中に、清流会（障害者施設）や東白川村の障害者団体等が仲間たちの雇用の場をつくり、障害者のパン・クッキー工房を開設できるように協議していきたい。有機農業グループやボランティアと協働し、地元の農作物等の活用を図るレストランや認知症カフェを開設し、新たな交流の機会と場を作る。

　認知症カフェおよびレストランは、認知症の人と家族、地域住民、専門職等の誰もが利用、参加でき、集う場である。認知症の人は全国で約460万人、軽度の方々が400万人といわれている。「認知症になっても安心しらかわ」を目指し、全国の新たな拠点の一つとして、認知症への理解と支援ができるまちづく

りの交流の場として、白川町・東白川村はもとより中部地域、全国に発信し、利用してもらうことを構想している。

勿論、認知症カフェおよびレストランは、障害者等による作品展示・販売等が重要である。ここには、ボランティアや家族会の方々、職員、関係者が憩える空間が必要である。その役割について清流会（白竹の里）や東白川村の障害者団体を中心に取り組むことができればと考えている。

6　飛騨川あいらんど公園と飛騨川自然農園

白川町の中で、島地区プロポーザルの対象となる町有地（2万5453.43m²）および民有地（6890.00m²）は（いずれも公簿面積）、平坦で飛騨川に囲まれ、東西南北に山々を望み、おもわず「ふるさと」の歌を口ずさむようなところである。この自然豊かな景勝の地は、子どもたちや高齢者、障害をもっている方々に「自然公園」として活用したい。特に、子どもたちの遊び場、認知症でも安心してくつろげる空間を町有地に確保し、飛騨川あいらんど公園として遊歩道と児童遊園、あずまや程度の最低限のものにとどめ、シロツメクサや季節の花々が人々を包む自然の花園にしたい。当公園は、子どもたちと共に、多世代の自然と親しむ公園を考えているが、認知症カフェで述べたように、足の向くまま、気の向くままに、自由に歩き、交流し、一人ひとりの個性を理解し、生かしあう場である。カフェや体験農場、豊かな自然のハーモニーで、集い楽しめる場、リフレッシュ公園として活用する構想をもっている。つまり、町民の憩いの場として、都市から美濃白川水源の里共生基金の趣旨に賛同する人々や家族、関係者に対して広く開かれた形で存分に機能させ、飛騨川あいらんど公園として生かしたい。飛騨川あいらんど公園は、美濃白川四季彩街道にそって白川口駅から飛騨川を渡り、本郷地区から飛騨川の清流と景観を望み、島地区に入るウオーキングやサイクリングロードとして、自然公園と一体化して生かす飛騨川健康ロード構想を考えている。

民有地は、飛騨川自然農園とし、有機農業グループ、シルバー人材センター、清流会と協議し、特に子どもたちへの体験農場を開き、子どもたちや高

齢者、障害者が野外活動に親しめる自然農園として活用したい。島地区の水利の事情を考え、有機農業グループの指導を得て、小麦やライ麦、雑穀、エゴマ等をつくり、レストランや喫茶ルームのパンやごはんの原料を作り、一部を販売する。地域密着型特別養護老人ホーム等のご家族や関係者、共生センター利用者が自由に出入りし、交流できる福祉ゾーンにしていきたい。ここは、誰もが安心、安全に身体を動かし、自然に親しみ、笑顔を交わせる「癒しと活力」の広場として活用する。

7　プロポーザルで実現したい福祉のまちづくり

1　社会福祉法人連携で夢と希望のもてるまちづくりを

　元・スパランドを全面的に解体・新築して何をコンセプトに入れるのか。今の「地方創生」は人口が減って中山間地域の小規模自治体が消滅するといっているがはたしてそうであろうか。「人口減少社会に突入し、社会が高齢化するから日本は衰える。これからは、都市と一部の地域しか財政支援ができない」という自治体消滅論は、財政の都合による小規模自治体潰しにみえる。平成の大合併で特例債を目当てに、潰れるといわれて、小さな自治体が合併した結果、旧町村の中心部が発展したか、それとも衰退し悲哀をなめているであろうか。問うまでもなく、大型合併は飲み込まれると小さな周辺部はさらに衰退する。その方向ではなく、若者の田園回帰の傾向を指摘する報告も多く、白川町においても都市から有機農業を目指す若者たちが移住してきている。人口減少時代は、他力本願での成功はあり得ないことから、内発的で、持続可能な、住民参加型の自治を育て、求心力を地域内部から高めることが必要である。住民の身近な所で、暮らしを守り、支え合い、顔のみえる関係で一体感や安心感を作っていくことであり、その一つが「社会福祉法人連携」の役割であり意義である。プロポーザルは共生センターを軸にした自然公園と自然農園という「小さな拠点の提案」である。しかし、この拠点が中山間地域の小規模、分散的なネットワークを掘り起こし、結びつけ一つにつなぐ。新たなリーダーが育ち、そこから二次的なネットワークに広がり、循環型システムが生まれる。「小さ

な拠点」は基本インフラであり、夢と希望の拠点である。

2　美濃白川水源の里共生基金

(1) **趣旨と目的**　島地区利活用プロポーザルにある事業の実施、運営は社会福祉法人サンシャイン福祉振興会から、社会福祉法人連携を図り、NPO法人を設置し、NPO法人のもとで事業展開をはかる。事業運営に関わる資金は、「美濃白川水源の里共生基金」（以下、共生基金）を創設し、同基金の普及と活用を中心に実施する。

白川町は、木曽川水系の上流に位置する中山間地域で、町内の4つの河川が飛騨川に注ぐ水源の里である。水源の里に暮らす人々の生活と産業を守り、生物多様性を育み、地元の人たちと都市を繋ぎ、癒しと安全のまちづくりを進める思いを共有し、共生し、プロポーザル企画に沿う事業を支援していくことを目的に共生基金を設置する。

(2) **会　　員**　企画の趣旨、目的に賛同する個人及び団体、企業等の基金拠出者を会員とする。会員は白川町はもとより、加茂郡・岐阜県にとどまらず、広く都市に暮らす人々を対象として呼びかける。会費1口2000円とし、何口でも可とする。

(3) **共生基金の活用と主な事業**　共生基金はプロポーザル企画の趣旨に沿った事業展開に活用することを目的にしている。主な事業として①会員への情報提供と各種行事、イベントの案内をニュース・定期的な発行物によって行う。②社会福祉法人・地元団体・役場・教育委員会等の情報を提供する。③地元の特産物や主要産品の案内を行う。④町外の会員、特に都市部の会員に対して主要な地元産品や歌舞伎公演、有機農業の自然体験等へ参加する企画を重点的に情報提供する。

(4) **共生基金の意図と狙い**　地元会員がプロポーザル企画の事業によって白川町に安心と誇りを持ち、ここに暮らし続けることが本来の意図であり狙いである。しかし、それにとどまるものではない。積極的に都市部に呼びかけ、美濃白川共生センター、飛騨川あいらんど公園、飛騨川自然農園の事業に参加してもらいながら、白川町への関心を高め、ここを新たな定住や雇用の場とし

て、都市部に暮らす人々の移り住める条件を開拓していくことを次の目標にしている。

　共生基金は、プロポーザル企画にある事業を自立的に運営していく基金として位置づけ、広く呼びかけ、実績を積み、本来の趣旨に沿う方向に運営できるようにしたいと考えている。

3　東アジアの農村モデルを目指して

　この取り組みは、短期・中期・長期の見通しをもって、可能なところから順次事業化していくことを考えている。わが国における中山間地域モデルとして、内発的な住民参加型で構想し、やがて東アジアモデル等を視野に入れるイメージをもっている。東アジアは経済成長と共にグローバル化し、市場経済の拡大で都市化し、農村の活力が衰退し、高齢化が急速に進行している。韓国の中山間地域をもつ江原道、忠清南道、忠清北道は高齢者の自殺問題が新たな社会問題として認識され、日本との実践交流に期待している。これからの、東アジアにおける中山間地域モデルは、外在的な要因に期待するのではなく、内発的で持続可能なモデルを構築するしかない。共生センターは、この町で子どもを産み、育て、安心して老いることのできる、住民の暮らしと自立を支えることを設立の趣旨にしている。この実践を21世紀における一つの中山間地域モデルとして構築していければと考えている。

4　今後のまちづくりの課題

　企画の「短期」には入らないが「中期」、「長期」を見据えて、今の時点で二つのことを構想している。第1に、買い物難民の調査と支援の在り方である。第2に、豊かな森林に着目した里山開発である。里山には、これからの「エネルギー」と豊かな「食材」があり、健康寿命を延ばし、新たな雇用を生み出す「お宝」が眠っている[6]。実現可能性を検討し、取り組めるところから実践に入ることができれば、明るい高齢社会を白川からつくっていくことができる。白川町における森林の割合は88％であり、夢と希望を育てる内発的な企画を構想するヒントが「里山資本主義」につまっている。

第7章 ひとと自然、歴史と文化が育つ地域社会

　結びにあたり、多くの検討課題が残されており、これから詳細を具体的に詰めていきたい。たとえば、「21世紀先進国はオーストリア」という「里山資本主義」は、林業を「持続可能な豊かさ」を守る術に切り換え、若者の雇用をつくり、エネルギーを林業で自給し、さらにコンクリートから集成材による木造高層建築への移行に入っている。今後これらの点を一つひとつ取り上げ、検討し、実施、運営に向けた努力を行っていきたい。

【注】
1）　岐阜県加茂郡白川町は、人口9530人、高齢化率41.8％（2010年国勢調査）。増田レポートといわれる「全国市町村別の将来推計人口」によれば、2040年の総人口は4625人となり、岐阜県で消滅可能性の高い「市町村が消える」第1位に位置づけられている（増田寛也（2014）『地方消滅』中央公論新社、225-226頁）。プロポーザルは2015年5月に公募、9月にプレゼンテーション、11月末に審査結果が発表された。社会福祉法人白泉会は残念ながら「最優秀」に選ばれなかった。そのため、プロポーザルを前提とした事業はできないことになった。2015年12月、法人理事会において、プロポーザルの評価と今後の在り方を協議した。その結果、プロポーザルの提案を中断するのではなく、法人の独自事業として地域貢献事業を創造的に展開していくことを確認した。併せて、社会福祉法人改革を行い、従来の介護保険関連事業だけでなく、過疎に負けないまちづくりを積極的に行うため、法人名を「社会福祉法人白泉会」から「社会福祉法人サンシャイン福祉振興会」へ変更することを決定した。法人設立20周年とプロポーザルで提案した理念をいかすための名称変更である。本章では、法人名を定款変更で新たに決定した「社会福祉法人サンシャイン福祉振興会」（2016年4月）で統一している。
2）　前掲1）『地方消滅』第1章及び第3章
3）　岐阜県加茂郡東白川村は、人口2514人、高齢化率40.1％（2010年国勢調査）。増田レポートで岐阜県において「市町村が消える」第6位に位置づけられている。
4）　前掲1）『地方消滅』第3章
5）　時事通信社編（2015）『人口急減と自治体消滅』時事通信社。本書は多くの執筆者で構成され、多様な意見がみられる。主として、神野直彦、藤山浩、片山善博の提言を参考にした。
6）　藻谷浩介・NHK広島取材班（2013）『里山資本主義──日本経済は「安心の原理」で動く』角川書店。特に、21世紀の「エネルギー改革」は里山から始まる、として中国山地、オーストリアの実践を紹介し、発想の転換を促している。
7）　前掲6）『里山資本主義──日本経済は「安心の原理」で動く』第2章

終　章

地域福祉の展望
——地域福祉の草の根からの創造に向けて

　　　　　　　　　　　　　　　　　　　　　井　岡　　　勉

　地域福祉の展望として、地域福祉の草の根からの創造に向けて若干の基本視点と方向性・課題を提示しておきたい。まず地域福祉の基本視点に関しては、自由、平等、人権、民主主義、平和といった現代社会の普遍的価値を前提として共有しており、また社会福祉一般の理念とも重なる。ここでは今後地域福祉を展開するうえで特に不可欠な基本視点として、①住民主体の原則の貫徹、②生命・人間の尊厳と共生、③地域生活権保障と人権を守り抜く連帯、④住民自治と草の根民主主義の構築、を確認する必要がある。こうした基本視点を踏まえて、地域福祉の草の根からの創造に向けた方向性・課題を考察してみる。

1　基本視点

1　住民主体の原則の貫徹
　住民主体の原則は、住民主権すなわち住民は地域・自治体の主権者であること、同時に住民は地域生活と福祉の権利主体であることを意味しており、この両側面を統一して追求・貫徹しようとする原則である。
　住民主体の原則を地域福祉に即していえば、住民が地域・自治体の主権者として、自分たちの望む方向に草の根からの地域福祉を統治し、その創造・発展を推進する共同努力を通じて、住みよい地域・自治体を築いていく住民自治と参加・参画の権利を有し行使する、との住民主権の貫徹を意味する。そして同時に住民主体の原則は、住民を地域生活と福祉の権利主体と捉え、住民自治と参加・参画によって実現された地域福祉施策・活動の成果は、住民相互の権利として享受・生活向上に活用する、との認識に立つ。

2　生命・人間の尊厳と共生

　生命の尊厳は、文字通りいのちを尊び、これを厳かな存在として認識することで、地域福祉の推進に当たって最も根源的な理念として認識する必要がある。それは「生命への畏敬」（シュバイツアー）、「いのちを拝む」（嶋田啓一郎）ことでもある。生命の尊厳は人間だけに限らない。広義には人間を含む、生けとし生けるものすべてに及ぶものといえよう。

　人間の尊厳は、人ひとり世界で唯一のかけがえのない存在で、固有の人格を有し、自由で幸せ充実した人生を求めて、いのちある限り生命を輝かせ、絶えず自己実現を行っていく権利主体として認識することといえよう。「諸君よ、人ひとりは大切なり」（新島襄）である。個人の尊重を徹底していく必要があろう。

　共生は、住民相互が地域で自他の差異性を認め合い、排除することなく共に喜びと悲しみ、苦しみを分かち合い、助け合って生きていくことであり、その共生関係を通して生命・人間の尊厳を実現していくことにつながるものといえよう。この共生関係は、人間の間だけでなく、人間といのちある生き物たちとの共生、さらに人間と自然環境との共存にも広げて展開していきたい。

3　地域生活権保障、人権を守り抜く連帯

　ここで、地域において人間らしく生きる権利の保障を目指そうとする「地域生活権保障」の視点を提起しておきたい。まずその前提条件として、日本国憲法が保障する「自由および権利」、すなわち基本的人権として一連の自由権及び社会権が現実に保障されなければならない。「地域生活権保障」は一連の基本的人権の保障と密接な関連を保ちつつ、その中で特に憲法第25条に規定する「国民の生存権、国の保障義務」を基本として、「個人の尊重・生命・自由及び幸福追求に対する権利」（13条）、法の下の「平等権」（14条）、「教育権」（26条）、「労働権」（27条、28条）等の保障にわたって追求しようとする。

　憲法25条の「国民の生存権」に関連して、見落としてならないのは憲法前文に「平和のうちに生存する権利」、すなわち平和的生存権が謳われていることである。平和の対極は戦争である。戦争は数多の兵士・民衆の生命を犠牲に

し、基本的人権を根こそぎ奪い去る。戦争は反福祉の極みである。「平和なくして福祉なし」(一番ケ瀬康子)、平和は福祉の大前提である。地域福祉の立場としても非戦・平和を希求し、平和的生存権および憲法第9条を大切に守り抜きたい。

社会保障の一環でもある地域福祉は、世界人権宣言第22条に謳う「すべての人は社会の一員として社会保障を受ける権利」に対応するものであり、かつそのことは「自己の尊厳と自己の人格の自由な発展とに欠くことのできない」基本的条件である。

こうして、地域生活権保障を目指す草の根からの地域福祉推進の取組みは、憲法12条に規定する権利保持への不断の共同的努力であり、どこまでも人権を共に守り抜き、権利保障の公的責任を迫る支援連帯活動としての展開を要する。一連のつながり・ネットワークづくり、交流の場づくり、助け合い活動なども人権を守り抜く方向への自覚的展開が望まれる。

4　住民自治と草の根民主主義の構築

地域・自治体の主権者である住民は共同して地域福祉を推進することを通して、地方自治の要件としての住民自治の形成に努め、かつ住民自治として地域福祉の推進を方向づけ、自ら内発的・主体的・自律的に統御していくとともに、自治体の取組み強化を働きかけ、あるいは協働していく必要がある。それは自治体内分権化を迫る努力でもある。同時に自治体行財政の強化に向けての公民協働アクションを要する。

また住民主体の地域福祉の推進は、地域有力リーダー等の指導性に依存することなく、できるだけ多数の住民各層を巻き込んで、住民相互の対話、論議を丹念に重ねつつ、民主的に集約・決定し、協働・役割分担して実行に移していくことが基本である。このことは草の根民主主義の構築に直結する実践となる。

2　地域福祉推進の方向性と課題

1　社会問題としての地域生活問題

　地域福祉推進の必要性は、住民が抱える何らかの地域生活問題が存在し、その解決が迫られるからである。地域生活問題を把握することが地域福祉推進の出発点である。その地域生活問題を把握する際、表面的な欲求レベルのニーズ論に終始したり、当事者個人の生活問題を主観的、道徳的に色眼鏡で見て価値判断し、結局その人の自己責任に帰したりするのでは問題の解決を誤ることにもなる。地域生活問題は何か、なぜ生起するのか、問題の本質をつかむことが重要である。地域生活問題は、現代社会つまり新自由主義的、市場主義的政治経済の進行のもとで、必然的に産み出される格差と貧困の拡大・深刻化をはじめ、孤立、ひきこもり、介護疲れ、いじめ、虐待、自殺等々、多種多様な社会問題の地域的発現として構造的に把握する必要がある。

　地域生活問題を科学的・客観的に正しく学習・認識し、地域住民の間に共有することは、偏見・差別や社会的排除をなくしていく有力な手立てとなろう。

　地域生活問題は、その地域の地理的・歴史的特性を反映し、とりわけ住民各層の階層性に規定されるが、その実態を明確化することが必要となる。そのためには、住民懇談会や住民アンケートなどの実態調査・分析と取り組む課題の集約を要する。こうした作業には研究者等の協力が望まれよう。

2　地域福祉の新たな段階への対応

　地域福祉は1970年代初期に政策課題として登場し、80年代の展開を経て、1990年代には「地域福祉新時代」とも称されて政策的に推進された。2000年以降、新自由主義的福祉政策として「措置から契約」への「基礎構造改革」路線のもとで、地域福祉は政策課題としてますます重要な位置づけを与えられ、「表舞台」に躍り出た観がある。そうした状況は「地域福祉の主流化」（武川正吾）とも呼ばれており、言い得て妙であるが、ここでは筆者なりに「地域福祉の新たな段階」と称することとする。

さて今日の「地域福祉の新たな段階」の大きなうねりはそう簡単に退潮化するとは考えにくい。これからも時代の変化とともに、地域福祉の問題状況と住民・民間の取組み状況の変化に対応しつつ、形態を変えながらも持続していく勢いにあるとみてよいのではないか。そこで草の根から地域福祉を推進する立場として、これからどのように地域福祉政策に対応すべきか、基本的なスタンスを提起しておきたい。

　地域福祉の新たな段階として地域福祉がとみに重視され、強調される背景の一つには、新自由主義的福祉政策のもとで、「生活の自己責任」を前提とする自立助長と地域住民による互助、助け合い活動への熱い政策的期待があり、そのことと公的責任・負担の回避・極小化志向、したがって住民の責任・負担への転嫁、増大につながっていることは近年の政策動向からも否めない傾向である。地域福祉の新たな段階におけるこうした政策的問題傾向に対して、人権を守り抜く草の根からの地域福祉推進の立場からは、批判的スタンスを取らざるを得ず、地域福祉の公的責任・負担を追及していかざるを得ない。

　他方、地域福祉の新たな段階の政策動向には、上のような問題傾向を持つ反面、住民の生活改善や地域福祉実践の展開に必要で役立ちうる施策なども含まれており、それらを見分け、弾力的に対応して活用すべきは積極的に活用し、創意工夫を加えていく。「急がば廻れ」ということもある。そうした取り組みを通して、地域現場からの問題傾向の是正に向けた発信や建設的な政策提言を行っていく必要があろう。その実践場面として、「地域包括ケア」や「生活困窮者自立支援事業」などがある。社会福祉法人の「地域公益事業」の展開も課題となる。

3　地域福祉の計画的推進

　地域福祉の推進は、その時々の思い付きや都合で取り組むのではなく、これまでの成果と残された課題の検討、新たな地域生活問題の分析・確認を踏まえて、ある程度中長期の見通しを立てて計画的に着実に展開される必要がある。そのために用いられるのが地域福祉計画である。

　地域福祉計画には基本的に社協など民間組織の策定する地域福祉活動計画と

自治体行政が策定する地域福祉計画との2種類がある。加えて社協と行政との関係が緊密な場合、両者の公民協働により統一的な地域福祉推進計画が策定される。この場合、社協の力量がよほど備わっていて、行政との対等平等の関係を保ち、むしろ行政をリードしうる主導性を具備していることが望まれよう。

いずれの地域福祉計画も住民の主体的な参加・参画を基本的要件としており、そのことを関係機関・専門職グループが支援する関係において参加・協力する必要がある。計画策定のプロセスを重視して民主的かつ丹念に策定すること、福祉のまちづくりの方向を共に展望し、手間暇かけてまとめ上げた手作りの個性的計画書であることが望まれる。研究者やコンサルタントもこの基本的視点に立って協力する必要がある。研究者、コンサル丸投げだけは避けたい。計画の進捗管理についても成果と課題の民主的かつ丹念な点検・確認を要する。

地域福祉活動計画においては、草の根からの住民の声・意見を集約し、活動方向・方策を計画化するとともに、行政への要請・政策提案をまとめ、行政の地域福祉計画に盛り込まれるべく働きかけることが肝要である。

行政の地域福祉計画の中には、住民参加として助け合い活動を列挙し、まるで住民やらせ計画のごとき観のあるものが散見される。地域福祉推進に向けて行政責任として人材養成配置・拠点整備・助成をどうするのか、といった計画策定が望まれよう。計画に財政の裏付けが欠落していることも改善が急がれる。

4 人権を守り抜くヨコの連帯づくり

住民生活の立場からすれば、地域福祉は分野別・制度別の「タテ割り福祉」ではなく、地域の特性と住民の生活実態・要求に焦点を据えて、住民に身近な地域・自治体レベルで、住民が利用・参加しやすいように施策・活動を再編成して対応することを要する。これはいわば「ヨコ組み福祉」の視点であるが、それをただ機能的に捉えて展開するのは不十分である。ここではそれを人権を守り抜くヨコの連帯づくりの仕組みとして捉え直し、追求しようとする。この視点に立つ地域福祉は、住民参加・参画のもとで、住民の生活・福祉要求を

トータルに捉え、広く関連領域と緊密に連携・協働しつつ、総合的・計画的に推進・展開されるのでなければならない。

　地域福祉施策・活動の日常的展開において、人権視点の連帯づくりとして、繋がり、交流の場づくり、仲間づくり、住民サイドのネットワークづくり、助け合いなどと取り組み、専門職者・関係機関との連携を図るとともに、後者の側も同じ視点を共有・支援しヨコの連携・ネットワーク化を進める必要がある。最後に人権視点の連帯づくりを強めて、住民・民間と行政との対等平等・民主的な批判的協力関係に立つ公民協働、パートナーシップを築いていく課題がある。

あ と が き

　井岡勉先生を中心に、地域福祉の政策と実践を学ぶ人たちが、「地域福祉政策・実践研究会」というゆるやかな研究会をもっている。筆者は年長ということもあって代表をさせてもらってきた。本書は、傘寿を迎えられる井岡先生への感謝とお祝いの意味もこめて研究会の成果を一同が執筆した。

　元々、研究会のはじまりは、同志社大学の大学院で井岡先生の直弟子の竹川俊夫氏が中心になり、小田川華子氏や木下武徳氏らが開いていた勉強会にある。筆者は岡田藤太郎先生に地域福祉の理論面の指導を受けていたが、社会福祉協議会の勤務経験のある井岡先生の実践性に魅力を感じ、勉強会に顔を出すようになった。

　井岡先生は、一言でいうと、「他者の痛みを知る人」であった。ご自身が過酷な生育環境を体験されたにもかかわらず、それを披瀝することも無く、静かに学生一人ひとりの悲苦を全体的にふんわりと真綿で包み込むように思いやっておられ、筆者はその"人間井岡"に強く薫陶を受け続けてきた。

　2008年3月の井岡先生の同志社退任を機に、現在の研究会が月一度のペースでもたれるようになったが、やがて、竹川氏は鳥取へ、木下氏は北海道（現在は埼玉）へ、小田川氏は東京へと遠方に散らばった。それでも、定期的に研究会は開催され、"基本的人権"と"いのちの尊厳"、"草の根の自治"を志向する地域福祉という点では、会員は志を一つにして自由な討議を行い、学びを深めることができた。振り返れば、この間、諸事情で研究会に来られなくなった方々の顔が脳裏に浮かぶ。その方々と学びあえたことは確実に本書の血や肉になっている。あらためて研究会を代表して感謝の意を表すとともに、私の調整不足もあり、心ならずも研究会を去っていかれた人には、この場を借りてお詫びしたい。

　この数年間では、竹之下典祥氏と岡野英一氏の事務局としての労に厚く感謝する。加藤博史氏は筆者の大学院時代からの同窓であり、同じ現場経験豊かな加納光子氏ともども大きな刺激を研究会に与えてくれている。気鋭の研究者である松木宏史氏、田中希世子氏は意欲的な論考を今回まとめてくれた。社会福

祉協議会で活躍中の寺田玲氏、山口浩次氏、片岡哲司氏、土田恭仁子氏の論考は、地域福祉の最前線で苦闘している人たちに共感をもって受けとめられることであろう。

　そして何よりも有り難かったのは、大友信勝先生の過疎地域での実践を基にした論考を頂けたことである。井岡先生の同志である大友先生は、私たちの研究会合宿にも親しく参加してくださり、貴重な教示を賜った。本書の基調となっている井岡論文は、理論史を簡潔に総覧し、地域福祉の過去・現在・未来を指し示してくれている。論調が抑制的ではあるが、井岡先生の強い意志と熱情が伝わってくる。

　筆者は、十数年前のある土曜日、午後からの定例研究会に参加するため、いつものように新幹線京都駅で下車して地下鉄乗り場に移動する途中で、新幹線駅構内のトイレに立ち寄り、そこで大量の下血にみまわれた。以来、治療の甲斐あって職場復帰と定例の研究会への参加はなしえたが、体調は万全ではなく、ステロイドとコルセットが手放せない。そのために井岡先生と研究会仲間にも多大な迷惑をかけてきた。ただ、その災難が、筆者の信仰を深め、人間のいのちと生きる意味を熟考し、福祉的価値観とウェルビーイングに関する考察を鍛えてくれた。つまり、限りなく欲望を駆り立てて消費を煽る市場原理、人間を国家の繁栄の手段と捉える国家主義、自分さえよければというエゴイズムの価値観を転換して、「人間が宝だ。いのちが、自然が宝だ。」という価値観に立脚することを、だからこそ、医療・介護や教育、住宅・雇用・所得の生活基盤の保障（平和的生存権保障）が必要であることを身をもって理解することができた。

　Ｅ・Ｆ・シューマッハー（ドイツ出身の英国の経済学者）の提唱した「スモール　イズ　ビューティフル」、辻信一（ナマケモノ倶楽部世話人、自称・ナマケモノ教授、文化人類学者、環境＝文化運動家）らが取り上げた「スロー　イズ　ビューティフル」の思想、「わが国における共生社会の構築」に関する研究の一環としてわが国でも馴染みの深い「知足の思想」（老子）を吟味していた筆者は、2015年3月と9月に、無理を押してブータン王国を訪れる機会を作った。そこでは、モノや情報があふれることが幸福ではなく、ゆったりした時間、思いやりや信頼する関係も含めて、精神的な豊かさにこそ幸福の本質があることをあ

らためて確かめることができた。かつ、精神的な豊かさには、主体性や自己決定性の視点を欠かすことはできない。つまり、個々人がみずからの生き方に責任をもち、総合的判断力をもてるようにすることが肝要なのである。この主体性の涵養に、地域福祉が最も重視する「自治」のための基盤がある。

　振り返ると今日の日本では、カネやモノに踊らされ、主体的に"人間といのちを宝とする地域づくり"を考える余地がないようにさせられた人がいかに多いか、巨大機構やマスメディアによる思考コントロールに慣らされている人がいかに多いかに思い至る。民主主義が形骸化しているのである。

　これを克服していくために、筆者は、教育の重要性を主張したい。もちろん知識偏重の教育ではなく、分かちあい、連帯し合う中での教育、"自分が頑張って自分のいのちを支えているのではなく、微生物も含めて多様ないのちによって生かされていること"を学ぶ教育、"高齢者を排除し、人間を表面的な稼得能力で優劣をつけること"を批判しえる教育、精神的な豊かさこそ生きる根本目的であることを学ぶ教育、が志向されねばならない。受験対策のための教育と人間力を培うための福祉教育とは本質的に両立しえない。

　地域福祉は、教育を、方法論として意識的に取り入れてきたと考える。たとえば、経済至上主義のために汚れきった旧産炭地の筑豊地方の遠賀川に鮭が遡上してこられるように、ゴミ拾いを呼びかける地域活動は、水や土や魚と共に生きるライフスタイルの再生の途を拓く「教育＝共育」のプロセスではなかろうか。

　筆者が1990年代にかかわった福岡市の「宅老所よりあい」は、新設の特別養護老人ホームに勤めていた下村恵美子さんらが「ここは人間の住む場所としてふさわしいのだろうか」と考え、隣近所の人々が寄ってきて会話できる場所を地域の中に創り出した。富山市の惣万佳代子さんらは、幼老障交流の生活の場を、「このゆびとーまれ」という自然な形で仕掛けている。

　人間を全人的で主体的な生活者として捉え、疾病や障害を抱えることになっても、これを守り抜いていかねばならない。それができる場所が地域である。ところが公的介護保険制度導入後、高齢者福祉サービスの供給者は、利益追求と経営合理化と利用者の市場的管理に走る傾向がむしろ強まっている。

　「共存」「連帯」「協同」「共生」あるいは「共生社会」という言葉は刊行物の

上やマスメディアの中では踊っている。しかし、実態は、相変わらず人びとの愛情の絆の分断と無関心、排除と差別、格差とカネ・モノ志向性は進展していると思われる。国際的にもグローバル化と称して"強欲と憎悪"の支配の拡大化が進む今日、井岡先生の"いのちの尊厳"と"ゆるぎない基本的人権"に立脚した地域福祉思想に学び、先生のご人格の顕現である"謙虚と寛容"の風土を、地域共同体の再生・活性化の具体的な実践を通して広げ、実現していきたい。

　近代化あるいは近代機械文明は結局、自然と共に生きる者たちの生活やいのちが破壊されたところから発せられている。その意味で、本書がまず、読者諸氏に自らの存在の根源を見据えることから、社会を、人間を、知を、自然を問い続けるための曙光の一つとなることを願っている。さらに、「問題は天から降ってきたわけではない。人間がまずい決定によって創り出したものは、人間による良い決定で変えることができるのだ」(バニー・サンダース)、いかなる人類像を創造しなければならないかという、大命題に応えるべく、強靭な底辺へ向かう志と権力へ抗する志をもち、共に未来を語り、共に希望を語りあえる状況を創り出すことに微力ながら寄与できることを願っている。

　本書刊行に際して、特段の配慮をいただいた法律文化社と編集担当の小西英央氏に感謝申し上げる。

　最後に、筆者と共に監修の労を担っていただいた井岡勉先生には、難病を患われている最愛の博子夫人に寄り添われる貴重な時間を割いていただき、私の力不足を補うために昼夜を問わず多大なお手数とご心配をおかけいたしましたことに対して、お詫びと感謝を衷心より申し上げる。

　2016年8月6日
　　世界で最初に原子爆弾が広島に投下された日―8月6日を覚えて、世界の平和とすべてのいのちの尊厳の実現のために、人類の豊かな想像力と勇気ある連帯を願う。

　　　　　　被爆71年の平和記念式典会場の広島市平和記念公園に於いて

　　　　　　　　　　　　　　　　　　　　賀戸　一郎

執筆者紹介 （執筆順、※が監修者、＊が編者）

＊	加藤　博史（かとう　ひろし）	龍谷大学短期大学部教授	まえがき、第1部第1章
※	井岡　勉（いおか　つとむ）	同志社大学名誉教授	序章、終章
＊	竹之下典祥（たけのした　のりよし）	盛岡大学文学部准教授	第1部第2章
＊	岡野　英一（おかの　えいいち）	龍谷大学社会学部特任教授	第1部第3章
＊	竹川　俊夫（たけがわ　としお）	鳥取大学地域学部准教授	第2部第1章
	木下　武徳（きのした　たけのり）	立教大学コミュニティ福祉学部教授	第2部第2章
	松木　宏史（まつき　ひろし）	滋賀短期大学准教授	第2部第3章
	田中希世子（たなか　きよこ）	京都光華女子大学健康科学部准教授	第2部第4章
	土田恭仁子（つちだ　くにこ）	社会福祉法人宇治市社会福祉協議会業務係長	第3部第1章
	寺田　玲（てらだ　れい）	社会福祉法人京都市社会福祉協議会事務局次長	第3部第2章
	山口　浩次（やまぐち　こうじ）	社会福祉法人大津市社会福祉協議会地域福祉課長	第3部第3章
	加納　光子（かのう　みつこ）	大阪ソーシャルサポートシステム研究所代表	第3部第4章
	小田川華子（おだがわ　はなこ）	NPO法人コミュニティ・オーガナイジング・ジャパン理事	第3部第5章
	片岡　哲司（かたおか　てつじ）	社会福祉法人大阪府社会福祉協議会地域福祉部部長	第3部第6章
	大友　信勝（おおとも　のぶかつ）	聖隷クリストファー大学大学院社会福祉学研究科教授	第3部第7章
※	賀戸　一郎（かど　いちろう）	西南学院大学人間科学部教授	あとがき

Horitsu Bunka Sha

地域福祉のオルタナティブ
——〈いのちの尊厳〉と〈草の根民主主義〉からの再構築

2016年10月20日　初版第1刷発行

監　修	井岡　勉・賀戸一郎
編　者	加藤博史・岡野英一 竹之下典祥・竹川俊夫
発行者	田靡純子
発行所	株式会社　法律文化社

〒603-8053
京都市北区上賀茂岩ヶ垣内町71
電話 075(791)7131　FAX 075(721)8400
http://www.hou-bun.com/

＊乱丁など不良本がありましたら、ご連絡ください。
　お取り替えいたします。

印刷：共同印刷工業㈱／製本：㈱藤沢製本
装幀：仁井谷伴子

ISBN 978-4-589-03793-0

©2016　T. Ioka, I. Kado, H. Kato, E. Okano,
N. Takenoshita, T. Takegawa　Printed in Japan

JCOPY 〈(社)出版者著作権管理機構　委託出版物〉

本書の無断複写は著作権法上での例外を除き禁じられています。複写される
場合は、そのつど事前に、(社)出版者著作権管理機構（電話 03-3513-6969、
FAX 03-3513-6979、e-mail: info@jcopy.or.jp）の許諾を得てください。

井岡 勉監修／牧里毎治・山本 隆編
住民主体の地域福祉論
—理論と実践—
A5判・338頁・3200円

域福祉を総合的に検討し、システムづくりとしての新たな「地域福祉」の全体像と課題を提示する。歴史的経過と今日の到達点をふまえて原論的な基礎研究を解説した「視点」「対象」「実践」「展開」の4部24章構成。

真田 是編
戦後日本社会福祉論争
四六判・328頁・2900円

戦後から1970年代までの社会福祉の本質をめぐる論争を、実践的なかかわりのなかで整理。現実の課題解決のために必要な理論の重要性を説き、現実と理論の間に乖離がみられる現在の状況に、いまなお多くの視点を与える。

全 泓奎著
包摂型社会
—社会的排除アプローチとその実践—
A5判・206頁・2800円

プロセスとしての貧困とそのメカニズムに着目した社会的排除アプローチを用いて、都市空間におけるさまざまな「貧困」の解決策を実証的に模索する。生活困窮者を包み込む都市空間の構築を指南し、包摂都市への実践に向けた手引書。

山本 隆編著
社会的企業論
—もうひとつの経済—
A5判・270頁・3000円

「ソーシャル」と「ビジネス」の接近により、世界中で成長している社会的企業について、その機能を解明する。理論、国際比較、事例研究、実務の4部構成で、社会的企業が誰のために、何を、どのように行う事業体か、その全体像と本質に迫る。

障害者差別解消法解説編集委員会編著
概説 障害者差別解消法
A5判・170頁・2000円

障害者の自立と社会参加への道を拓くため、2013年に成立した「障害を理由とする差別の解消の推進に関する法律」(2016年4月施行)の制定経緯や概要を詳解。法案に関わった関係者の思いを伝える。丁寧な逐条解説も所収。

鵜沼憲晴著
社会福祉事業の生成・変容・展望
A5判・338頁・6900円

これからの社会福祉事業はどうあるべきか。これまでの社会福祉事業の史的変遷と展開に時期区分を設け、各時期の社会的背景の変化や理念の浸透などをふまえつつ各構成要素の変容過程を綿密に分析。これからの社会福祉事業のあり方と実現のための課題を提示する。

―― 法律文化社 ――

表示価格は本体(税別)価格です